Liebheit & Thiesen
BERLIN SW 19

Der Eigentumsvorbehalt in Wirtschaft und Recht

Herausgegeben

von der

Industrie- und Handelskammer zu Berlin

Berlin und Leipzig 1931

WALTER DE GRUYTER & CO.

vormals G. J. Göschen'sche Verlagshandlung • J. Guttentag, Verlagsbuchhandlung
Georg Reimer • Karl J. Trübner • Veit & Comp.

Inhaltsverzeichnis.

Vorwort.

Mit der zunehmenden Verbreitung des Eigentumsvorbehalts im Wirtschaftsleben haben sich im letzten Jahre die in diesem Zusammenhang an die Industrie- und Handelskammer zu Berlin gelangenden Anfragen so gehäuft, daß eine Behandlung der einschlägigen Probleme in größerem Umfange geboten schien.

Die vorliegende Vereinigung von Aufsätzen, die fortlaufend in den „Mitteilungen der Industrie- und Handelskammer zu Berlin" erschienen sind, in einem Buche soll die amtlichen Vertretungen von Handel und Industrie, die Wirtschaftsverbände, Kaufleute und nicht zuletzt die juristische Theorie und Praxis, die sich mit dem Eigentumsvorbehalte zu beschäftigen haben, in der Urteilsbildung unterstützen. Sie will mit den bereits veröffentlichten Einzelstudien zum Eigentumsvorbehalte nicht in Wettbewerb treten, sondern die vorhandene Literatur*) durch Äußerungen gerade von Vertretern der verschiedensten Wirtschaftszweige und Juristen aus den verschiedensten Fachgebieten ergänzen, um eine einseitige Einstellung zu den Problemen weitestgehend auszuschließen.

Mögen auch die einzelnen Artikel über den Eigentumsvorbehalt in Wirtschaft und Recht zu keiner Übereinstimmung der widerstreitenden Auffassungen geführt haben, so wird doch gerade die Darstellung der gegensätzlichen Auffassungen in einem Bande zur Annäherung zwischen den interessierten Wirtschaftskreisen führen; denn auch für wirtschaftliche Gegensätze gilt die Feststellung, daß sie oft nur auf mangelnder Kenntnis des Gegners und seiner Beweggründe beruhen.

---

*) S. Literaturverzeichnis S. 277.

In dem Vorwort zu dem vom Reichsverband der Deutschen Industrie herausgegebenen Werke „Der Eigentumsvorbehalt im in- und ausländischen Recht" hat seine Geschäftsführung betont, daß es die wirtschaftspolitische Beurteilung anderen, zuständigeren Instanzen überlasse. Auch die Industrie- und Handelskammer zu Berlin hat, trotz ihrer überparteilichen Stellung, bisher davon abgesehen, sich endgültig für oder gegen die Anwendung des Eigentumsvorbehalts zu äußern.

Sie glaubte, den Bedürfnissen der Wirtschaft und der Rechtfindung mehr zu entsprechen, wenn sie zunächst das Material sammelte, um die Grundlage für eine spätere Stellungnahme zu schaffen.

Diesem Zwecke zu dienen, ist das vorliegende Werk bestimmt.

Berlin, im Januar 1931.

Die Industrie- und Handelskammer zu Berlin.

Zur Frage der Sicherungsmaßnahmen im Kreditverkehr unter besonderer Berücksichtigung des Eigentumsvorbehalts [1]).

Von Rechtsanwalt Ed. Meyerstein,
Syndikus der Industrie- und Handelskammer zu Berlin.

In Zeiten wirtschaftlichen Notstandes gewinnt bei unserem vielleicht schon allzu entwickelten Borgsystem die Frage, wie Warenkredite zweckmäßig gesichert werden können, eine besondere Bedeutung. Einige Kreise des Handels glauben, daß der Gesetzgeber helfend eingreifen müsse, und erheben Forderungen, die bei normalem Gang der Wirtschaft kaum aufgestellt werden würden.

So verlangt man die Einführung eines Pfandregisters für Mobilien, wobei man offenbar übersieht, daß die Erfahrungen, die im Immobiliarverkehr gemacht worden sind, sich bei den Wesensunterschieden zwischen Immobiliar- und Mobiliarrecht nicht auf den Warenverkehr übertragen lassen. Da aber die Wünsche, grundlegende Bestimmungen des bürgerlichen Rechts zu ändern — und wie wohl hinzugefügt werden darf erfreulicherweise —, nicht allzu leicht erfüllbar sind, so hat man auch im Rahmen des geltenden Rechts gesucht, Sicherungsmaßnahmen einzuführen; diese mögen bis zu einem gewissen Grade die Unsicherheit im Kreditverkehr beseitigen,

---

[1]) Die nachstehenden Ausführungen waren zunächst nicht als Einleitung gedacht. Das Interesse, das sie in der Wirtschaft gefunden haben, veranlaßte erst die Industrie- und Handelskammer zu Berlin, die einschlägigen Probleme in einer Reihe von Artikeln systematisch behandeln zu lassen.

haben auf der anderen Seite aber eine Unsicherheit des Rechtsverkehrs zur Folge.

Dies gilt namentlich für die Sicherungsübereignung. Die Sicherungsübereignung hat sich im Rahmen des bestehenden Rechts entwickelt. Die Rechtsprechung hat sie grundsätzlich anerkannt und nur Überspannungen der Sicherungsübereignung als Verstoß gegen die guten Sitten beanstandet. Die Grenzen zwischen der von der Rechtsprechung gebilligten und der gemißbilligten Sicherungsübereignung sind naturgemäß flüssig.

Neuerdings nimmt man ebenfalls im Rahmen des geltenden Rechts zu dem sogenannten Eigentumsvorbehalt wohl mehr, als dies wünschenswert ist, seine Zuflucht. Es häufen sich in der Handelspresse die Mitteilungen, daß dieser oder jener Fachverband in seine Lieferungsbedingungen den Eigentumsvorbehalt aufgenommen habe, um ihn allmählich zum Handelsgebrauch zu entwickeln.

In einigen Fachkreisen, wie z. B. im Automobilhandel, wird sogar schon jetzt zu Unrecht angenommen, daß bei jeder Warenveräußerung der Eigentumsvorbehalt bereits handelsüblich sei, und deshalb ganz allgemein dem Dritterwerber der gute Glaube abgesprochen. Begünstigt wird diese Auffassung durch die Rechtsprechung des Reichsgerichts, das mit Rücksicht auf den Regelfall des Verkaufs unter Eigentumsvorbehalt dem angeblich gutgläubigen Erwerber eine gewisse „Nachforschungspflicht" auferlegt (J. W. 1929 Nr. 11 S. 582) und so den Nachweis des guten Glaubens erschwert. Hieraus ergibt sich jedoch noch nicht die Anerkennung eines stillschweigend vereinbarten Eigentumsvorbehalts als Handelsgebrauch. Wenn die Befürworter einer Verallgemeinerung des Eigentumsvorbehalts geltend machen, daß der einzelne Abnehmer ihnen

Schwierigkeiten machen könnte, auch wo der Vorbehalt nach Lage der Sache ohne Zweifel gerechtfertigt ist, so ist dies ein Mangel an Rücksicht auf die kreditwürdigen Abnehmer und ein Bequemlichkeitsstandpunkt, mit dem man die Bildung eines Handelsgebrauchs nicht zu rechtfertigen vermag, da die Entwicklung eines Handelsgebrauchs nur bei einem billigen und gerechten Ausgleich widerstreitender Interessen gefördert werden sollte. Vielfach wird außer dem Eigentumsvorbehalt der Käufer, der eine Ware mit dem Recht der Weiterveräußerung im regelmäßigen Geschäftsverkehr erworben hat, verpflichtet, die ihm erwachsende Kaufpreisforderung bis zur Höhe seiner Schuld an den Lieferanten abzutreten. Da aber noch als zweifelhaft gelten muß, ob die Verpflichtung zur Abtretung wegen der Unbestimmbarkeit der Forderung und der Person des Drittschuldners schon rechtliche Beziehungen zu dem Drittschuldner begründet, und auch das Verbot der Verpfändung oder Sicherungsübereignung gegenüber dem gutgläubigen Dritten, insbesondere der kreditgebenden Bank keinen ausreichenden Schutz gewährt, sucht man ein Quasi-Kommissionsverhältnis zu schaffen und zu vereinbaren, daß die Forderungen, die der Erstkäufer abzutreten sich verpflichtet hat, im Verhältnis zwischen dem ersten Lieferanten und seinen Abnehmern oder dessen Gläubigern als Forderung des ersten Lieferanten (Kommittenten) gelten sollen. So sehen beispielsweise die Verkaufs- und Zahlungsbedingungen der Süddeutschen Mühlenvereinigung folgendes vor:

> „Die Ware bleibt in allen Fällen Eigentum des Verkäufers bis zur vollständigen Bezahlung. Wenn Wechsel oder Schecks angenommen werden, gilt die Zahlung erst dann als erfolgt, wenn die Wechsel oder Schecks eingelöst sind. Wird die Ware vom Käufer weiterveräußert, so gelten

die ihm daraus entstehenden Forderungen im Sinne des § 392 HGB.[2]) im Verhältnis zwischen Mühle, ihrem Käufer und dessen Gläubigern als Forderungen der Mühle. Lombardierung, Verpfändung oder Übereignung der Ware zu Sicherheitszwecken, ebenso die Abtretung von Forderungen, die dem Käufer durch Weiterveräußerung der Ware entstehen, sind unzulässig."

Über diese Entwicklung wird voraussichtlich demnächst ein ausführliche Arbeit gleichfalls in den „Mitteilungen" der Kammer veröffentlicht werden[3]). Hier kann vorläufig nur unter Verzicht auf eine eingehendere Begründung der Standpunkt vertreten werden, daß eine schematische Anwendung dieser Sicherungsklausel nicht den allgemeinen Interessen der Wirtschaft dient, und daß der Eigentumsvorbehalt nicht generell, sondern nur unter Berücksichtigung der besonderen Umstände des Einzelfalls vereinbart werden sollte. Die formularmäßige Anwendung des Eigentumsvorbehalts bei Verkauf von Waren, die ihrer Natur nach zum Verbrauch, zur Verarbeitung oder zur Weiterveräußerung bestimmt sind, ist schon wiederholt in Gutachten der Industrie- und Handelskammer zu Berlin bemängelt worden (s. „Mitteilungen der Industrie- und Handelskammer zu Berlin" 1929 vom 25. März S. 285 unter „Kraftwagen"). Aber darüber hinaus kann und sollte er grundsätzlich über-

[2]) § 392 HGB. lautet: Forderungen aus einem Geschäft, das der Kommissionär abgeschlossen hat, kann der Kommittent dem Schuldner gegenüber erst nach der Abtretung geltend machen. Jedoch gelten solche Forderungen, auch wenn sie nicht abgetreten sind, im Verhältnis zwischen dem Kommittenten und dem Kommissionär oder dessen Gläubigern als Forderungen des Kommittenten.

[3]) Vgl. Anm. 1.

haupt nur vereinbart werden, wenn — abgesehen von den in der Person des Käufers liegenden Gründen — eine Ware veräußert wird, die in ihrer Einheit einen besonderen Wert darstellt und in Fällen der Wiederveräußerung der Regel nach in dieser Einheit weiterveräußert wird. Der Eigentumsvorbehalt sollte auch nur da vereinbart werden, wo durch gesonderte Lagerung oder gesonderte Buchführung der Nachweis des Eigentümers jederzeit zu führen ist, und dies um so mehr, als bei Verkauf mit Eigentumsvorbehalt der zufällige Untergang oder die Verschlechterung der Ware für die Rechte der Vertragsparteien sowohl zueinander wie zu Dritten (Versicherungsgesellschaft, Eisenbahn) eine besondere Bedeutung gewinnen kann. Die Anbringung von Kennzeichen auf der unter Eigentumsvorbehalt verkauften Ware, wie sie auch bisweilen zum Schutze gegen den gutgläubigen Erwerb Dritter gefordert wird, erscheint bedenklich, da hierdurch leicht Absatzschwierigkeiten entstehen. Einig ist man in gewerblichen Kreisen darüber, daß der Verkauf unter Eigentumsvorbehalt im Verkehr zwischen Lieferanten und Exporteur grundsätzlich nicht in Frage kommen kann. Man sollte sich aber auch darüber klar werden, daß unter Umständen auch in anderen Fällen der Verkauf unter Eigentumsvorbehalt, der mehr oder minder für den Käufer lästig ist, diesem Veranlassung geben könnte, die gleiche Ware unter günstigeren Bedingungen aus dem Auslande zu beziehen. Schließlich fordern alle verbandsmäßig und generell eingeführten Sicherungsmaßnahmen der Lieferanten den organisierten Widerstand der Abnehmerschaft geradezu heraus und stören den jetzt mehr denn je gebotenen Wirtschaftsfrieden. Daß bei der Anwendung des Eigentumsvorbehalts jeder Formalismus und Schematismus unangebracht ist, mag noch an einigen Fällen des täglichen Lebens dargetan werden. Widersinnig wäre es beispielsweise, wenn ein Bleistiftfabrikant sich bei Verkauf von 1000 Bleistiften das Eigentum vorbehalten und den Schreibwarenhändler, der die 1000 Bleistifte vielleicht in Einzelposten absetzt, verpflichten würde, die einzelnen ihm erwachsenden Kaufpreisforderungen abzutreten, da so ein einziges Geschäft 1000 Abtretungserklärungen zur Folge haben könnte. Unzweckmäßig wäre ein Eigentumsvorbehalt der Fabrikanten im Verkehr mit einem Küchenwarengeschäft, wenn dieses dann fertige Kücheneinrichtungen veräußert, in die es Waren aus den verschiedensten Lieferungen der verschiedensten Lieferanten zusammenstellt, oder wenn z. B. ein Händler mit Werkzeugkästen auf Wunsch des Abnehmers Werkzeuge ohne Rücksicht auf ihren Ursprung auswechselt und ohne Rücksicht auf die Eigentumsvorbehalte auswechseln muß. Aber abgesehen von den praktischen Schwierigkeiten sollten auch rechtliche Bedenken nicht außer acht gelassen werden. Es mag selten vorkommen, daß der Verkäufer von Waren, der sich bei Abzahlungsgeschäften das Eigentum bis zur Zahlung der letzten Kaufpreisrate vorbehalten hat, vor Zahlung der letzten Rate in Konkurs gerät und der Käufer dann infolge einer Rückforderung der noch nicht voll bezahlten Ware zur Konkursmasse auf die Geltendmachung einer Schadensersatzforderung als gewöhnliche Konkursforderung angewiesen ist. Schon, daß solche Fälle aber möglich sind, ist nicht unbedenklich. Man stelle sich vor, ein jungverheirateter Beamter, der seine Möbeleinrichtung auf Abzahlung gekauft und den Kaufpreis von 5000 RM pünktlich in Raten bis zum Betrage von 4500 RM getilgt hat, soll seine Möbel in die Konkursmasse des Möbelfabrikanten zurückgeben und sich etwa mit einer Quote seiner Schadensersatzforderung von vielleicht 10 v. H.

— also etwa 450 RM — begnügen. Es ist ein schwacher Trost für ihn, daß der Kaufmann, der unter Eigentumsvorbehalt die Waren für sein Geschäft erworben hat, auf Grund des kaufmännischen Zurückbehaltungsrechts eine bessere Rechtsstellung hat, und daß auch er als Nichtkaufmann vielleicht in dem einen oder anderen besonders gelagerten Falle gegenüber dem Konkursverwalter den Einwand der Arglist erheben könnte. Aber nicht nur für den Käufer, sondern auch für den Verkäufer kann sich der Eigentumsvorbehalt nachteilig auswirken. Hat nämlich der Verkäufer zunächst ohne Vorbehalt verkauft, sich aber dann bei Lieferung der Ware — z. B. wie in dem vom Kammergericht behandelten Fall (J. W. 1929 S. 2164 Nr. 4) — durch Vermerk auf der Faktura das Eigentum bis zur vollständigen Bezahlung vorbehalten, so liegt in der fehlenden Verschaffung des Eigentums eine Verletzung der Verkäuferpflichten, die den Käufer zur Zurückbehaltung des Kaufpreises, ja sogar zum Rücktritt berechtigen kann (vgl. dazu die Ausführungen des Rechtsanwalts Dr. Liebstaedter, Nürnberg, in J. W. 1929 S. 2164 Nr. 4). Was dies bei rückläufiger Konjunktur für Folgen haben kann, liegt auf der Hand.

Auch mit Rücksicht auf eine kürzlich ergangene Entscheidung der 2. Zivilkammer des Landgerichts Stuttgart, die in engem Zusammenhang mit den oben angeführten Zahlungsbedingungen der Süddeutschen Mühlenvereinigung steht, erscheint es angebracht, davor zu warnen, bei Vereinbarung von Sicherungsmaßnahmen den Bogen zu überspannen.

Dieser Entscheidung lag folgender Sachverhalt zugrunde:

Eine Mühle hatte an einen Händler Mehl geliefert und sich bis zur vollständigen Bezahlung des Kaufpreises das Eigentum an der verkauften Ware vorbehalten. Außer diesem Eigentumsvorbehalt war, entsprechend dem Süddeutschen Mühlenschlußschein, besonders vereinbart, daß, „falls die Ware vom Käufer weiterveräußert werden sollte, die dem letzteren hieraus entstehenden Forderungen im Sinne des § 392 HGB. im Verhältnis zwischen der Klägerin (der Mühle) und dem Käufer (dem Händler) und dessen Gläubigern als Forderungen der Mühle gelten sollten".

Der Händler geriet in Konkurs, die Mühle verlangte Aussonderung der dem Händler gegen seine Abnehmer zustehenden Forderungen; sie wurde rechtskräftig abgewiesen.

Bei der Befugnis, eine unter Eigentumsvorbehalt gekaufte Ware weiterzuveräußern, ist nach dem Urteil das Eigentum der Mühle zeitlich bis zur Veräußerung beschränkt und deshalb für den Fall des Konkurses des Händlers die Entstehung eines gesetzlichen Ersatz-Aussonderungsrechtes aus § 46 Konkursordnung[4]) zu verneinen, die Mühle also nicht berechtigt, die Abtretung des Rechts auf die Gegenleistung zu verlangen. Dies entspricht der herrschenden Rechtsprechung und Literatur (Reichsgericht Zivilsachen, Band 115 S. 262, Juristische Wochenschrift 1927 S. 701, Monatsschrift für Konkurs- und Treuhand-

---

[4]) § 46 KO. lautet: Sind Gegenstände, deren Aussonderung aus der Konkursmasse hätte beansprucht werden können, vor der Eröffnung des Verfahrens von dem Gemeinschuldner oder nach der Eröffnung des Verfahrens von dem Verwalter veräußert worden, so ist der Aussonderungsberechtigte befugt, die Abtretung des Rechts auf die Gegenleistung, soweit diese noch aussteht, zu verlangen. Er kann die Gegenleistung aus der Masse beanspruchen, soweit sie nach der Eröffnung des Verfahrens zu derselben eingezogen worden ist.

wesen 1928 S. 4 und im wesentlichen auch Jäger zu § 46 Konkursordnung Anm. 2).

Hiervon ausgehend folgert das Urteil weiter:

Die Parteien wollten durch die besondere Vereinbarung das an und für sich nicht gegebene Ersatz-Aussonderungsrecht der Mühle auf vertraglichem Wege schaffen. Dies sei unzulässig; ein für einen bestimmten Fall gesetzlich nicht vorgesehenes Sonderrecht könne wegen der öffentlich-rechtlichen Natur der Aussonderungsbestimmungen nicht auf vertraglichem Wege geschaffen werden, da hierdurch der Schutz der Gläubiger des Gemeinschuldners eingeschränkt werde. Insoweit ist die Entscheidung nur für den Fall eines Konkurses des Käufers (Händlers) von Bedeutung.

Das Urteil geht aber weiter und stellt ganz allgemein fest, daß der Anspruch der Mühle auch unabhängig von dem Konkurse des Händlers unbegründet gewesen wäre.

Mit der Vereinbarung, daß im Verhältnis zwischen dem Kommissionär und dem Kommittenten die Forderungen des Kommissionärs gegen seine Abnehmer aus den abgeschlossenen Geschäften als Forderungen des Kommittenten gelten, sei für das Kommissionsverhältnis erzielt, daß im Falle des Konkurses des Kommissionärs der Kommittent ein Aussonderungsrecht hinsichtlich der Forderungen gegen die Abnehmer hat.

Die vertragliche Übernahme dieses Rechtszustandes auf einen Fall, in dem kein Kommissionsverhältnis vorliegt, sei unzulässig. Es stehe mit den Anforderungen eines geordneten Handelsverkehrs im Widerspruch, wenn durch Vereinbarung gewisse bestimmte Rechtsfolgen des Kommissionsvertrags für einen im eigenen Namen und für eigene Rechnung des Käufers erfolgten Weiterverkauf Anwendung finden sollen. Hierdurch würde in empfindlicher Weise in die Rechte dritter Gläubiger, die mit dem Vertrage nichts zu tun hätten, eingegriffen. Für die Gläubiger trete der Händler als selbständiger Kaufmann, der im eigenen Namen und für eigene Rechnung Geschäfte betreibe, auf, während er dies in Wirklichkeit nicht sei[5]).

Diesen Gründen ist aus wirtschaftlichen Erwägungen zuzustimmen. Sie erziehen zur Ehrlichkeit im geschäftlichen Verkehr und verhindern unklare und für Dritte möglicherweise schädliche Geschäfte. Die Gläubiger des Händlers müssen sich darauf verlassen können, daß dieser Eigenkäufer ist.

Vielleicht wollte man in dem Falle, der der Stuttgarter Entscheidung zugrunde lag, die Rechtsbeziehungen nach außen nicht klarlegen. Vielleicht hätte die Mühle — darüber sagt das Urteil nichts — das von ihr gewollte wirtschaftliche Ergebnis erreicht, wenn sie den Händler mit dem kommissions-

[5]) Dieses Urteil bedeutet einen erfreulichen Fortschritt gegenüber der Entscheidung des II. Zivilsenats des Reichsgerichts (II 54/1926). In dieser wird versucht, den Widerspruch, der in der Gewährung eines Zahlungsziels mit der Erlaubnis, die Ware vor der Bezahlung weiter zu veräußern, und der gleichzeitigen Vereinbarung des Eigentumsvorbehalts liegt, dadurch zu beseitigen, daß dem Käufer die Verpflichtung auferlegt wird, die Ware nur mit dem auf ihr ruhenden Eigentumsvorbehalt weiter zu veräußern — ein besonders im Verkehr zwischen Mehlgroßhändlern und Bäckereien wirtschaftlich unmögliches Ergebnis. Mag man aber diese oder die Entscheidung des Landgerichts Stuttgart für zutreffend halten, die Divergenz in der Rechtsprechung beweist auf alle Fälle, zu welcher Rechtsunsicherheit die Einführung des Eigentumsvorbehalts im Geschäftsverkehr führt.

weisen Verkauf des Mehles betraut und ihm den über einen bestimmten Preis erzielten Überpreis als „Kommission" oder Provision überlassen hätte; vielleicht durfte die Mühle aber auch mit Rücksicht auf ihre Händlerkundschaft nicht unmittelbar an Verbraucher liefern und mußte deshalb dem Händler die Stellung eines selbständigen Zwischenhändlers einräumen, da die Lieferung an einen Kommissionär der Lieferung an Verbraucher gleichkommen würde.

Derartige Erwägungen rechtfertigen Vereinbarungen nicht, die mit den Anschauungen eines ehrlichen Handelsverkehrs nicht mehr in Einklang gebracht werden können; sie dürfen nicht dahin führen, ein unklares Rechtsverhältnis zu begründen, das die Rechtsordnung nicht kennt und dem Käufer eine Mittelstellung zwischen einem Eigenhändler und einem Kommissionär einräumen würde[6]).

Nicht neue Rechtsformen sind erforderlich, um die zweifellos bestehenden Mißstände im Kreditwesen zu bekämpfen, viel eher dürfte sich eine Rückkehr zu den alten guten Grundsätzen der Vorkriegszeit empfehlen. Der an und für sich berechtigte Wunsch, den Warenumsatz zu steigern, darf nicht dahin führen, daß man kreditunwürdigen Elementen etwa im Vertrauen auf die modernen besonderen Sicherungsmaßnahmen im Übermaß Waren auf Kredit überläßt.

---

[6]) Daß die Abmachung sittenwidrig sei, kann nach den Darlegungen von Levy (S. 148 ff.) nicht mehr aufrechterhalten werden.

Der Eigentumsvorbehalt vom Standpunkt der Industrie.

Von Rechtsanwalt Dr. Gustav Schwartz,
Mitglied der Geschäftsführung des Reichsverbandes der Deutschen Industrie.

Wenn man die Sicherungsübereignung einen illegitimen Sprößling der Rechtsprechung genannt hat, dessen Untugenden nun einmal mit der zweifelhaften Herkunft entschuldigt werden müßten, so darf sich der Eigentumsvorbehalt als guter Leute Kind bezeichnen. Er entstammt alter Familie (pactum reservati dominii) und verdankt seine Existenz dem legitimen Walten der Gesetzgebung, die ihm mit dem § 455 BGB. einen über jeden Zweifel erhabenen Geburtsschein ausgestellt hat. Und doch enttäuscht der heranwachsende Knabe Eltern, Lehrer und Mitschüler. Bei dem lange Jahre unbeachteten und sich selbst überlassenen Kinde zeigen sich seit kurzem Züge großer Selbständigkeit, ja einer leidigen Tyrannei, der die Gespielen weinend entfliehen. Schon äußerlich sieht man ihm die Flegeljahre an. Lang aufgeschossen und über und über mit Klauseln bedeckt, bietet er längst nicht mehr den einstigen sauberen Anblick. Kein Wunder, daß er an sich selbst zweifelnd unrechten Umgang sucht und in Kreise eindringt, in denen er nicht wohlgelitten wird. Die richtenden Lehrer zeigen wenig Verständnis für die Nöte des ungebärdigen Jungen und halten für Rauflust, was ungeschickte Verteidigung ist. Tadel und Lob hageln auf ihn herab. Endlich glaubt man den armen Jungen am Busen der Alma mater geborgen, die ihn mit dem Tranke wissenschaftlicher Forschung labt, da ertönt das ferne Grollen des stiefväterlichen Wirtschaftsministers, der dem früh Verwaisten mit dem Rauhen Hause des Kartellgerichts droht. Vielleicht empfiehlt es sich, den jungen Sünder zunächst einmal psychoanalytisch zu betrachten, bevor sich die berufenen Ärzte seiner Behandlung zuwenden.

I. Das althergebrachte Anwendungsgebiet für den Eigentumsvorbehalt (EV.) ist die Maschinenindustrie. Entsprechend der Notwendigkeit, für den Kaufpreis schon mit Rücksicht auf die Erprobung der gelieferten Maschine Teilstundung zu gewähren, bedang sich von jeher der Fabrikant für das wertvolle Objekt den Vorbehalt des Eigentums bis zur völligen Bezahlung des Kaufpreises aus. Die Größe und Unterscheidbarkeit des Gegenstands, sein durch Gebrauch oder Verbrauch kaum berührter Dauerwert, die Zweckbestimmung für den Gewerbebetrieb des Käufers prädestinierten den Maschinenkauf für den EV. Wenn er gleichwohl ein von Sorgen beschwerter Rechtsbehelf für den Lieferanten blieb, so lag das an der gerade für Maschinen bestehenden Gefahr, durch Art und Zweck der Einführung wesentlicher Bestandteil eines Grundstücks und damit irgendwelcher Sonderrechte unfähig zu werden. Erst allmählich nahm die gerade von der Rechtslehre (Lenel) scharf angegriffene Rechtsprechung des Reichsgerichts zur Frage des Vorliegens eines „wesentlichen Bestandteils" eine für den Fabrikanten günstigere Haltung ein, wie sie durch den Wortlaut des § 94 BGB. an sich auch gerechtfertigt erscheint. Aber noch heute besteht, da es auf die Prüfung des Einzelfalls ankommt, keine völlige Rechtssicherheit für die Parteien und Gläubiger. Das hat die Verbreitung des EV. in der Maschinenindustrie nicht aufhalten und seinen Einzug in deren allgemeine Lieferungsbedingungen nicht hindern können [1] [2]).

[1]) Die Ende 1929 begonnene Materialsammlung des RV. d. Deutschen Industrie, der die nachstehenden Angaben

Für die Ausdehnung des EV. auf andere Zweige der Industrie hat man im Gegensatz zum Maschinenkauf nicht schon in der Rechtsprechung, sondern fast nur in den gedruckten Lieferungsbedingungen einen Anhaltspunkt. Es handelt sich heute ausnahmslos um die formularmäßige Vereinbarung des EV., die generell den Lieferungen einer Firma oder der Mitglieder eines Verbandes zugrunde gelegt wird. Folgen wir dem Fachgruppenaufbau des RV., so erscheinen als offenbar ziemlich geschlossene Verwender des EV. die eisenschaffende Industrie, die Metall-Walzwerks- und Hüttenindustrie, die Fahrzeugindustrie (z. B. Automobile, Karosserien, Fahrräder, Fahrradteile), die elektrotechnische Industrie, Sägeindustrie und Holzhandel, die holzverarbeitende Industrie, die Müllerei, die Zucker-, Süßwaren-, Nährmittel- und Konservenindustrie.

Bei den nachstehenden Fachgruppen wird der EV. teils verwendet, teils nicht verwendet: Eisen- und Stahlwarenindustrie, Metallwaren-

---

entstammen, ist weder erschöpfend, noch kann sie bezüglich des Wortlauts der sich häufig verändernden Klauseln als dem heutigen Stand entsprechend bezeichnet werden. Immerhin gibt sie ungefähre Anhaltspunkte.

[2]) Abgesehen vom Lokomotivenbau dürften alle Fachverbandsgruppen der Maschinenindustrie den EV. in ihre Lieferungsbedingungen aufgenommen haben, und zwar meist in seiner einfachen Form, die den Fall des Weiterverkaufs nicht berücksichtigt und häufig sogar ausdrücklich nicht nur Verleihung, Verpachtung und Verpfändung, sondern auch die Veräußerung verbietet. Aus der Materialsammlung des RV. seien folgende Gruppen erwähnt: Werkzeugmaschinen, Textilmaschinen, Landmaschinen, Pumpenfabriken, Papierverarbeitungs- und Druckmaschinen, Zerkleinerungs- und Aufbereitungsmaschinen, Apparate-, Motoren-, Kran-, Mühlen- und Turbinenbau.

und blechverarbeitende Industrie, Keramik, Glas, Chemie, Steine und Erden, Textilindustrie, Bekleidungsindustrie, Öle und Fette, Nahrungs- und Genußmittelindustrie.

Keine Rolle oder wenigstens keine erhebliche spielt schon nach der Natur der Waren der EV. in den Fachgruppen Bergbau, Kohlenwertstoffe und Erdöle usw., Elektrizitäts-, Gas- und Wasserwerke, Lederindustrie (mit Ausnahme der Schuhindustrie, die ihn teilweise seit einiger Zeit verwendet), Bauindustrie, Papier, Brauerei (wo er jedoch bezüglich des Inventars der Gastwirte von Bedeutung ist).

Diese Zusammenstellung läßt natürlich nicht erkennen, ob der EV. in den einzelnen Verbänden der Fachgruppen ohne Übereinkunft tatsächlich bei den Mitgliedern üblich ist, ob eine teils befolgte, teils nicht befolgte Empfehlung der Verbandsleitungen vorliegt oder eine feste Bindung der Verbandsmitglieder gegeben ist. Alle diese Möglichkeiten kommen vor.

II. Noch weniger kann deutlich gemacht werden, welche Formen des EV. in den verschiedenen Verbänden herrschen. Die Fassungen sind so mannigfaltig, daß kaum eine dem genauen Wortlaut nach mit der andern übereinstimmt, selbst wenn die rechtliche Bedeutung die gleiche ist. Von einer wahllosen Übernahme der Klauseln von Verband zu Verband kann keine Rede sein; eine jede sucht den Bedürfnissen des Verbands und der Eigenart der Ware gerecht zu werden. Schalten wir reine Fassungsnuancen aus, so lassen sich folgende Typen herausschälen:

1. „Uneigentlicher EV." Hier wird nicht das Eigentum an der Ware vorbehalten, sondern einer der Zwecke, die der EV. erfüllen soll, auf anderem

Wege zu erreichen versucht: Der Verkäufer untersagt dem Käufer die Verpfändung oder Sicherungsübereignung unbezahlter Ware[3]). Die Klausel, die hauptsächlich in der Textilindustrie und im Textilgroßhandel eine gewisse Rolle spielt, ist von einigen Verbänden, so dem Verband Sächs.-Thüring. Webereien, seit einiger Zeit durch eine echte EV.-Klausel ersetzt worden.

2. Echter EV.

a) Einfacher EV: „Der Verkäufer behält sich bis zur völligen Bezahlung das E. an der gelieferten Ware vor." Gebräuchlich in der Maschinenindustrie und überall, wo es sich um nicht weiterzuveräußernde Ware handelt. Wird er bei solchen Waren vereinbart, so ist bei dieser Fassung als Vertragswille der Parteien anzunehmen, daß der Käufer weder zum Weiterverkauf, noch zur Verpfändung oder zur Sicherungsübereignung berechtigt sein soll, auch wenn ein diesbezüglicher Zusatz fehlt. Gegen den gutgläubigen Eigentums- oder Pfanderwerb eines Dritten, der Besitz an der Sache erlangt, bietet die Klausel aber natürlich ebensowenig wie irgendeine andere EV.-Klausel Schutz. Der zuwiderhandelnde Käufer kann sich unter Umständen der strafrechtlichen Verfolgung wegen Unterschlagung aussetzen.

b) EV. bei weiter zu veräußernder Ware: Fassung wie bei a, meist mit dem Zusatz:

[3]) Vgl. über den „uneigentl. EV." zuletzt Rühl, Eigentumsvorbehalt und Abzahlungsgeschäft, Berlin 1930, S. 75 ff., und Stulz, Der Eigentumsvorbehalt im in- u. ausländ. Recht (Veröffentlichungen des Reichsverbands der Deutschen Industrie Nr. 51, März 1930), S. 42 und die dort angegebene Literatur. Die von Bernstein treffend geprägte Bezeichnung ist dem Schicksal nicht entgangen, gründlich mißverstanden zu werden: Ziffer, Jur. Wo. 1930, S. 1358, versteht, soweit man erkennen kann, unter „uneig. EV." mit Berufung auf Bernstein den eigentlichen EV.

„Sie darf bis zu diesem Zeitpunkt an Dritte weder verpfändet, noch zur Sicherung übereignet werden." Häufig mit dem Zusatz: „Sie darf nur im ordnungsmäßigen Geschäftsgang weiterverkauft werden." Oft finden sich beide Zusätze gleichzeitig.

Der zweite Zusatz könnte bei richtiger Auslegung fehlen, zum mindesten bei Waren, die der Fabrikant an einen Händler zum Weiterverkauf liefert[4]). Denn es ergibt sich einmal aus der Sachlage klar, daß der Käufer soll weiterverkaufen dürfen, dann aber auch aus dem ersten Zusatz, der nur ein Verbot der Verpfändung und Sicherungsübereignung, nicht aber ein Verbot des Weiterverkaufs enthält. Würde der erste Zusatz fehlen, so könnte allenfalls — wenn auch m. E. zu Unrecht — der Zweifel entstehen, ob nicht der Käufer wie zum Weiterverkauf, auch zur Verpfändung oder Sicherungsübereignung berechtigt sein soll. Gutgläubig erworbene Rechte Dritter werden nicht geschützt (siehe zu a), wohl aber wäre eine strafrechtliche Verfolgung des Käufers denkbar, und zwar bei Aufnahme des zweiten Zusatzes z. B. auch, wenn er die Ware verschenkt, verschleudert usw.

Die obige Klausel ist mit der geschilderten rechtlichen Bedeutung der A u s g a n g s t y p für den EV. in den weiter oben erwähnten zahlreichen Industriegruppen. Sie unterscheidet sich von der Klausel a weniger durch die erwähnten Zusätze, als durch die Zweckbestimmung des Kaufgeschäfts, die dort im Eigengebrauch des Käufers, hier im Weiterverkauf durch den Käufer besteht. Die Zusätze unterstreichen diesen Sachverhalt nur. Ausgangstyp ist die Klausel deshalb, weil sie häufig in Verbindung mit der Klausel c oder noch häufiger mit Klausel d und auch mit diesen

[4]) Siehe dazu neuerdings Lg. Hamburg in Hans. R.- u. Ger.-Z. 1930 B S. 270.

beiden Klauseln, endlich auch außerdem mit der Klausel e vorkommt. In systematisch richtiger Reihenfolge ist zunächst zu erwähnen:

c) EV. bei zu verarbeitender oder zu vermischender Ware: Fassung wie bei a mit dem Zusatz: „Der EV. bezieht sich auch auf die durch Verarbeitung (oder Vermischung) entstehenden neuen Waren." Die bei b erwähnten Zusätze erhalten dann häufig die Erweiterung: „Die gelieferte Ware und die aus ihr durch Verarbeitung .... entstandenen Sachen usw."

Das Anwendungsgebiet ergibt sich aus der Natur des Kaufgegenstandes. In der Metallwalzwerk- und Kleineisenindustrie, Sägeindustrie und der Müllerei ist die Klausel nicht selten. Jedoch wird sie bei weitem nicht überall, wo unter EV. verkaufte Waren zur Verarbeitung bestimmt sind, angewandt. Häufiger ist vielmehr der ausdrückliche Zusatz, daß die Ware im bzw. nur im ordnungsmäßigen Geschäftsgang verkauft und verarbeitet werden dürfe, noch häufiger, wie fast in der gesamten Textilindustrie, der Verzicht auf jeden Zusatz, der als stillschweigende Erlaubnis zur Verarbeitung mit der Wirkung des § 950, also gegebenenfalls des Eigentumserwerbs des Verarbeiters gedeutet werden muß[5]).

d) EV. mit Abtretung der Forderungen aus dem Weiterverkauf. Fassung wie bei a bzw. b bzw. c mit dem Zusatz: „Bis zum gleichen Zeitpunkt gelten die Forderungen aus dem Weiterverkauf der Waren bis zur Höhe des ursprünglichen Rechnungsbetrages als an den Verkäufer abgetreten."

Diese Klausel ist — wenn auch häufig in einer den Zweck der dinglichen Sicherung nicht erreichenden

[5]) Vgl. Stulz a. a. O. S. 23.

Fassung — zweifellos im Vordringen, aber durchaus noch nicht allgemein verbreitet. Verhältnismäßig selten ist ihre Kombinierung mit der weitestgehenden Klausel:

e) EV. mit Abtretung der Forderungen und Übereignung der Erlöse aus dem Weiterverkauf. Fassung wie bei d mit dem Zusatz: „Der Erlös für die weiterverkaufte Ware gilt als sofort in das Eigentum des Verkäufers übergegangen, ist gesondert für den Verkäufer aufzubewahren und sofort an ihn abzuführen."

Die praktische Bedeutung dieser Klausel besteht in dem für den Verkäufer im Konkursfall gegebenen Aussonderungsrecht sowie — für den Fall, daß der Käufer infolge Nichtbeachtung der Vereinbarung das Eigentum am Erlös durch Vermischung untergehen läßt — in der Möglichkeit einer strafrechtlichen Verfolgung des Käufers wegen Unterschlagung.

Selbstverständlich fehlt es nicht an weiteren Zusätzen der verschiedensten Art, teils solchen, die mit dem EV. keinen unmittelbaren Zusammenhang haben (so die Versicherungspflicht des Maschinenkäufers), oder solchen, die lediglich den Begriff der Zahlung erläutern („bei Wechselhingabe bis zur Einlösung"), oder endlich solchen, die den Käufer verpflichten, den EV. „weiterzugeben", d. h. beim Weiterverkauf dem Verkäufer wiederum dessen Eigentum vorzubehalten. Sie gehört in unseren Versuch eines Systems wegen ihrer nur obligatorischen Wirkung nicht hinein, womit weder ihre Bedeutung geleugnet, noch gewisse rechtliche Zweifel über ihre Auslegung unterschätzt werden sollen[6]). Nicht selten sind auch zweifelsfrei rechtsunwirksame Zusätze zur Klausel b, wie: „Im Falle des Konkurses des Käufers kann der Verkäufer gem.

---

[6]) Vgl. Stulz a. a. O. S. 22.

§ 46 KO. die Abtretung der außenstehenden Forderungen für die weiterveräußerten Waren verlangen." Ist der Käufer zur Weiterveräußerung befugt, so kommt nach der Rechtsprechung des RG. die Anwendung des § 46 KO. nicht in Frage, auch nicht kraft einer Parteivereinbarung. Dagegen wird der gleiche wirtschaftliche Zweck durch die Klausel d annähernd erreicht[7]).

III. Die Übersicht über die Verbreitung des EV. in der Industrie zeigt, daß seine Verwendung sich keineswegs im Verhältnis von Fabrikant zu Händler erschöpft, sondern sich in wohl noch größerem Umfang innerhalb der Industrie auswirkt: Die Rohstoffindustrie legt den EV. dem verarbeitenden Fabrikanten auf, der ihn seinerseits mit seinem Abnehmer vereinbart. Innerhalb derselben Fachgruppe lassen sich wie bei der Textilindustrie EV.-Klauseln, die den Stadien des Fabrikationsprozesses folgen, denken — ohne daß die verarbeitete Ware dabei unbedingt miteinbezogen zu sein braucht — und über die Konfektion hinweg findet sich die Klausel im Verhältnis zum Groß- und Einzelhandel aufs neue. Der gleiche Verband, der sich über die Neueinführung des EV. bei seinem Lieferantenkreis beschwert, verwendet sie seinen Abnehmern gegenüber seit Jahren. Der Großhandel wie der Einzelhandel würden, wie die Dinge heute liegen, einer gesetzlichen Abschaffung oder Erschwerung des EV. (etwa im Wege einer Registerpflicht) nicht das Wort reden können, ohne erhebliche Interessen ihrer Mitglieder, die ihn mit guten Gründen verwenden, zu gefährden. Ist doch das Abzahlungsgeschäft im Verhältnis zum

[7]) Nur annähernd, weil die Sicherungsabtretung der Forderungen dem Verkäufer im Konkurs des Käufers nur ein Absonderungs-, kein Aussonderungsrecht gibt.

letzten Verbraucher gleichfalls auf den EV. aufgebaut, und hat nicht der Großhandel in weitem Umfang den EV. in seine Bedingungen, übrigens gelegentlich auch im Verhältnis zur Industrie, aufgenommen.

Der Umstand, daß es sich hier nicht um klar abgegrenzte Interessengegensätze zwischen den einzelnen Wirtschaftsgruppen handelt, die etwa die Industrie zum einseitigen Verfechter und den Handel zum einmütigen Gegner des EV. machen, hat es verhindert, daß das Für und Wider des heutigen Zustands zu einem offenen wirtschaftspolitischen Kampf der großen Wirtschaftsverbände geführt hat. Auf dem Gebiet der Textilwirtschaft ist sogar versucht worden, eine einheitliche Formel für alle beteiligten Verbände zu finden, allerdings ohne daß ein Ergebnis erzielt werden konnte. Die gleiche Tatsache der Interessenverflechtung hat aber auch dem einzelnen Spitzenverband die Haltung zu dem Problem vorgezeichnet. Der Reichsverband der Deutschen Industrie hat es niemals für seine Aufgabe halten können, etwa der Verbreitung des EV. grundsätzlich das Wort zu reden und sich für die Aufnahme dieser oder jener Klausel in die Lieferungsbedingungen eines Verbandes einzusetzen. Er mußte die Entscheidung der wirtschaftspolitischen Frage, ob sich der EV. für diese oder jene Warengruppe empfehle, ob er durchführbar oder durchsetzbar sei, seinen Fachverbänden schon deshalb überlassen, weil die Verhältnisse für eine generelle Empfehlung oder Formulierung viel zu verschieden liegen. Auf der andern Seite konnte er die gewaltige Bedeutung, die dem EV. als Kreditsicherungsmittel zukommt, nicht verkennen und mußte die Anwendung der vom Gesetz dem Verkäufer dargebotenen Waffe verteidigen. Diese Haltung ist gegenüber den Mitgliedern zum Ausdruck gekommen, die die Rechtsberatung des Verbands in Anspruch genommen haben.

Soweit Rechtsprechung und Rechtslehre die Rechtsgültigkeit von Abreden, die mit dem EV. zusammenhängen, anerkannt oder überwiegend anerkannt haben, bestand keinerlei Anlaß, demjenigen, der seine größtmögliche Sicherung erstrebte, etwa unter wirtschaftspolitischen Gesichtspunkten entgegenzutreten. Nur wo die rechtliche Zulässigkeit ernsten Zweifeln begegnete oder aber gleichzeitig die praktische Durchführbarkeit schlechterdings oder ohne Beeinträchtigung gerade der Interessen des Lieferanten unmöglich erschien (dem letzteren Gesichtspunkt war z. B. gegenüber dem Übersee-Exporthandel Rechnung zu tragen), wurde dem Fragesteller von der Aufnahme beabsichtigter Formulierungen abgeraten. So hat der Reichsverband der Ausdehnung des EV. auf den aus dem Weiterverkauf erzielten Erlös (siehe oben e) widerraten, nicht weil die Vereinbarung als solche rechtstheoretisch undenkbar oder unwirksam wäre[8]), sondern weil die getrennte Aufbewahrung der konkreten aus dem Verkauf erhaltenen Geldscheine im Regelfalle undurchführbar erscheint und den Kontrahenten in die Gefahr einer sachlich nicht gerechtfertigten strafrechtlichen Verfolgung bringt. Es kommt als rechtliches Bedenken hinzu, daß die Zahlung ja meist bargeldlos durch Überweisung auf ein für den Empfänger bestehendes Konto erfolgt und also nur einen Zahlungsanspruch entstehen läßt, der wiederum als im voraus abgetreten fingiert werden müßte. Anders würden Fälle zu beurteilen sein, in denen wirklich ein Kommissionsverhältnis mit den sich daraus ergebenden Treueverpflichtungen vorliegt. Dagegen konnte gegen die übrigen oben angegebenen Klauseln aus rechtlichen Gründen ein stichhaltiger Einwand nicht her-

---

[8]) Vgl. Rühl a. a. O. S. 52, RG. in Strafsachen 62, 31, und JW. 1930, S. 1403.

geleitet werden, sofern die Fassung dem beabsichtigten Zweck und unserm Rechtssystem entsprach. So wird die antizipierte Forderungsabtretung der obigen Klausel d von Rechtsprechung und Rechtslehre fast einmütig für zulässig gehalten[9]). Natürlich liegt aber keine antizipierte Forderungsabtretung mit dinglicher Wirkung vor, wenn es in den EV.-Klauseln bedeutender Verbände heißt: „Forderungen aus etwaigem Weiterverkauf sind unverzüglich abzutreten.“ Hier ist nur eine vertragliche Verpflichtung zur Abtretung eingegangen, nicht aber die Voraussetzung für einen automatisch erfolgenden Übergang geschaffen. Ferner besteht bei der antizipierten Forderungsabtretung eine gewisse Klippe darin, daß nach der Absicht der Parteien der alte Gläubiger, nämlich der Käufer, einstweilen berechtigt bleiben soll, die Forderungen einzuziehen, da der neue Gläubiger, solange sein Schuldner kreditwürdig ist, keinerlei Interesse hat, in die Geschäftsbeziehungen seines Kunden einzugreifen und nach außen hervorzutreten. Es liegt eben nur eine Sicherungsabtretung vor. Dieser Sachlage darf der Verkäufer nicht etwa durch eine Fassung der Klausel nachgeben, die ihm die Möglichkeit nimmt, selbst die Forderung einzuziehen, etwa dadurch, daß er sich die Befugnis, die Schuldner von der Abtretung zu benachrichtigen, vorenthalten läßt, oder dadurch, daß er dem alten Gläubiger das Recht zur Einziehung im eigenen Namen dauernd und bedingungslos einräumt. In dieser Hinsicht sind die grundsätzlichen Ausführungen des RG. im 92. Bande S. 106 ff. zu einem an sich nicht typisch liegenden Fall von besonderer

---

[9]) Vgl. Rühl S. 45 und Stulz S. 20 und die dort angegebene Lit., ferner Jaeger, Konkurs- u. Treuhandwesen, 1930, Heft 2 S. 17.

Wichtigkeit[10]). Daher scheint mir der zunächst etwas belanglos klingende ausdrückliche Zusatz, daß der Gläubiger jederzeit berechtigt sein solle, die Angabe der Namen der Schuldner und der Einzelheiten der Forderungen vom alten Gläubiger zu verlangen, durchaus berechtigt und dazu angetan zu sein, die Ernstlichkeit der Abtretung und die Miteinbeziehung des Einziehungsrechts deutlich erkennen zu lassen. Zuzugeben ist Meyerstein (S. 7 ff.) zweifellos, wenn er im Anschluß an das von ihm erwähnte Urteil des Landgerichts Stuttgart aus rechtlichen Gründen den Versuch für verfehlt erklärt, die aus der Weiterveräußerung entstehenden Forderungen dadurch aussonderungsberechtigt zu machen, daß der Verkäufer mit seinem Abnehmer ein Kommissionsverhältnis im Sinne des § 392 HGB. vereinbart. In der Tat ist die vertragliche Übernahme dieses Rechtszustandes auf einen Fall, in dem kein Kommissionsverhältnis vorliegt, unzulässig. Das setzt auch Jaeger, Konkurs- und Treuhandwesen, 1930, Heft 2 S. 17, völlig einleuchtend auseinander. Dafür möchte ich aber die Autorität von Jaeger in

[10]) S. 108: „Der wesentliche Inhalt des Gläubigerrechts ist — was namentlich für die Sicherheitsabtretung zutrifft — darin zu sehen, daß der Gläubiger befugt ist, sein Recht dem Schuldner gegenüber geltend zu machen und die dem Schuldnerverhältnis entsprechende Leistung von ihm zu fordern." „Die Abtrennung der Gläubigerschaft von dem Recht der Einklagung ist eine unzulässige Spaltung der Forderung." „Ein Vorbehalt, der nur darauf berechnet ist, den Zugriff anderer Gläubiger abzuwehren, ist nicht geeignet, die Abtretung wirksam zu machen." Vgl. aber auch die dem Zessionar günstigeren Wendungen in einem nicht veröffentlichten RG.-Urteil von 1928, aus dem der RG.-Räte-Kommentar Anm. 1 zu § 398 wiedergibt: „Es erscheint mit dem Wesen der Zession noch als vereinbar, wenn der Zedent das Recht nur so lange behalten soll, als er seinen Zahlungsverpflichtungen dem Zessionar gegenüber nachkommt."

dem gleichen Maße in Anspruch nehmen, wenn ich der Skepsis von Meyerstein entgegentrete, der die andere Form der Sicherung dieser Forderungen, nämlich die Abtretung, für rechtlich zweifelhaft erklärt. Jaeger führt a.a.O. zu dem Stuttgarter Urteil aus, daß eine im voraus vereinbarte Abtretung der Forderungen aus dem Weiterverkauf der Vorbehaltswaren statthaft sei, da die Forderungen dem Rechtsgrunde nach schon im Zeitpunkt der Vereinbarung genau bestimmbar seien, wenn auch ihre Höhe nicht feststehe. Auf die weiteren sehr feinen Feststellungen Jaegers zu den Folgen einer solchen Vereinbarung im Konkurs möchte ich etwaige Interessenten nur hinweisen.

Nicht einfach ist die obige Klausel c, die den EV. auf die verarbeitete Ware ausdehnt, rechtlich zu beurteilen. Aber die Schwierigkeiten sind mehr praktischer als rechtlicher Natur. Die Rechtsprechnug hält die Klausel ganz offenbar für gültig, indem teils ausdrücklich, teils ohne nähere Ausführungen die Vorschrift des § 950 BGB., die das Eigentum unter Umständen dem Verarbeiter, nicht dem Rohstoffeigentümer zuspricht, für abdingbar erklärt wird[11]). Dem folgt Stulz S. 23 und im Ergebnis auch Rühl, der freilich nicht jede Abrede dieses Sinnes, sondern nur die Formulierungen gelten lassen will, die einwandfrei zum Ausdruck bringen, daß der Käufer die Verarbeitung „für den Verkäufer" als sein Gehilfe vornehme (S. 138). Da nach dieser Auffassung der Eigentumsvorbehalt als solcher nicht die verarbeitete Ware erfaßt, hält er die sehr gebräuchliche Fassung: „Die Ware bleibt... auch im verarbeiteten Zustand Eigentum des Lieferers" nicht für ausreichend, wohl aber die oben wiedergegebene Klausel c. Ich möchte seine

[11]) Vgl. die bei Rühl S. 139 angegebenen Urteile.

Konstruktion an sich für zutreffend halten, glaube nur, daß es verfehlt ist, die Rechtsgültigkeit der konkreten Parteiabrede davon abhängen zu lassen, ob sie diese Rechtskonstruktion noch gerade oder schon nicht mehr durchschimmern läßt. Läßt das Recht den von den Parteien gewollten Erfolg zu, so muß es gleichgültig sein, wenn die Parteien sich ein falsches Bild von der rechtlichen Konstruktion gemacht haben. Freilich machen die praktischen Schwierigkeiten die Klausel c für viele Wirtschaftsgruppen untauglich. Das gilt namentlich, wo die Waren verschiedener Lieferanten verarbeitet werden und bei gleichzeitiger Anwendung der EV.-Klausel sehr komplizierte Miteigentumsverhältnisse entstehen würden, die auch durch Abtretung der verschiedenen Ansprüche an einen Lieferanten im Falle des Konkurses nicht immer gelöst werden können. Aber selbst wenn die praktische Wirksamkeit solcher verfeinerter Klauseln begrenzt ist: keinesfalls sind sie zu verdammen, nur weil sie das zeitliche Schicksal der verkauften Ware nicht in seinem ganzen Umfange erfassen können und diese natürliche Grenze in ihrem Wortlaut nicht erkennen lassen. Sie leisten in der durch die Natur der Dinge gebotenen und durchaus nicht zweifelhaften Beschränkung ihre Dienste, ohne daß ein überzeugender Nachweis für ihre wirtschaftspolitische Gefährlichkeit erbracht wäre[12]). Es hieße das Kind mit dem Bade ausschütten, wenn man wegen jener Fälle, die sich der Erfassung durch den an sich vereinbarten Eigentumsvorbehalt von selbst entziehen, die generelle Anwendung des Eigentumsvorbehalts von ganzen Warengruppen ausschließen wollte.

IV. Die wirtschaftspolitische Frage, ob die Verbreitung und Ausgestaltung der EV.-Klausel

[12]) Vgl. vielmehr hierzu Rühl S. 37, Stulz S. 17.

erwünscht ist, soll hier im einzelnen nicht erörtert werden. In Zeiten guter Konjunktur und einer blühenden und gesicherten Wirtschaft wird man die Gewährung von Personalkredit an den Abnehmer für den erfreulicheren Zustand halten. Krisenzeiten wie die heutige und — man muß es leider aussprechen — das Herabsinken der geschäftlichen Moral, wie sie in allen Wirtschaftszweigen festzustellen ist, rechtfertigen besondere Mittel und den Übergang zum Realkredit, der ja keineswegs für ein Privileg des Geldkreditgebers gehalten werden darf[13]). Wenn Meyerstein zustimmend erwähnt, daß die formularmäßige Anwendung des Eigentumsvorbehalts bei Verkauf von Waren, die ihrer Natur nach zum Verbrauch, zur Verarbeitung oder zur Weiterveräußerung bestimmt sind, von der Industrie- und Handelskammer zu Berlin bemängelt wird, und wenn er fordert, daß der Eigentumsvorbehalt nicht generell, sondern nur unter Berücksichtigung der besonderen Umstände des Einzelfalls vereinbart werden sollte, so stemmt er sich gegen eine Entwicklung, die seit geraumer Zeit feststehende Tatsache geworden ist, die aufzuhalten aber auch ein wirtschaftlich gerechtfertigter Anlaß nicht vorliegt. Es soll der uferlosen Anwendung des Eigentumsvorbehalts oder der vorzeitigen Anerkennung von Handelsgebräuchen auf diesem Gebiet nicht das Wort geredet werden, namentlich die praktischen und rechtlichen Schwierigkeiten nicht unterschätzt werden, die sich im Falle der Verarbeitung ergeben; aber es geht meines Erachtens erheblich zu weit, die generelle Eigentumsvorbehaltsklausel in den Liefe-

[13]) Das muß gerade gegenüber den neuesten von Bankseite stammenden Ausführungen von Joel im Bankarchiv XXIX S. 310 ff. betont werden. Der Schutz, den der EV. gewährt, reicht nicht so weit, daß eine sorglose Kreditgewährung befürchtet werden müßte.

rungsbedingungen vieler Fachverbände grundsätzlich als unerwünscht zu bezeichnen, die Rechtsgültigkeit der Forderungsabtretung aus Weiterverkäufen zu bezweifeln und die praktischen Schwierigkeiten als unüberwindbar zu betrachten. Die Anwendbarkeit des Eigentumsvorbehalts geht, was den Kreis der in Betracht kommenden Waren angeht, im allgemeinen so weit wie diejenige der Sicherungsübereignung, die — von meinem Standpunkt aus mit Recht — grundsätzlichen Einwendungen in Meyersteins Aufsatz nicht begegnet. Es darf aber nicht verkannt werden, daß der Eigentumsvorbehalt die legitime Waffe des Lieferanten im Kampf gegen die von seinem Käufer zu befürchtende Sicherungsübereignung darstellt. Wer die Sicherungsübereignung duldet, darf den Eigentumsvorbehalt nicht verwerfen, kann ihn nicht schon dann für unerwünscht erklären, wenn es sich um weiterzuveräußernde Waren handelt, die in das gleiche Warenlager einverleibt werden, das die Unterlage für den Geldkredit des Abnehmers bildet und zur Sicherung an den Geldgeber übereignet werden kann. Es läßt sich doch nicht bestreiten, daß der Warenlieferant, der mit dem üblichen Dreimonatsziel Waren liefert, es angesichts der so häufig beliebten Sicherungsübereignungen erleben muß, daß seine unterscheidbar beim Abnehmer vorhandene Ware im Konkursfall von einem dritten Sicherungsnehmer in Anspruch genommen wird, falls er auf die Vereinbarung eines Eigentumsvorbehalts verzichtet hat. Diese Rechtsfolge abzuwehren, ist ein wirtschaftlich durchaus berechtigtes Beginnen; denn der Verkäufer steht in einer anzuerkennenden nahen Beziehung zu der von ihm gelieferten Ware, und kein Geldgeber dürfte einen moralischen Anspruch darauf haben, seine Kredite mit der unbezahlten Ware eines Dritten gesichert zu erhalten. Die romanischen Rechte anerkennen diese nahe Beziehung des Verkäufers in dem bekannten Institut des gesetzlichen „Privilegs". Das Bürgerliche Gesetzbuch eröffnet nur einen vertraglichen Schutz, eben den Eigentumsvorbehalt, dessen sehr wesentliche Bedeutung darin beruht, daß auch der gutgläubige Sicherungsnehmer infolge § 933 BGB. kein Eigentum an der Vorbehaltsware erwirbt. Diese Konkurrenz zwischen Warenlieferant und Sicherungsnehmer besteht aber unter den heutigen Verhältnissen immer, d. h. sie muß vom Lieferanten beargwöhnt werden, und die Fachverbände werben mit Recht um Verständnis für eine Zwangslage, die ihnen die generelle Aufnahme des Eigentumsvorbehalts in ihre Lieferungsbedingungen gebietet Man kann auch nicht von vornherein die Einbeziehung von zum Verbrauch oder zur Verarbeitung bestimmter Ware in die Klausel verdammen. Solange die Ware noch nicht verbraucht und weiterverarbeitet ist, ist der Zugriff des Lieferanten — der vielleicht eine Woche vor der Zahlungseinstellung geliefert hat — ebenso berechtigt wie der Zugriff auf zur Weiterveräußerung bestimmte, aber noch nicht weiterveräußerte Ware.

Nun ist natürlich die Konkurrenz mit dem Sicherungsnehmer nicht die einzige Rechtfertigung für die Eigentumsvorbehaltsklausel. Sie stützt nur rechtspolitisch die Haltung der Fachverbände, die sich mit dem praeter legem entstandenen Institut der Sicherungsübereignung abfinden müssen. Im Wettlauf mit den übrigen Konkursgläubigern, d.h. im wesentlichen den anderen Warenlieferanten, hat der Vorbehaltsverkäufer natürlich gleichfalls einen nicht einzuholenden Vorsprung. Ob aber wirklich die höhere Gerechtigkeit eine par condicio creditorum in dem Sinne fordert, daß alle Warenlieferanten der Verschleuderung ihrer Erzeugnisse im Konkurse zusehen und auf die Ausschüttung der Quote ergeben warten müssen, scheint mir doch zweifelhaft zu sein. Dem vorsichtigen Verkäufer sollte man einen weitgehenden Schutz gegen diese Sachlage, die beständig seine eigene Existenz bedroht, nicht verwehren, zum mindesten nicht unter Berufung auf die gebotene Gleichbehandlung aller Gläubiger, ein Argument, das Meyerstein übrigens auch nicht heranzieht. Welcher verantwortungsbewußte Wirtschaftsberater hätte sich getrauen dürfen, dem durch allzuvielen Schaden klug gewordenen Lieferanten von einem gesetzlich zulässigen Sicherungsmittel abzuraten, nur weil das gleiche Mittel nicht jedem Verkäufer aus tatsächlichen oder rechtlichen Gründen zugänglich oder die Verringerung der Konkursmasse unerwünscht ist oder sonstige wirtschaftspolitische Befürchtungen grundsätzlicher Art zu erheben seien! Eine einzige große und überraschende Insolvenz würde Ratgeber und Beratene schmerzlich für solches Besserwissen gestraft haben. In Wirklichkeit kann nur die kühle Berechnung, ob diese oder jene Vereinbarung angesichts der Marktlage dem Kunden zuzumuten ist, entscheiden; Absatzhunger und Konkurrenz sorgen schon dafür, daß die Eigentumsvorbehaltsbäume nicht in den Himmel wachsen[14]). Zu Unrecht wird aber der Wert des EV. in letzter Zeit stark angezweifelt, etwa in der unten zitierten Kundgebung des Textileinzelhandels. Es ist richtig, daß der einfache EV. die bereits weiterverkaufte Ware nicht zurückschaffen kann. Aber er sichert wenigstens die noch vorhandene Ware. Gewiß, mit dem „unverkäuflich gewordenen Ladenhüter", den der Lieferant

[14]) Vgl. etwa die Aufforderung des Textileinzelhandels an seine Mitglieder, den EV. abzulehnen, in der „Textilwoche" vom 4. April 1930. Siehe auch die gar nicht seltene Klausel mächtiger Käufer: „Alle Verträge werden nur unter Ablehnung eines EV. abgeschlossen."

zurückerhält, mag ihm weniger gedient sein als „selbst mit einer mageren Vergleichs- oder Konkursquote", obwohl mir die Reize einer Konkursquote mit dem Wort „mager" noch allzu üppig gemalt zu sein scheinen. Aber wenn ihm diese bescheidene Quote aus der Verwertung der vorhandenen Ladenhüter nur sicher wäre! Das ist ja nicht der Fall: denn allzuoft befriedigt sich ja ein Dritter, etwa ein Geldkreditgeber, aus dem ihm zur Sicherung übereigneten Warenlager. Gerade gegenüber der Kundgebung des Textileinzelhandels, die mit Recht bemerkt, daß die Sicherungsübereignung von Waren ein durchaus berechtigtes Mittel der Kreditbeschaffung sein kann, darf wiederholt werden: Wer die Sicherungsübereignung duldet, darf den EV. nicht verwerfen. Es liegt aber auch angesichts der unsicheren Wirtschaftslage ganz gewiß keine beleidigende Zumutung in der EV.-Klausel, und es ist ungerecht, in der generellen Anwendung eine „Insolvenzerklärung" für die Käuferseite zu sehen. Der oben erwähnte Zusammenhang ist übrigens im Verhältnis zwischen Banken und deren Kunden dadurch auch nach außen in Erscheinung getreten, daß der Centralverband des Dtsch. Bank- u. Bankiergewerbes im vergangenen Jahr den übrigen Spitzenverbänden mitteilte, daß die Banken angesichts der Ausdehnung des Eigentumsvorbehalts vor der Gewährung eines durch Pfand oder Sicherungsübereignung gesicherten Kredits die schriftliche Zusicherung des Geldnehmers verlangten, daß die Ware sein unbeschränktes Eigentum und er zur freien Verfügung berechtigt sei. Über die Bedeutung dieses sogen. Reversverfahrens wird, wie ich annehme, von zuständiger Seite im Rahmen dieser Aufsätze berichtet werden. Im ganzen kann wohl gesagt werden. daß mit der Ausbreitung des EV. die Häufigkeit der Sicherungsübereignungen zurückgegangen ist.

Die Bedeutung, die der EV. für so zahlreiche Verkäufergruppen in allen Wirtschaftskreisen gewonnen hat, wird daher auch auf die Frage der Ersetzung der Sicherungsübereignung durch ein Registerpfandrecht zurückwirken, sofern dieses Problem etwa wieder aufgerollt werden sollte. Wer das Registerpfandrecht befürwortet, muß konsequenterweise die Publizität aller Verhältnisse fordern, bei denen die dingliche Rechtslage sich nicht im Einklang mit dem äußeren Besitzstande befindet, d. h. er muß für die Registerpflicht des Eigentumsvorbehalts eintreten[15]). Eine solche Verpflichtung würde unausführbar sein und den EV. völlig seines heutigen, nicht ersetzbaren Werts entkleiden. Demgegenüber könnte, wie ich vermute, die Beseitigung mancher Mißstände, die die verdeckte Sicherungsübereignung mit sich bringt, kein geeignetes Entgelt darstellen. Die im großen und ganzen über Erwarten erwiesene Tauglichkeit des EV. rechtfertigt die reservierte Haltung der Industrie zur Registerpfandrechtsfrage nachträglich vollauf.

So wird, um im Bilde unserer Eingangsworte zu bleiben, unser Sorgenkind in den Stürmen des Lebens zerzaust werden und vielleicht zu seinem Besten einige angehängte Flitter lassen müssen. Die Kur der Rechtsprechung wird es zur Bescheidenheit erziehen. Aber der Tod auf dem Felde der Gesetzgebung oder gar ein Siechtum in der Staatsaufsicht möge ihm erspart bleiben.

---

[15]) Vgl. hierzu die treffenden Ausführungen bei Rühl S. 312.

Der Eigentumsvorbehalt vom Standpunkt des Großhandels.

Von Dr. Heinrich Dohrendorf, Berlin, Mitglied der Geschäftsführung des Reichsverbandes des Deutschen Groß- und Überseehandels.

Wenn man vom Standpunkt des Großhandels aus zum Eigentumsvorbehalt etwas sagen will, so ist es unerläßlich, sich von vornherein bestimmte Wesensverschiedenheiten der einzelnen Teile des Großhandels klarzumachen. Die für das vorliegende Problem wichtigen Unterschiede in den einzelnen Betätigungsformen des Großhandels sind sehr erheblich. So hat der Großhandel, der überwiegend die Funktion der Zuleitung der Waren von der Urproduktion zur Verarbeitung versieht, ganz andere Kreditbeziehungen zu Lieferant und Abnehmer als der Großhandel, der, mit Halbfabrikaten und Hilfsstoffen handelnd, zwischen den Produktionsstufen steht, und der Sortimentsgroßhandel, der im wesentlichen Fertigware an den Einzelhandel abgibt. Abgesehen von dieser Einteilung nach der speziellen Funktion im wirtschaftlichen Produktions- und Verteilungsprozeß ist eine Gliederung der Gesamterscheinungsformen des Großhandels nach der Art der direkten Verflechtung mit der ausländischen Wirtschaft in Export, Import und reinen Inlandsgroßhandel von Wichtigkeit. Als dritter Gesichtspunkt kommt der branchenmäßige Aufriß des Großhandels in Betracht, die rein fachliche Gliederung nach den zum Vertrieb kommenden Warengattungen.

Jedes dieser drei Einteilungsprinzipien hat seine besondere Bedeutung zu der Frage des Eigentumsvorbehalts, die ja nur ein Ausschnitt ist aus dem Problem der Kreditsicherung im Warenkreditverkehr. Es ist ohne weiteres einzusehen, daß — um auf das erste Schema zurückzukommen — der Großhandel, der funktionell zwischen den Produktionsstufen steht, mit anderen Kreditverhältnissen bei seiner Abnehmerschaft wie bei seinen Lieferanten zu rechnen hat als der Sortimentsgroßhandel, der den Absatz an die letzte Hand vor dem Konsumenten organisiert und andere Wege zu gehen hat. Es ist ebenso einleuchtend, daß z. B. beim Kreditgeschäft im Exporthandel ganz andere Momente zu berücksichtigen sind als beim Importhandel, und endlich — um auf das letzterwähnte Einteilungsprinzip zurückzukommen — ist es klar, daß die Verschiedenheit der Handelsware das Problem der Kreditsicherung sowohl aus wirtschaftlichen wie aus rechtlichen Gründen verändert.

Hinzu kommt, daß diese drei Einteilungsprinzipien, von denen jedes aus besonderen Gründen von Bedeutung für das Kreditsicherungsproblem ist, sich nicht decken, sondern überschneiden. Insgesamt ergibt sich daraus eine Vielgestaltigkeit, die es zur Notwendigkeit macht, sehr sorgfältig im einzelnen zu untersuchen, welche Bedeutung der Eigentumsvorbehalt für den Großhandel hat. Es ergibt sich weiter daraus die Unmöglichkeit einer Fragestellung, ob der Großhandel insgesamt pro oder contra sei. Der Sinn der vorliegenden Betrachtung kann nur sein, einer Prüfung zu unterziehen, aus welchen Gründen, in welchem Umfange und in welcher Weise, sei es positiv oder negativ, der Eigentumsvorbehalt für den Großhandel Bedeutung erlangt hat, und die Entwicklungstendenzen herauszuarbeiten. Dabei soll zur Hauptsache die wirtschaftliche und weniger die rechtliche Seite der Angelegenheit erörtert werden, wenn es natürlich auch unausbleiblich ist, von der rechtlichen Seite des Problems zumindest die spezifischen Großhandelsfragen dabei zu berühren. Diese Beschränkung auf das vorstehende Maß ist um so eher gegeben, als die Betrachtungen nur einen Beitrag in einer Artikelserie darstellen und vorgesehen ist, daß in besonderen Aufsätzen der Eigentumsvorbehalt in seiner Beziehung zu den einzelnen Rechtsgebieten erörtert wird. Schon an dieser Stelle aber ist der Hinweis nötig, daß der Großhandel sowohl Kreditgeber als auch Kreditnehmer ist und, soweit er in der letzteren Eigenschaft auftritt, das selbstverständliche Bestreben des Kreditnehmers hat, die ihm auferlegten Kreditbedingungen möglichst erträglich zu gestalten, also auch den Eigentumsvorbehalt abzuwehren, der eine starke Beeinträchtigung der Position des Schuldners darstellt.

Erst in den Nachinflationsjahren hat der Eigentumsvorbehalt überhaupt innerhalb des Großhandels Verbreitung erlangt. Bis dahin wurde er im wesentlichen nicht angewandt, abgesehen von Ausnahmefällen bei größeren, einheitlichen Objekten, die nicht zur sofortigen Weitergabe bestimmt waren, und in Fällen, in denen die zweifelhafte Bonität des Kunden es angezeigt erscheinen ließ. Es wurde vielmehr und wird teilweise auch jetzt als ein Widersinn empfunden, sich beim Verkauf von Ware, die dem Kunden zum alsbaldigen Weiterverkauf — sei sie unverändert, verarbeitet oder vermischt — überlassen wird, das Eigentumsrecht vorzubehalten, zugleich aber dem Käufer zu erlauben, ganz wie ein

Eigentümer über die Ware zu verfügen. Auf den ersten Blick mutet in der Tat der Eigentumsvorbehalt bei zur Veräußerung bestimmten Waren eigentümlich an. Um Warenverkäufe solcher Art handelt es sich im Prinzip im Großhandel, und es kann daher nicht wundernehmen, daß sich stark ausgeprägt diese Auffassung fand, eine Auffassung, die allerdings rechtlich nicht begründet ist, kann doch ein Nichteigentümer ermächtigt sein, über eine Sache zu verfügen wie ein Eigentümer[1]).

Um zu verstehen, wie trotzdem der Eigentumsvorbehalt im Großhandel eine solche Entwicklung haben konnte, ist es notwendig, sich vor Augen zu führen, welche Wirkungen die durchgreifende Änderung des Kreditwesens der Nachinflationszeit auf den Warenkreditverkehr speziell im Großhandel gehabt hat. Die Handels- und Industriebetriebe sind nur mit einem geschwächten, größtenteils sogar mit einem dezimierten Betriebskapital aus der Inflationszeit herausgekommen. Das Kreditbedürfnis war daher außerordentlich. Außerordentlich groß war aber auch die Unsicherheit über die Bonität der Kunden. Es erwies sich, daß alte, angesehene Firmen aller Branchen, durch Krieg und Inflationsfolgen geschwächt, in Zahlungsschwierigkeiten gerieten. Unter diesen Umständen ist es kein Wunder, wenn in steigendem Maße der Personalkredit zurückgedrängt worden ist. Wenn früher der Geldgeber den Kreditsuchenden in erster Linie daraufhin ansah, ob seine persönlichen Qualitäten die Gewähr dafür boten, daß er den erbetenen Kredit zurückgeben würde, so ist mehr und mehr an Stelle des auf die Persönlichkeit

---

[1]) Vgl. u. a. Stulz: Der Eigentumsvorbehalt in in- und ausländischem Recht. März 1930. Im Auftrage des Reichsverbandes der Deutschen Industrie herausgegeben.

gegebenen Kredits das Verlangen nach realer Sicherung erhoben worden. Nur derjenige erhielt und erhält Kredit, der in der Lage ist, den Geldgeber für den erhaltenen Kredit sicherzustellen. In allerweitestem Umfange ist damit der Personalkredit durch den Realkredit zurückgedrängt worden.

Dabei hat sich nun herausgestellt, daß die Immobilien bei weitem nicht in dem Umfang wie in der Vorkriegszeit als Kreditgrundlage in Betracht kommen. Wenn früher der Grundstückskredit die Hauptgrundlage des Realkredits bildete, so ist das durch die Folgen von Krieg und Inflation grundlegend geändert worden; die den Haus- und Grundbesitz belastenden Gesetze haben ihn in seinem Wert als Kreditbasis erheblich gemindert. Wenn somit Personalkredit und Immobiliarkredit zurücktreten mußten, so gewann dafür der Realkredit auf schnell verwertbares Mobiliar ungeahnt an Bedeutung.

Als die geeignete Rechtsform für die Kreditgewährung gegen Sicherstellung von schnell verwertbarem Mobiliar des Schuldners, bei der er in unmittelbarem Besitz der Ware bleibt, die er zur Sicherung seinem Gläubiger übereignet, bot sich die Sicherungsübereignung. Gerade der Sicherungsübereignungsvertrag ist in ganz außerordentlichem Umfange in den letzten Jahren in den Kreditverkehr eingedrungen. Damit sind aber auch die schädlichen Wirkungen der Sicherungsübereignung offenbar geworden und haben in einem erschreckenden Ausmaß die Gefahren ausgewiesen, denen insbesondere die Warenlieferanten ausgesetzt sind, solange die Sicherungsübereignung angewandt wird. Diese bringt zwar einerseits dem Geldgeber die notwendige Sicherung und verhilft andererseits dem kreditbedürftigen Kaufmann zu Kredit, für alle übrigen Gläubiger des Schuldners aber bedeutet sie eine schwere Gefahr. Da sie nach außen hin nicht in die Erscheinung tritt und aus begreiflichen Gründen auch sorgfältig verheimlicht zu werden pflegt, hält der Warengläubiger den Schuldner im Vertrauen auf das in dessen Besitz befindliche Warenlager für kreditwürdig und sieht keine Bedenken, ihm weiter Waren auf Kredit zu liefern. Im Falle der Zahlungsunfähigkeit seines Schuldners erlebt er dann, daß sich der durch die Sicherungsübereignung gedeckte Geldgeber aus den noch nicht bezahlten Waren befriedigt, die der Warengläubiger dem Schuldner geliefert hat, während er selbst mit seiner Forderung mehr oder minder ausfällt. Im Endergebnis liegt die wirtschaftliche Gefahr des Rechtsvorganges der Sicherungsübereignung für den Warengläubiger darin, daß ein unmittelbarer Eigentumsübergang von einem im eigenen Namen handelnden Kunden auf einen unerkennbaren Dritten ermöglicht wird, ohne daß auch hinterher weder der betreffende Lieferant noch der etwa zukünftig auf Kredit liefernde Gläubiger etwas davon erfahren. So können nichtsahnende Warenlieferanten dazu ausgenutzt werden, dem Geldgeber ihres Kunden, zu dem sie in keinerlei Rechtsbeziehung stehen, ihre eigenen Vermögensobjekte auszuliefern. Auch ohne daß betrügerische Absicht vorliegt, die wohl auch so gut wie nie nachgewiesen werden könnte, tritt immer wieder der Endeffekt ein, daß der Warenlieferant durch die Heimlichkeit der Sicherungsübereignung schwer geschädigt wird.

Unter dieser Entwicklung des Kreditwesens in der Nachinflationszeit, die gekennzeichnet ist durch die Ersetzung des Personalkredits durch den Realkredit in der Rechtsform der Sicherungsübereignung, hat in ganz besonderem Ausmaß der Großhandel gelitten. Wenn an sich schon der Warenkreditgeber der Natur der Sache nach sich in der schwächeren Position als der Geldkreditgeber befindet, so hat sich diese Situation für den Großhandel noch verschärft durch die besonderen Schwierigkeiten der letzten Zeit. Die Notlage zwang in den Jahren nach der Inflation dazu, den Absatz zu forcieren. Es setzte ein Konkurrenzkampf ein, wie man ihn in der Vorkriegszeit nicht für möglich gehalten hätte. Hinzu kamen die Umschichtungs- und Ausschaltungstendenzen, auf die im einzelnen hier einzugehen sich erübrigt; alles in allem war die Lage des Großhandels außerordentlich bedrängt. So kann es nicht wundernehmen, daß er der Hauptleidtragende bei dem System der Sicherungsübereignung ist.

Nun ist es außerordentlich bezeichnend für die Stärke der Aversion gegen den Eigentumsvorbehalt bei zum Wiederverkauf bestimmten Waren, der als widersinnig und diskriminierend empfunden wird, daß zunächst der organisierte Großhandel den Versuch gemacht hat, eine Sanierung dieser Entwicklung des Kreditwesens, die für ihn besonders katastrophal war, durch eine Neugestaltung des Kreditsicherungsrechts zu erreichen. Die Reformbestrebungen, die in dem bekannten Antrag Keinath und Genossen kulminieren, wollen das Registerpfandrecht in Deutschland einführen. Damit soll das Warenlager als Grundlage des Kredits erhalten bleiben. An Stelle des Sicherungseigentums wird das im Gesetz geregelte Pfandrecht gesetzt. Mit der Heimlichkeit der Sicherungsübereignung wird aufgeräumt, weil zur Wirksamkeit der Verpfändung eines Warenlagers die Eintragung in ein dem

Interessenten zugängliches Register gefordert wird. Es muß leider unterlassen werden, im Rahmen dieser Betrachtung auf die wirtschaftspolitisch außerordentlich interessanten Erörterungen zur Frage des Registerpfandrechts näher einzugehen, nachdem der Gesetzentwurf Keinath und Genossen, betr. Einführung des Registerpfandrechts, besonders infolge des starken Widerstandes der Banken bisher nicht durchgedrungen ist. Die Sicherungsübereignung besteht weiter. Seit dieser Zeit aber tritt der Eigentumsvorbehalt in den Lieferungsbedingungen des Großhandels in stärkerem Umfange auf.

In bezug auf die mehrfach erwähnte Animosität gegen den Eigentumsvorbehalt bei zum Wiederverkauf bestimmten Waren sowie auf den Umstand, daß der Ausgangspunkt der ganzen Eigentumsvorbehaltsbewegung eine Abwehraktion gegen die Sicherungsübereignung an noch nicht bezahlter Ware darstellt, ist nun sehr interessant, daß zunächst der sogenannte uneigentliche Eigentumsvorbehalt, der, vom Zentralverband der Wollhandelsverbände eingeführt, vielfach Nachahmung gefunden hat, im Anfangsstadium der Abwehrbewegung mindestens die gleiche Rolle spielte wie der echte Eigentumsvorbehalt. Der uneigentliche Eigentumsvorbehalt stellt mit seiner meist gebrauchten Formulierung:

> „Die gelieferte Ware darf vor voller Bezahlung des Kaufpreises oder vor Einlösung der dafür hingegebenen Schecks oder Wechsel ohne Zustimmung des Verkäufers einem Dritten weder verpfändet noch zur Sicherung übereignet werden"

ein Verpfändungsverbot ohne dingliche Wirkung dar. Der Sinn dieser Klausel ist, dem Schuldner die Sicherungsübereignung von noch nicht bezahlter Ware zu untersagen und den Sicherungsgläubiger, der in Kenntnis dieses Verbots doch die Ware in Sicherungsübereignung nimmt, wegen dieser als Verstoß gegen Treu und Glauben anzusehenden Handlungsweise, die eine gemeinsame bewußte Verletzung der vom Schuldner dem Warengläubiger gegenüber übernommenen Verpflichtung bedeutet, schadenersatzpflichtig zu machen. Da zurzeit die Bedeutung dieser Klausel im Vergleich zum echten Eigentumsvorbehalt gering ist — es muß erwähnt werden, daß sie zuweilen mit ihm verbunden vorkommt —, genügt wegen der interessanten Rechtsfrage, die sich an die Auswirkung des Verpfändungsverbots in der gewünschten Richtung knüpft, der Hinweis auf die seinerzeitige Kontroverse Bernstein - Schwickerath[2]).

Festzuhalten ist, daß dem Verpfändungsverbot die dingliche Wirkung abgeht, also mit seiner Anwendung keineswegs verhindert wird, daß die auf Kredit gelieferte Ware auch vor ihrer Bezahlung sicherheitshalber in das Eigentum eines Dritten übergeht. Eine wirksame Durchkreuzung der Sicherungsübereignung bringt nur der echte Eigentumsvorbehalt. Behält sich der Verkäufer das Eigentumsrecht an der Ware bis zu ihrer vollständigen Bezahlung vor, so erwirbt der Sicherungsnehmer kein Eigentum, auch wenn er von dem Eigentumsvorbehalt nichts weiß. Der Eigentumsvorbehalt in seiner ursprünglichen einfachen Form:

> „Der Verkäufer behält sich das Eigentum an der gelieferten Ware bis zur vollständigen Bezahlung vor"

ist jedenfalls, s o w e i t e r v o m G r o ß h a n d e l e i n g e f ü h r t w u r d e, a l s e i n e K a m p f-

[2]) Vgl. Bank-Archiv 1926.

maßnahme gegen die Sicherungsübereignung angesehen worden, nachdem sich immer wieder erwies, daß beim Zusammenbruch des Kunden die diesem auf Kredit gelieferte, noch nicht bezahlte Ware sicherheitshalber übereignet war und der liefernde Großhändler zugunsten des Sicherungsberechtigten leer ausging. Das konnte nicht mehr eintreten bei Anwendung des Eigentumsvorbehalts, durch den im übrigen der Abnehmer des Großhandels nicht daran gehindert ist, die Ware im ordnungsmäßigen Geschäftsverkehr zu verwerten. Auch wenn diese Befugnis nicht ausdrücklich erklärt ist, so wird sie als stillschweigend gegeben anzusehen sein, wenn es sich um Ware handelt, die der Natur der Sache nach zur Weiterveräußerung bestimmt ist[3]).

Wenn also nun klargestellt worden ist, aus welcher besonderen Situation heraus es überhaupt zu einer Eigentumsvorbehaltsbewegung im Großhandel gekommen ist, und welchen Zweck sie verfolgt, bleibt nun zu untersuchen, welchen Umfang sie erlangt hat, und ob es möglich ist, trotz der Vielgestaltigkeit des Großhandels bestimmte Entwicklungsreihen aufzuzeigen. Schon eingangs ist erwähnt worden, daß drei Hauptfaktoren, die spezielle Funktion des Großhandels hinsichtlich seiner Einschaltung in den Wirtschaftsprozeß, die besondere Beziehung zur ausländischen Wirtschaft und schließlich die Art der gehandelten Ware, von Einfluß auf das Kredit- und Kreditsicherungsproblem und damit auf den Anwendungsbereich des Eigentumsvorbehalts sind. Weiter ist vorweg schon bemerkt worden, daß der Großhandel im Warenverkehr so-

---

[3]) Vgl. Stulz S. 18, 19.

wohl als Kreditgeber als auch als Kreditnehmer in Frage kommt.

Von vornherein kommt nun ein außerordentlich wichtiges Gebiet des Großhandels für die Anwendung des Eigentumsvorbehalts nicht in Frage. Es handelt sich um den Export. Die Frage des Eigentumsvorbehalts im Exporthandel ist im Vorjahre akut geworden, als dem Centralverband des Deutschen Bank- und Bankiergewerbes von zahlreichen Fachverbänden eine Anzeige zuging, daß der Eigentumsvorbehalt generell in ihre Lieferungsbedingungen aufgenommen sei, und daß unterschiedslos nur unter dieser Bedingung Waren geliefert würden. Daraufhin verlangten die Banken vor der Bevorschussung der zur Versendung gelangenden Waren vom Exporteur die Unterzeichnung eines Reverses:

> „Ich versichere, daß ich zur freien Verfügung über die Ware berechtigt bin, und daß die Ware nicht dem Eigentumsvorbehalt eines Dritten unterliegt. Es ist mir bekannt, daß ich zur Abgabe dieser Erklärung nicht berechtigt bin, wenn die Ware mir mit Eigentumsvorbehalt geliefert und bei Abgabe der Erklärung von mir noch nicht endgültig bezahlt war (die Hergabe eines Wechsels oder Schecks gilt nicht als endgültige Zahlung, solange die Einlösung der Papiere nicht erfolgt ist)."

Wenn nun dem Exporteur die noch unbezahlte Ware oder Teile einer Warensendung, die als Grundlage für den Kredit in Frage kommt, unter Eigentumsvorbehalt verkauft sind, so kann er mit gutem Gewissen die geforderte Erklärung nicht abgeben. Gibt er sie wahrheitswidrig doch ab, um den Kredit zu erhalten, so dürfte wohl eine strafrechtlich zu ahndende Handlung vorliegen. Gibt er sie nicht ab, so muß er damit rechnen, daß ihm der Kredit verweigert wird. Den Kredit aber braucht er lebensnotwendig mehr denn je, gelten doch für den Exporthandel aus leicht erklärlichen Gründen in ganz besonderem Maße die eingangs gemachten Ausführungen über die ungünstige wirtschaftliche Situation, in der sich der Großhandel seit Krieg und Inflation befindet. Da andererseits die Banken den Revers als Sicherheit dafür verlangten, daß die ihnen übereignete zu bevorschussende Ware oder die sie repräsentierenden Dokumente wirklich die für notwendig erachtete Realkreditgrundlage darstellen, tat sich hier ein Interessenkonflikt auf, der für den Exporthandel allerschwerste Gefahr bedeutete. Es drohte bei Beibehaltung des Eigentumsvorbehalts durch die Lieferantengruppen dem Exporthandel gegenüber die Abschneidung der unentbehrlichen Kredite. Das hätte letzten Endes die unheilvollsten Folgen nicht nur für den Exporthandel, sondern auch für die anderen beiden Partner, die vorgelagerten Lieferantengruppen und die Banken, haben müssen. Damit ist das Problem, wie aus diesem Dilemma herauszukommen ist, eine Frage erster Ordnung für die deutsche Wirtschaft. Man hat sie in den Verhandlungen der beteiligten Gruppen damit gelöst, daß Einmütigkeit zwischen Industrie und Exporthandel darüber erzielt wurde, daß der Eigentumsvorbehalt mit Bezug auf alle für den Export bestimmten Warenlieferungen auszuschalten ist. Mit dem Verzicht der Industrie auf den Eigentumsvorbehalt leisteten die Banken ihrerseits auf den Revers Verzicht. Der Verzicht auf Anwendung des Eigentumsvorbehalts bei Lieferungen an den Exporthandel durch die Lieferantengruppen mag diesen nicht so schwer gefallen sein, weil aus tatsächlichen Gründen die Wirksamkeit des Eigentumsvorbehalts im Export praktisch außerordentlich gering ist. In der Regel dürfte — im Gegensatz zum Inlandsgroßhandel — die beim Fabrikanten angeforderte Ware vom Exporteur bereits verkauft sein. Sie wird sofort nach Ankunft verladen, verläßt den Hafen und ist dann erst im Zollager des Bestimmungslandes wieder greifbar.

Wenn nun der Fall praktisch wird, daß der Fabrikant von dem Eigentumsvorbehalt Gebrauch machen will, so stellen sich außerordentliche Schwierigkeiten heraus. Die Sendung ist belastet mit Fracht und anderen Spesen. Wird sie nicht gleich verwertet — und das ist praktisch schwierig —, so wachsen die Lagerspesen, die erlegt werden müssen, will man die Ware überhaupt nur heraushaben.

Der Eigentumsvorbehalt ist also auch vom Standpunkt des Lieferanten dem Exporthandel gegenüber ungeeignet. Das Gesamtgebiet des Exporthandels ist danach vom Eigentumsvorbehalt als frei anzusehen und hat nach Auffassung aller Beteiligten davon frei zu bleiben.

Ganz anders liegen die Verhältnisse im Importhandel. Der Importeur kauft seine Ware in der Regel, ohne daß auf ihr ein Eigentumsvorbehalt ruhen bleibt. Er ist also zunächst passiv am Eigentumsvorbehalt nicht interessiert, d. h. er befindet sich wohl nur in den allerseltensten Fällen in der Rolle des Partners, dem der Eigentumsvorbehalt auferlegt werden soll. Während der Exporthandel aber aus tatsächlichen und rechtlichen Gründen seiner Abnehmerschaft den Eigentumsvorbehalt nicht auferlegt, ist der Importhandel sehr positiv am Eigentumsvorbehalt interessiert. Gerade bei seiner Abnehmerschaft, dem binnenländischen Verarbeiter und Händler, hat sich ja beim Zusammenbruch immer wieder herausgestellt, daß Geldkreditgeber die noch unbezahlte Ware in Sicherungseigentum genommen hatten. Er befindet sich also in der Situation, die der Ausgangspunkt für die Eigentumsvorbehaltsbewegung im Großhandel geworden ist. Es ist daher nicht verwunderlich, daß immer weniger der Importeur glaubt, auf den Eigentumsvorbehalt verzichten zu können, daß gerade in den Verbandskonditionen der Importverbände der Eigentumsvorbehalt stark verbreitet ist. Diese Entwicklung — darüber wird man sich klar sein müssen — konnte allerdings nur in den Branchen eintreten, in denen aus tatsächlichen Gründen der Eigentumsvorbehalt nicht illusorisch oder doch wenigstens in seiner praktischen Wirksamkeit beschränkt ist, also zur Hauptsache in solchen Branchen, in denen die Ware wenigstens eine gewisse Zeit noch unverändert im Lager des Erstabnehmers greifbar und identifizierbar bleibt. Eine ganz besondere Rolle spielt in diesem Zusammenhang die Frage der Zulässigkeit des Eigentumsvorbehalts an der Ware, die zur Verarbeitung kommt[4]).

Ferner sind von erheblicher praktischer Bedeutung die nicht seltenen Fälle, in denen eine alsbaldige Vermengung oder Vermischung eintritt. Weiter spielt der Eigentumsvorbehalt keine Rolle in Branchen, in denen die importierte Ware in verhältnismäßig kleinen Mengen an Händler abgesetzt wird, die sie unverzüglich an den Konsumenten

---

[4]) Wegen der interessanten Rechtsfrage vgl. Levy (S. 161 ff.).

weitergeben. Im Ergebnis ist festzustellen, daß die Besonderheit der Ware auch im Importhandel stellenweise dazu führt, daß der Eigentumsvorbehalt als ungeeignetes Kreditsicherungsmittel nicht angewandt wird. Im übrigen ist vielleicht angebracht, gerade in diesem Zusammenhang noch auf die Selbstverständlichkeit hinzuweisen, daß es sich bei der Eigentumsvorbehaltsklausel als einem Teil der Lieferungsbedingungen um eine Frage handelt, die in erheblichem Maße von den jeweils vorhandenen wirtschaftlichen Machtverhältnissen abhängt.

Dabei spielt ein Moment eine nicht unerhebliche Rolle, auf das auch Meyerstein mit Recht hinweist[8]). Die Abnehmer werden dann den von den Lieferantenverbänden verlangten Eigentumsvorbehalt abwehren, wenn sie auf die Gefahr verweisen können, daß der Käufer es vorziehen wird, ausländische Lieferanten zu bevorzugen, die ohne die schwerwiegende Bedingung des Eigentumsvorbehalts zu liefern bereit sind. Dies Argument ist vielfach von Bedeutung, z. B. im Textilgebiet für den Tuchgroßhandel, der bei den Verhandlungen mit der Industrie zur Abwehr des Eigentumsvorbehalts darauf verweisen mußte. Es ist in gleicher Weise wichtig für alle Gruppen, die sich in ähnlicher Situation befinden. Auf die Verhältnisse im einzelnen Fall aber kommt es an. Wie sehr sie verschieden sein können, sogar innerhalb ein und derselben Branche, hat sich in den Verhandlungen der Fachgruppe Textil- und Bekleidungsindustrie des Reichsverbandes der Deutschen Industrie und der Fachgruppe Textilgroßhandel des Reichsverbandes des Deutschen Groß- und Überseehandels gezeigt, in denen vor einigen Wochen dar-

---

[8]) Vgl. Meyerstein (S. 7 ff.).

über beraten wurde, ob eine einheitliche Stellungnahme der an der Textilwirtschaft interessierten vorgenannten Gruppen zum Eigentumsvorbehalt möglich sei. Die Verhandlung endete damit, daß man einsah, daß bei den vorhandenen Divergenzen in der Auffassung eine generelle Stellungnahme unmöglich sei. Unter diesen Umständen mußte die Diskussion zurückverlegt werden in die einzelnen Fachverbände. Bemerkenswert ist dabei, daß der spezielle Textilwarenhandel vorherrschend den Eigentumsvorbehalt ablehnt. Auch in den anderen Zweigen des Großhandels zeigt sich bei der Behandlung der Eigentumsvorbehaltsfrage immer wieder, daß ihre Gestaltung abhängt von der Stärke der wirtschaftlichen Position gegenüber der vorgelagerten Lieferantengruppe einerseits, der Abnehmergruppe andererseits.

Darüber hinaus gibt es im einzelnen eine Unmenge von Problemen, die aus der Besonderheit der Waren resultieren. Man denke nur an Baustoffe und dergleichen, die zum sofortigen Einbau bestimmt sind, wobei aus rechtlichen Gründen der Eigentumsvorbehalt erlischt. Man denke an die Schwierigkeiten, die sich praktisch ergeben bei der Ware, die unverzüglich zur Verarbeitung und gleichzeitigen Vermengung mit Waren anderen Ursprungs kommt. Man vergegenwärtige sich die Schwierigkeit, wenn nicht Unmöglichkeit, bei Vermengung und Vermischung unter Berücksichtigung des erforderlichen Identitätsnachweises das Eigentumsrecht praktisch zu verwirklichen. Es sollen hier nur die praktischen Schwierigkeiten angedeutet werden, nachdem die rechtliche Seite in den schon früher erschienenen Betrachtungen eingehend behandelt worden ist.

Alles in allem kommt daher der Eigentumsvorbehalt keineswegs generell als Kreditsicherungsmittel des Großhandels in Betracht. Eine schematische Anwendung kam bislang nicht in Frage und wird bei den besonderen Verhältnissen des Großhandels auch für die Zukunft ausscheiden. Das Bild ist daher nicht einheitlich. Es ist nach wie vor Aufgabe der Fachverbände, unter sorgfältiger Abwägung der wirtschaftlichen und Untersuchung der rechtlichen Konsequenzen zu entscheiden, ob für ihre speziellen Bedürfnisse der Weg des Eigentumsvorbehalts zur Sicherung des gewährten Warenkredits gangbar ist.

Wenn also nun einer Prüfung unterzogen worden ist, welche Bedeutung der Eigentumsvorbehalt für den Großhandel und innerhalb desselben erlangt hat, aus welchen Gründen er hier nicht zur Anwendung kommt, dort aber verwandt wird, so darf zum Schluß nicht unerwähnt bleiben, daß man in neuerer Zeit in mehrfacher Hinsicht einer Erweiterung des Eigentumsvorbehalts begegnet ist. Einmal wird der Eigentumsvorbehalt ausgedehnt, bis der Kunde sämtliche Forderungen aus der Geschäftsverbindung beglichen hat, und weiter wird außer dem Eigentumsvorbehalt bis zur vollständigen Bezahlung des Kaufpreises ersatzweise im voraus eine Abtretung der Forderungen, die aus dem Weiterverkauf der unter Eigentumsvorbehalt stehenden Waren herrühren, vereinbart, etwa mit dem folgenden Zusatz zu der Vorbehaltsbestimmung:

„Der Käufer ist berechtigt, die Ware im ordnungsmäßigen Geschäftsgange zu ver-

> äußern. Er tritt Zug um Zug gegen Empfang der Ware von vornherein alle von ihm für den Fall der Weiterveräußerung zu erwerbenden Forderungen gegen seine eigenen Abnehmer an den Verkäufer in Höhe seiner dann noch diesem gegenüber bestehenden Kaufpreisschuld ab."

Diese letztere Bestimmung geht über den ursprünglichen Zweck des Eigentumsvorbehalts im Großhandel als eines Mittels zur Durchkreuzung der Sicherungsübereignung wesentlich hinaus, indem sie ersatzweise auch die von dem im eigenen Namen auftretenden Abnehmer der Ware erworbenen Forderungen erfaßt. Sie bedeutet eine so außerordentliche Bindung des Käufers, daß sie wohl nur in ganz besonderen Fällen akzeptiert werden dürfte. Von einer weiteren Verbreitung dieser Klausel kann daher nicht die Rede sein.

Es ist nicht beabsichtigt, wirtschaftspolitisch zu den mit dem Eigentumsvorbehalt zusammenhängenden Fragen Stellung zu nehmen. Es fordern aber insbesondere diese letzterwähnten Erscheinungen, die mit Recht auch auf die diese Frage behandelnden Verfasser (so Meyerstein, Schwartz a. a. O.) der bisher erschienenen Aufsätze besorgniserregend wirken, dazu heraus, doch darauf hinzuweisen, daß diese Entwicklung im Kreditsicherungswesen vom Standpunkt des Großhandels aus gesehen alles andere als erfreulich ist. Infolge des Kampfes aller gegen alle in der Anwendung der rechtlich gegebenen Kreditsicherungsmittel ist das Kreditwesen in einen Zustand geraten, der erhebliche Gefahren für den geregelten Ablauf des Wirtschaftsprozesses birgt. Dabei wird man sich darüber klar sein müssen, daß eine Rückkehr zu den Verhältnissen der Vorkriegszeit, so wünschenswert sie ist, nicht so leicht herbeizuführen sein wird.

Appelle an die Beteiligten, zu den Grundsätzen der Vorkriegszeit zurückzukehren, werden nichts fruchten, solange der reelle Kaufmann die Erfahrung macht, daß sein wohlbegründetes Interesse durch die Auswirkung der rechtlich gegebenen Kreditsicherungsmittel verletzt wird, wenn er nicht selbst versucht, sich zu sichern. Den Ausgleich zu finden, ist eine wirtschaftspolitische Aufgabe erster Ordnung. Im Großhandel wird dabei, gerade angesichts dieser Entwicklung, der Standpunkt vertreten, daß das Registerpfandrecht, über dessen Ausgestaltung im einzelnen, um den vor allem in rechtlicher Hinsicht geäußerten Bedenken entgegenzukommen, gesprochen werden kann, der geeignete Weg zur Neugestaltung des Kreditsicherungsrechts und zur Überwindung der jetzigen unerwünschten Verhältnisse auf diesem Gebiete ist.

Der Eigentumsvorbehalt vom Standpunkt des Einzelhandels.

Von Rechtsanwalt Dr. Max Auerbach, Justitiar der Hauptgemeinschaft des Deutschen Einzelhandels.

Der Eigentumsvorbehalt, einst eine Ausnahmeerscheinung und nur in besonders gelagerten Fällen vereinbart, hat unter dem Einfluß der wirtschaftlichen Verhältnisse der Nachkriegszeit im Verkehr zwischen Lieferern und Abnehmern fast aller Geschäftszweige stark an Boden gewonnen.

Solange er nur bei den dauernd dem Betrieb des Detailgeschäftes gewidmeten Gegenständen (wie Ladeneinrichtung, Maschinen, Modellen, Vorführmustern) in die Erscheinung trat, war ihm vom Standpunkte des Einzelhandels aus keine besondere Bedeutung beizumessen. Sein Anwendungsgebiet griff aber allmählich auch auf die zur Weiterveräußerung bestimmten Gegenstände über, und zwar ist hier ein schrittweises Vordringen festzustellen. Zunächst zeigte er sich am häufigsten bei Lieferungsabschlüssen über Waren längerer Lebensdauer, größeren Wertes und Volumens, wie Automobile, Nähmaschinen, Möbel, Fahrräder. Allmählich trat er auch bei Waren schnellen Verschleißes, kleineren Wertes und Volumens auf, wie Textilien und Lederwaren, um schließlich auch bei den Gegenständen des täglichen Verbrauchs, nämlich gewissen Lebensmitteln, wie Süßwaren und Konserven, Anwendung zu finden.

Hand in Hand mit dieser extensiven Vergrößerung des Anwendungsgebietes ging eine intensive Ausdehnung auf immer größere Käufergruppen des Einzelhandels. Damit war der Eigentumsvorbehalt zu einem Problem des Einzelhandels geworden.

Auch der Zweck des Eigentumsvorbehalts hatte eine Erweiterung erfahren. War er ursprünglich nur eine Sicherung des Lieferanten und als solche lediglich gegenüber dem nicht voll kreditfähigen Schuldner gedacht, so erwies er sich allmählich als Schutz des Lieferanten und des Abnehmers zugleich gegen Eingriffe dritter Gläubiger (Verpfändung, Zwangsvollstreckung) und besonders seit dem Scheitern des vom Großhandel ausgehenden Planes eines gesetzlichen Registerpfandes als „legitime Waffe des Lieferanten im Kampfe gegen die von seinem Käufer zu befürchtende Sicherungsübereignung[1]).

Die Ausdehnung des Eigentumsvorbehalts auf die zum Verbrauch und zum Weitervertrieb bestimmten Gegenstände hatte auch zu einer grundlegenden Wandlung seines Inhalts geführt. Auch in denjenigen Fällen, in denen die Befugnis des Einzelhändlers zu einer im regelmäßigen Geschäftsverkehr erfolgenden Weiterveräußerung nicht ausdrücklich vorgesehen war, ergab sie sich aus der Natur des Lieferungsgeschäfts. Mit dem Weiterverkauf durch den Abnehmer ging aber das Eigentum des Lieferanten unter. Diese Rechtsfolge war von den Parteien gewollt und durch die wirtschaftliche Zweckbestimmung der Lieferung geboten. Das Eigentum ging also bei den vor Ablauf des Zahlungszieles veräußerten Waren — und das ist normalerweise der größte Teil der Lieferung — niemals auf den Abnehmer über. Damit hatte für diese

---

[1]) Vgl. auch Höniger in „Magazin der Wirtschaft" 1930 Seite 17.

Waren der Eigentumsvorbehalt seinen ursprünglichen Sinn einer nur aufschiebenden Bedingung (§ 455 BGB.) verloren.

Dieser Wandlung des Inhalts entsprach auch eine Ausgestaltung der Rechtsformen, die nach dem Willen der Lieferanten alle Zwischenfälle und Zwischenstadien bei der Abwicklung des Liefergeschäftes erfassen sollten. So handelten die Verbände der Damenkonfektion nur folgerichtig, wenn sie die aufschiebende Bedingung des Eigentumsvorbehalts durch eine auflösende Bedingung der Eigentumsübertragung zu ersetzen suchten. Diese neueste, wenn auch sicherlich nicht letzte, Formulierung der Eigentumsklausel lautet:

1. Das Eigentum der Ware geht — abgesehen von der Regelung der Ziffer 2 — auf den Abnehmer unter folgender (auflösender) Bedingung über:

   Ist die gelieferte Ware noch nicht voll bezahlt, und verfügt der Abnehmer durch Sicherungsübereignung oder durch Verpfändungsvertrag über diese Waren oder andere Waren, oder trifft er andere Sicherungsverfügungen irgendwelcher Art zugunsten eines Warengläubigers, oder erfolgt eine Pfändung in sein Vermögen, oder stellt er seine Zahlungen ein, so erlischt sein Eigentum an derjenigen Ware, deren Fakturen noch nicht voll bezahlt sind, und das Eigentum des Fabrikanten tritt wieder in Kraft.

2. Sind jedoch schon im Zeitpunkt der Lieferung der Ware Sicherungen der in Ziffer 1 erwähnten Art gegeben oder genommen worden, so erfolgt die Lieferung noch nicht bezahlter

Ware seitens des Fabrikanten unter Eigentumsvorbehalt. Das Eigentum geht in diesem Falle erst mit der Bezahlung auf den Abnehmer über.

3. Der Abnehmer ist in den Fällen der Ziffern 1 und 2 berechtigt, über die Waren im ordentlichen Geschäftsbetrieb verkaufsweise zu verfügen.
4. Im Falle der Regulierung der Kaufschuld mit Schecks oder Wechseln ist volle Bezahlung erst gegeben, wenn die Papiere eingelöst sind.

Die rechtliche Wirksamkeit dieser Klausel wird allerdings erheblichen Bedenken begegnen, da sie für den Einzelfall nicht zum Ausdruck bringt, ob die aufschiebende Bedingung der Ziffer 2 oder die auflösende Bedingung der Ziffer 1 zur Anwendung gelangen soll.

Da das Eindringen des Eigentumsvorbehalts in den Lieferungsverkehr sich in den einzelnen Branchen sowohl zeitlich als auch dem Umfange und der Bedeutung nach verschieden gestaltete, ist auch die Einstellung des Einzelhandels gegenüber diesem Problem nicht durchweg einheitlich, sondern im wesentlichen branchenmäßig orientiert. Im ganzen lassen sich für eine zusammenfassende Betrachtung etwa fünf verschiedene Gruppen unterscheiden.

In erster Linie sind diejenigen Einzelhandelsgruppen zu nennen, die auch gleichzeitig grossieren oder bei ihrem Verkauf an den letzten Verbraucher Mengenlieferungen bewirken, wie der Weinhandel und der Kohlenhandel. Diese Fachgruppen lehnen eine Stellungnahme gegen den Eigentumsvorbehalt ab, weil sie ihn selber gegenüber ihren Abnehmern anzuwenden pflegen.

Anders liegt es beim Maschineneinzelhandel (Auto-, Motorrad-, Funk-, Landmaschinen-, Nähmaschinen-, Eisenwarenhandel). Auch diese Fachgruppen legen bei ihren Einzelverkäufen an ihre Kundschaft auf eine Vereinbarung des Eigentumsvorbehalts besonders Gewicht. Trotzdem wenden sie sich mit aller Entschiedenheit gegen eine generelle Anwendung der Eigentumsklausel seitens ihrer Lieferanten. Diese verschiedenartige Einstellung, je nachdem es sich um den Einkauf oder den Verkauf handelt, findet ihre Rechtfertigung schon darin, daß die gleichen Gegenstände beim Einzelhandel und beim Verbraucher verschiedenen wirtschaftlichen Zwecken dienen Beim Einzelhändler sind sie zur möglichst schnellen Weiterveräußerung, beim Konsumenten aber für eine mehr oder minder lange Dauer bestimmt.

Die gleichen wirtschaftlichen Gesichtspunkte sind auch für die Stellungnahme der Möbelbranche maßgebend, die im Möbelfachverband, im Reichsverband des kreditgebenden Einzelhandels und im Verband Deutscher Waren- und Kaufhäuser ihre organisatorische Vertretung findet. Bei den Möbeln handelt es sich um Gegenstände, die in noch höherem Maße zum dauernden Gebrauche des Konsumenten bestimmt zu sein pflegen, so daß bei Kreditlieferungen an den Verbraucher der Eigentumsvorbehalt die natürliche Sicherungsmaßnahme des Einzelhandels darstellt. Andererseits haben diese Gruppen ihren Lieferanten gegenüber die Anerkennung des Eigentumsvorbehalts an diesen für den Einzelhandel zur Weiterveräußerung bestimmten Gegenständen einmütig abgelehnt.

Bei den Gegenständen des Lebensmittelhandels (Butter-, Feinkost-, Kolonialwaren-, Milch-, Wild-, Geflügelhandel) ist der Eigentumsvorbehalt überhaupt nicht oder nur in ganz geringem Umfange (Süßwaren, Nährmittel, Konserven) praktisch geworden, so daß diese Fachgruppen an den durch den Eigentumsvorbehalt aufgeworfenen Problemen uninteressiert sind.

Dagegen erfreut sich der Eigentumsvorbehalt bei den Waren des regelmäßigen, wenn auch nicht täglichen, Bedarfs, den Hauptverbrauchsgütern wie: Textilien, Bekleidung, Lederwaren, Porzellan, Wirtschaftsartikel, Papierwaren, einer ständig wachsenden Bedeutung.

Sieht man von dem gleichzeitig grossierenden Einzelhandel und von dem Handel mit Lebensmitteln ab, so hat fast der gesamte übrige Einzelhandel, und zwar handelt es sich um die dem Einzelhandel sein besonderes Gepräge gebenden Fachgruppen, gegenüber dem Eigentumsvorbehalt der Lieferanten eine scharf ablehnende Stellung eingenommen. Diese Ablehnung richtet sich keinesfalls gegen eine Vereinbarung des Eigentumsvorbehalts im Einzelfalle, sondern lediglich gegen seine generelle, nicht differenzierte Anwendung und gegen seine schrankenlose Ausdehnung, wie sie sich aus der formularmäßigen Behandlung in verbandsseitig aufgestellten Bedingungen ergibt. Einige dieser Abnehmergruppen haben ihren Widerstand gegen die unterschiedlose Anwendung des Eigentumsvorbehalts auch verbandsmäßig organisiert. Sie haben nicht nur in Verhandlungen von Verband zu Verband auf ihre Bedenken hingewiesen, sondern ihren Mitgliedern auch Formularschreiben zur Verfügung gestellt, mit denen die Abnehmer gegen die Anwendung des Eigentumsvorbehalts auf den getätigten Abschluß protestieren.

Geht man den Gründen dieser ablehnenden Stellungnahme nach, so stößt man zunächst auf *gefühlsmäßige Erwägungen*. Man wehrt sich im Einzelhandel gegen eine neue Bereicherung der ohnedies angeschwollenen Lieferungs- und Zahlungsbedingungen. Man betrachtet den Eigentumsvorbehalt als einen *Angriff auf die Selbständigkeit* des Kaufmannes, als einen *Ausdruck des Mißtrauens* und als eine *Einschränkung der freien Verfügung*. Ohne die Bedeutung dieser mehr gefühlsmäßigen Einstellung zu überschätzen, muß man doch berücksichtigen, daß es sich auf seiten der Abnehmer um wirtschaftlich starke und einflußreiche Gruppen handelt, bei denen auch Prestigegründe mitsprechen. In diesen Gruppen ist man vielfach auch gewohnt, eigene Kommissionskopien zu verwenden, in denen natürlich ein Eigentumsvorbehalt für die Lieferanten nicht vorgesehen ist.

Erheblicher sind die *wirtschaftlichen* Gründe, die gegen die generelle Anwendung des Eigentumsvorbehalts ins Treffen geführt werden. Die Eigentumsklausel ist das Symptom nicht nur für eine Wirtschafts- und Kreditkrise, sondern auch für eine *Verdrängung des Personalkredites* überhaupt. Sie liegt im Zuge derjenigen Entwicklung, die über Realkredit und Registerpfand, Grundschuld und Mobiliarhypothek das Vertrauen zur persönlichen Zuverlässigkeit und Tüchtigkeit des Geschäftsinhabers immer mehr durch „*Unterlagen*" zu ersetzen sucht. Andererseits begünstigt der Eigentumsvorbehalt zuweilen eine **leichtfertige Kreditgewährung**, indem der Lieferant, im Vertrauen auf den Schutz des Eigentumsvorbehalts, sowohl bezüglich der Einräumung eines Warenkredites überhaupt als auch bezüglich des Kreditumfanges weiter geht, als es durch die Person des Kreditnehmers oder durch die Entwicklung des Geschäfts gerechtfertigt wäre. Die durch diese „fremden" Waren angeschwollenen Lager drängen aber nach Entlastung und führen daher zwangsläufig zu einer sonst nicht gerechtfertigten Verschleuderung wichtiger Waren und damit zu einer Beunruhigung der gesamten Branche, wie denn überhaupt der Eigentumsvorbehalt in zahlreichen Fällen durch eine Verschleierung der wirklichen Vermögensverhältnisse jene unklare Atmosphäre schafft, in der die unreellen Elemente am besten gedeihen.

Von besonderem Gewicht sind aber diejenigen Argumente, die aus einer Betrachtung der **Rechtslage** gegen die generelle Verwendung des Eigentumsvorbehalts entnommen werden können. Die in dieser Artikelreihe bereits veröffentlichten Ausführungen lassen die Fülle und die Schwierigkeit der Streitfragen erkennen, die sich an den Vorbehalt des Eigentums an den zum Verbrauch, zur Verarbeitung und zur Weiterveräußerung bestimmten Waren knüpfen. Der Wirtschaftsverkehr drängt nach klaren und einfachen Rechtsformen. Ein Institut, das zu so komplizierten Verwickelungen führt, kann schon aus diesem Grunde keinen Anspruch erheben, in die Reihe der regelmäßigen und üblichen Lieferbedingungen aufgenommen zu werden.

Diese rechtlichen Schwierigkeiten beginnen schon bei der Frage, in welcher Weise ein solcher Vorbehalt wirksam erklärt wird. Wie das **Kammergericht** in der Entscheidung vom 9. April 1929

(„Jur. Woch." 1929 Seite 2164) zutreffend ausgeführt hat, bedarf es hierfür nicht immer einer Vereinbarung beider Parteien. Es genügt vielmehr für das Verbleiben des Eigentums bei dem Lieferanten dessen Erklärung, daß er sich das Eigentum vorbehalte. Diese Erklärung muß aber spätestens bis zur Lieferung abgegeben werden. Das Kammergericht will sogar dem Aufdruck dieser Eigentumsvorbehaltsklausel auf der zugleich mit der Ware übersandten Rechnung die Bedeutung einer rechtswirksamen Erklärung beilegen. Das Landgericht Karlsruhe lehnt in einer Entscheidung vom 3. Dezember 1929 („Jur. Woch." 1930 Seite 2239) diese weitgehende Konsequenz ab. Es besteht aber kein Zweifel darüber, daß selbst in denjenigen Fällen, in denen der Vorbehalt des Eigentums vorher nicht vereinbart worden ist, der Lieferant es noch bis zum Zeitpunkt der Auslieferung in der Hand hat, durch eine einseitige Erklärung, sofern sie nur in deutlicher und nach außen sichtbarer Weise erfolgt — ob ein Rechnungsvordruck hierzu ausreicht, muß entgegen der Auffassung des Kammergerichts bezweifelt werden —, den Übergang des Eigentums auf den Abnehmer wirksam zu verhindern. Ob in diesem Mangel der Eigentumsverschaffung eine Verletzung der obligatorischen Verkäuferpflichten liegt, ist für die Frage der dinglichen Wirkung einer solchen Vorbehaltserklärung zunächst ohne Belang. Entspricht ein solcher Eigentumsvorbehalt nicht den getroffenen Vereinbarungen, so hat der Käufer alle Rechte, die ihm auch sonst bei einem Erfüllungsmangel des Verkäufers zustehen. War dieser Vorbehalt aber schon Gegenstand des Vertragsschlusses, so kann aus dem Mangel der Eigentumsverschaffung nicht der Vorwurf einer Verletzung der Verkäuferpflichten hergeleitet werden.

Der Eigentumsvorbehalt kann auch auf dem Gebiete des **Versicherungswesens** zu Schwierigkeiten führen. Ist eine unter Eigentumsvorbehalt gelieferte Ware beim Einzelhändler vor Bezahlung des Kaufpreises untergegangen, so hat der Lieferant sein Eigentum und damit die ihm als Sicherheit für seinen Zahlungsanspruch dienende Ware verloren. Sein Anspruch auf Zahlung des Kaufpreises wird aber gemäß § 446 BGB. nicht berührt. (Vgl. RG. Band 93 Seite 330 und Band 85 Seite 320.) Die Gefahr des Unterganges der unter Eigentumsvorbehalt gelieferten Ware trägt also der Einzelhändler, solange sich die Ware in seinem Besitz befindet. Es ist daher Sache des Abnehmers einer unter Eigentumsvorbehalt gelieferten Ware, sich gegen die rechtlichen und wirtschaftlichen Nachteile eines zufälligen Untergangs durch den Abschluß einer Versicherung zu schützen. Hat der Einzelhändler die unter Eigentumsvorbehalt gelieferte Ware versichert, so steht ihm der Anspruch auf Schadensersatz im gleichen Umfange zu, wie wenn er der Eigentümer der Ware gewesen wäre. (RG. Band 74 Seite 126.) Er hat daher lediglich darauf zu achten, daß sich der Versicherungsabschluß auf sein gesamtes Warenlager bezieht, ohne daß die im fremden Eigentum stehenden Gegenstände durch eine Sonderbestimmung von der Versicherung ausgeschlossen sind.

Auch auf dem Gebiete des **Wettbewerbsrechts** hat der Vorbehalt des Eigentums zu Erörterungen geführt. Es ist die Frage aufgetaucht, ob die unter Eigentumsvorbehalt gelieferte Ware zusammen mit den übrigen, dem Einzelhändler gehörigen, Lagerbeständen in die Veranstaltung eines Ausverkaufs einbezogen werden kann. Diese Frage ist ohne Zweifel zu bejahen. Sie wäre nur dann zu verneinen, wenn der Vorbehalt des Eigentums für den Abnehmer das Recht enthielte, die Ware dem Eigentümer zurückzugeben. Dann würde es in Ansehung der einer solchen Vereinbarung unterliegenden Bestände an einer die Veranstaltung eines Ausverkaufs rechtfertigenden Veranlassung fehlen. Daraus folgt, daß überall dort, wo ein Kommissionsverhältnis mit dem Recht der Rückgabe vereinbart ist, die einem solchen Kommissionsverhältnis unterfallende Ware nicht in den Ausverkauf hineingenommen werden darf.

Auf die zahlreichen Rechtsfragen, die sich aus der Zahlungseinstellung des Verkäufers oder des Käufers für die unter Eigentumsvorbehalt gelieferte Ware ergeben, braucht an dieser Stelle nicht eingegangen zu werden. Es genügt, insbesondere auf die ausführlichen Darlegungen von Levy (S. 148 ff.) zu verweisen. Es soll lediglich auf die außerordentlichen Gefahren hingewiesen werden, die sich nach der herrschenden Rechtsprechung für den Einzelhandel als Abnehmer im Konkurs des Lieferanten aus der Anwendung des § 17 KO. ergeben.

Macht der Konkursverwalter vor der Zahlung der letzten Kaufpreisrate von dem Rechte des § 17 KO. Gebrauch, so muß der Einzelhändler die Ware, auch wenn sie bis zu einem geringen Rest bereits bezahlt sein sollte, herausgeben und ist wegen seiner Schadensersatzforderung auf die Konkursquote angewiesen. Wie Schwartz („Mitteilungen" der Industrie- und Handelskammer zu Berlin, 1930, Heft 7, Seite 378 [hier nicht veröffentlicht]) gegenüber der Auffassung von Meyerstein (S. 12/13) bereits dargelegt hat, kann der Abnehmer diese Rechtsfolge nicht durch die Ausübung des kaufmännischen Zurückbehaltungsrechts vermeiden. Denn die Voraussetzungen für die Rechte aus §§ 369 ff. HGB. müssen bereits zum Zeitpunkt der Konkurseröffnung vorgelegen haben (vgl. „Jur. Woch." 1930 Seite 1362).

Die Lösung dieser zu offenbar unbilligen Entscheidungen führenden Schwierigkeiten muß vielmehr auf anderem Wege versucht werden.

Nach der ständigen Rechtsprechung des Reichsgerichts (RG. Band 64 Seite 204 und Seite 334, Band 85 Seite 402) gilt eine unter dem Vorbehalt des Eigentums getätigte Warenlieferung nicht als Erfüllung des Kaufvertrages. Diese Auffassung begegnet starken rechtlichen Bedenken. Sie mag für diejenigen Fälle zutreffen, in denen es sich um die Lieferung von dauernd dem Betriebe des Käufers gewidmeten Gegenständen handelt. Bei der Lieferung von Inventarstücken, Maschinen und sonstigen für den Betrieb des Abnehmers bestimmten Gegenständen ist der Wille der Parteien tatsächlich darauf gerichtet, daß der Abnehmer die Ware behält und sie durch Zahlung des Kaufpreises in sein Eigentum überführt. Dagegen ist bei den zum Weitervertrieb bestimmten Gegenständen der Wille der Parteien, wie wir bereits oben gesehen haben, nicht auf den Eigentumserwerb durch den Abnehmer gerichtet. Der Lieferant hat bei den zur Weiterveräußerung bestimmten Waren im Falle der Vereinbarung eines Eigentumsvorbehalts seine Verpflichtung aus dem Kaufvertrage mit der Auslieferung „erfüllt". (So auch Rühl, Eigentumsvorbehalt und Abzahlungsgeschäft. Berlin 1930.) Für die Anwendung des § 17 KO. ist daher in den Fällen des vereinbarten Eigentumsvorbehalts aus dem Gesichtspunkte der Nichterfüllung der Verpflichtung zur Eigentumsverschaffung kein Raum mehr. Denn die Verpflichtung aus § 433 BGB. zur unbedingten Eigentumsverschaffung ist durch Parteivereinbarung ausgeschlossen.

Mit der gleichen Erwägung sind auch die Schwierigkeiten zu beseitigen, die sich im gerichtlichen Vergleichsverfahren des Käufers aus der Anwendung des § 4 Vergleichsordnung auf die unter Eigentumsvorbehalt getätigten Abschlüsse ergeben. Nach der auch von Levy (S. 148 ff.) vertretenen Auffassung wird der Lieferant, der unter Eigentumsvorbehalt verkauft hat, vom Vergleichsverfahren nicht betroffen, wenn und solange ein auch noch so geringer Teil der von ihm unter Eigentumsvorbehalt gelieferten Waren zur Zeit der Zahlungseinstellung vorhanden war. Er kann also, selbst wenn dieser geringe Rest während der Dauer des Vergleichsverfahrens veräußert wird, in Höhe seiner ganzen Kaufpreisforderung, und zwar auch bezüglich desjenigen Teiles, der vor der Zahlungseinstellung bereits weiterveräußert war, im Gegensatz zu den am Verfahren beteiligten Gläubigern volle Befriedigung fordern. Die Unbilligkeit eines solchen Erlebnisses liegt auf der Hand (vgl. „Berliner Tageblatt" vom 20. Mai 1930). Sie wird vermieden, wenn man, dem Parteiwillen und der wirtschaftlichen Zweckbestimmung dieser Abschlüsse folgend, bei der Vereinbarung eines Eigentumsvorbehaltes den Kaufvertrag mit der Auslieferung der Ware als „erfüllt" betrachtet.

Nun sucht man in der Praxis den aus der Anwendung des § 4 folgenden Schwierigkeiten dadurch zu begegnen, daß man eine Ablehnung der Erfüllung gemäß § 28 zuläßt und damit den Lieferanten mit seinem Schadensersatzanspruche auf die Teilnahme an der Vergleichsquote verweist. Die Erteilung der Ermächtigung aus § 28 an den Schuldner setzt aber voraus, daß die Ablehnung der Erfüllung dem Lieferanten keinen „unverhältnismäßigen" Schaden bringt.

Ein „unverhältnismäßiger Schade" des Gläubigers ist aber unzweifelhaft dann gegeben, wenn nur noch ein geringer Teil der gelieferten Waren vorhanden ist und er nun für seine Kaufpreisforderung, die nunmehr eine Schadensersatzforderung geworden ist, statt der hundertprozentigen Befriedigung nur die Vergleichsquote erhält. Der Behelf des § 28 würde also gerade in denjenigen Fällen versagen, in denen die Unbilligkeit eines aus § 4 gewonnenen Ergebnisses besonders in die Erscheinung tritt. Soweit in der Praxis auch in diesen Fällen die Ermächtigung aus § 28 gewährt wird, erfolgt sie contra legem.

Die Anwendung des § 28 als Ausweg aus diesen Schwierigkeiten muß aber auch dann unterbleiben, wenn, wie es zuweilen vorkommt, erst nach Ablauf der im § 28 vorgesehenen Zweiwochenfrist das Vorhandensein einiger Überreste aus einer unter Eigentumsvorbehalt getätigten Warenlieferung festgestellt wird. Derartige Fälle sind häufiger, als man im allgemeinen annimmt. Daß es verhältnismäßig selten zu einem gerichtlichen Austrag dieser Streitigkeiten kommt, liegt daran, daß die Beteiligten mit Erfolg einen gütlichen Ausgleich anstreben.

Höchstgerichtliche Entscheidungen zu dieser Streitfrage aus § 4 der Vergleichsordnung sind bisher nicht bekannt geworden. Die Grundsätze des Reichsgerichts, wonach ein unter dem Vorbehalt des Eigentums getätigter Warenlieferungsvertrag mit der Lieferung der Ware noch nicht als erfüllt gilt, sind lediglich zu § 17 der Konkursordnung aufgestellt, können aber sinngemäß auch auf § 4 der Vergleichsordnung angewandt werden. Gleichwohl ist zu hoffen, daß die Rechtsprechung diesen Standpunkt verläßt und dem auch von Rühl vorgezeichneten Wege zustrebt. Das Oberlandesgericht Stuttgart hat bereits in einer am 23. Juni 1930 ergangenen Entscheidung (Aktenzeichen 4 U. N. 24/1930) die Anwendung des § 4 der Vergleichsordnung bezüglich der bereits zum Zeitpunkt der Zahlungseinstellung weiterveräußerten Ware abgelehnt. In den Entscheidungsgründen wird ausgeführt:

> Der Annahme des Landgerichts, die Klägerin sei von dem Vergleichsverfahren nicht betroffen worden, kann nicht beigepflichtet werden.
>
> Die Klägerin hatte der Beklagten ausdrücklich „Veräußerungen im regelmäßigen Geschäftsbetrieb" gestattet. Solche Veräußerungen waren also rechtmäßig, so daß die Käufer gemäß § 185 I BGB. (auch § 932 BGB.) Eigentümer der gekauften Waren wurden. Hierdurch verlor der Eigentumsvorbehalt der Klägerin von selbst seine Kraft. Da dies mit dem Willen der Klägerin geschehen ist, ist anzunehmen, daß sie mit dem Zeitpunkt dieser Weiterveräußerungen ihrerseits den Kaufvertrag vollständig erfüllt hatte. Hinsichtlich der Kaufpreisforderung der Klägerin für solche weiterveräußerten Waren haben also die Voraussetzungen des § 4 der Vergleichsordnung vom 5. 5. 27 bei der Eröffnung des Vergleichsverfahrens nicht mehr vorgelegen.

Diese Entscheidung leitet hoffentlich eine Abkehr von den bisherigen Grundsätzen ein, so daß wenigstens die Gefahren, die mit der Anwendung des § 4 der Vergleichsordnung auf die unter Eigentumsvorbehalt getätigten Lieferungsverträge für alle Beteiligten, insbesondere aber auch für den Vergleichsschuldner, verknüpft sind, in Zukunft vermieden werden können.

Weit dringlicher erscheint aber die Forderung, von einer generellen und schematischen Anwendung der Vorbehaltsklausel auf alle Lieferungsverträge aus psychologischen, wirtschaftlichen und rechtlichen Erwägungen Abstand zu nehmen und den Eigentumsvorbehalt nur dort heranzuziehen, wo er durch die besonderen Verhältnisse des Einzelfalles geboten erscheint.

Der Eigentumsvorbehalt vom Standpunkt der Banken.

Von Rechtsanwalt Wilhelm Schütz, Syndikus der Deutschen Bank und Disconto-Gesellschaft, Berlin.

Wenn ich in den nachstehenden Zeilen versuche, den Standpunkt der Banken zum Eigentumsvorbehalt (EV.) darzulegen, so gebe ich dabei nur meine private Ansicht wieder, kann mich also nicht auf einen Auftrag von Banken oder Bankenvereinigungen stützen, ja auch nicht, wie die Verfasser anderer zu dieser Frage hier veröffentlichter Aufsätze, aus einer Stellung als Geschäftsführer von Spitzenverbänden hierzu eine Berechtigung herleiten. Immerhin habe ich auf Grund langjähriger Tätigkeit in der Rechtsabteilung einer Großbank auf diesem Gebiet so viel Erfahrungen gesammelt, daß ich glaube, die Auffassung der Bankwelt in dieser Frage richtig und vollständig wiederzugeben. Ich muß dabei allerdings, um ein einigermaßen lückenloses Bild entwerfen zu können, mehrfach Gedankengänge wiederholen, welche in dem Aufsatz von Joel „Zum Recht des Eigentumsvorbehalts" im Bank-Archiv Bd. 29 S. 309 enthalten sind, glaube aber trotzdem, daß meine Ausführungen noch einiges Neue bringen werden, so daß ich nicht lediglich auf diesen Aufsatz verweisen kann.

Der EV. ist für Banken in mehrfacher Beziehung von besonderer Bedeutung. Einmal gehören die Banken zu den Wirtschaftsgruppen, die selbst den EV., der Natur der Sache nach, nicht anwenden können; an der Ware der Banken, dem Geld, ist ein EV. unmöglich. Wichtiger als die Feststellung dieser Selbstverständlichkeit ist aber, daß sich der EV. in der Entwicklung, die er in der letzten Zeit genommen hat, zwar nicht immer ausgesprochen und nicht ausschließlich, doch aber in der Hauptsache gegen die Banken richtet. Es erscheint mir zwecklos, über diese allgemein bekannte Tatsache hinwegzugehen; vielmehr wird es zur Klärung beitragen, diese von vornherein zu betonen. Trotzdem hoffe ich aber, daß meine nachfolgende Darstellung nicht nur als eine Art Verteidigung für die Banken erscheint, sondern darüber hinaus auf Punkte hinweisen wird, welche für unser Wirtschaftsleben im allgemeinen von Bedeutung sind. Ich möchte damit sagen, daß selbstverständlich die Banken ihre Interessen auch hierbei wahren müssen, wie es jeder Berufsstand tut, zumal es sich hier für sie nicht um die Erzielung von Gewinnen, sondern nur um die sichere Anlegung der ihnen anvertrauten Gelder handelt. Diese Verteidigung soll aber nicht der letzte Zweck sein, sondern der Versuch, an einer Frage mitzuarbeiten, die für die ganze Wirtschaft von Bedeutung ist. Bei ihrer Lösung haben die Banken deshalb besonders mitzuwirken, weil sie Kunden in allen Zweigen der Wirtschaft haben, dem Interesse der gesamten Wirtschaft in gleicher Weise zu dienen wünschen, aber auch gerade durch ihre Mitarbeit mit der ganzen Wirtschaft und im Interesse der ganzen Wirtschaft wie durch die ihnen gegebene Möglichkeit, in alle Zweige der Wirtschaft Einblick zu tun, glauben, für ihren Standpunkt ein besonderes Gehör beanspruchen zu dürfen.

Wie schon erwähnt, ist der EV. in der Entwicklung, die er in der letzten Zeit genommen hat, als vorwiegend gegen die Banken gerichtet anzusehen, und zwar als Kampfmaßnahme gegen die Sicherungsübereignung; denn es habe sich, wie die Befürworter des EV. sagen, immer wieder herausgestellt, daß beim Zusammenbruch eines Kunden die diesem auf Kredit gelieferten, noch nicht bezahlten Waren sicherungshalber übereignet waren und der Lieferant dann zugunsten des Übereignungsnehmers leer ausging. Demgegenüber ist festzustellen, daß die Sicherungsübereignung heute nicht nur als legitimes, sondern auch als notwendiges Sicherungsmittel neben der Verpfändung anerkannt ist. Wie soll sich ein Unternehmen auf rollende Ware, für die es ein dem Konnossement entsprechendes Traditionspapier heute noch nicht gibt, Kredit beschaffen? Oder auf ein Warenlager, aus dem ständig im Detailhandel verkauft wird, oder bei Gegenständen, die verarbeitet oder bearbeitet werden müssen? Dabei sind die Banken schon in ihrem eigenen Interesse bemüht, sich gemäß den strengen Anforderungen der Rechtsprechung an die Sicherungsübereignung nur soviel Ware übereignen zu lassen, wie zu ihrer Sicherung notwendig ist, und dem Kreditnehmer Vermögenswerte zu belassen, die zur Befriedigung seiner übrigen Gläubiger ausreichen. Doch die Befürworter des EV. wollen ja, mag dies auch nicht immer ausgesprochen werden, nicht nur den Eigentumserwerb der Bank im Wege der Sicherungsübereignung, sondern auch den Erwerb von Pfandrechten an Waren unmöglich machen, die unter EV. geliefert werden, und außerdem die Hand noch auf die Forderungen legen, welche aus dem Verkauf der unter EV. gelieferten Waren entstehen, da der Verkauf von Waren auf Kredit wirtschaftlich ebenso berechtigt sei und dasselbe Recht auf Sicherstellung habe wie der Bankkredit. Aber wie schon Joel a. a. O. zutreffend ausführt, liegt ein Widerspruch darin, wenn bei einem auf Kredit aufgebauten Warenumsatzgeschäft gerade die den Umsatz der Ware erst erfüllende Übereignung bis zur Bezahlung des kreditierten Kaufpreises hinausgeschoben wird, wo es sich nicht um das eigentliche Abzahlungsgeschäft handelt. Das Umsatzgeschäft des Handels gleitet damit in das Gebiet des Finanzierungsgeschäfts, der Warenbeleihung, hinüber, das volkswirtschaftlich richtiger den Banken als den berufenen Mittlern zwischen Anlagebedürfnis und Kapitalbedarf der Wirtschaft überlassen bleibt. Wenn aber die Banken die Aufgabe haben, die ihnen zufließenden Gelder an die kreditbedürftige Wirtschaft wieder auszuleihen, müssen sie auch die Möglichkeit haben, hierfür Sicherheiten zu erhalten, da sie ja nicht, oder doch im wesentlichen nicht, ihre eigenen Mittel, sondern fremde Gelder ausleihen, für deren pünktliche Rückzahlung sie verantwortlich sind. Sollte nun den Banken das Rechtsinstitut der Sicherungsübereignung nicht mehr zur Verfügung stehen oder ihnen jedenfalls keine einwandfreie Sicherheit mehr bieten, würden sie denjenigen Gruppen der Wirtschaft keine Kredite oder doch keine Warenkredite mehr geben können, die wegen der Art ihres Betriebes — wie schon erwähnt Detailverkauf, Verarbeitung oder Bearbeitung von Waren — nicht in der Lage sind, ihre Warenlager den Banken zu verpfänden. Und wenn gar der EV. auch die Entstehung des Pfandrechts hindern würde, würden die Banken auch die Gewährung von Kredit gegen Verpfändung von Waren einstellen müssen; der Warenkredit würde also, abgesehen von Exportwaren, überhaupt nicht mehr möglich sein. Es bedarf keiner Ausführungen darüber, welche schweren Folgen für die gesamte Wirtschaft hierdurch eintreten würden.

Gegenwärtig ist die Rechtslage bekanntlich so, daß bei der Sicherungsübereignung wie bei jeder Übereignung der gute Glaube des Erwerbers nicht geschützt wird, wenn die Ware im Besitz des Veräußerers bleibt (§ 932 BGB.). Der EV. macht die Sicherungsübereignung an den damit behafteten, noch nicht bezahlten Waren also tatsächlich unmöglich. Die Banken gehen daher an die Übereignung von Waren nur mit großer Vorsicht heran. Je mehr sich der EV. ausbreitet, desto größer muß die Zurückhaltung der Banken von der Sicherungsübereignung werden. Das Ergebnis muß natürlich das oben angedeutete sein, nämlich, daß diejenigen Unternehmungen, welche ihr Warenlager nicht verpfänden können — und das ist doch eine außerordentlich große Zahl in Deutschland —, einen Kredit darauf nicht mehr erhalten, also vielfach trotz eines bedeutenden in dem Warenlager steckenden Vermögens kreditunfähig werden. Das bedeutet also, daß die Lieferanten durch den EV. in gewissem Umfange gesichert sein mögen — mit welchen Einschränkungen, ist in den vorhergehenden Ausführungen über den EV. vielfach geschildert worden —, aber, wenn überhaupt, so doch in viel geringerem Umfange, und viel später Barzahlung für die gelieferten Waren erhalten, weil es den Abnehmern an den nötigen Bankkrediten fehlt. Hiergegen wird man einwenden, daß es ja die Banken in der Hand hätten, sich darüber zu unterrichten, ob die betreffenden Waren bezahlt seien, so daß ihnen die Waren gefahrlos übereignet werden könnten. Daß eine solche Prüfung den Banken vielfach nicht zuzumuten, in den meisten Fällen aber auch unmöglich ist, wird unten näher dargelegt werden.

Die Zurückhaltung der Banken in der Gewährung von Krediten gegen Übereignung muß um so größer werden, je schärfere Anforderungen die Rechtsprechung an die Gültigkeit der Sicherungsübereignung in bezug auf die Identifizierung der zu übereignenden Gegenstände stellt. Schon jetzt sind diese

Anforderungen (vgl. RG. 113, 57; 129, 61) meines Erachtens übertrieben; die Rechtsprechung schützt nicht mehr berechtigte wirtschaftliche Interessen, sondern gefährdet nur die Rechtssicherheit, indem sie einen Übereignungsvertrag schon dann für nichtig erklärt, wenn Waren, sogar dem Veräußerer und dem Erwerber unbewußt, jenem nicht gehören, obwohl die Bank an dem Kreditnehmer nicht gehörenden Gegenständen kein Eigentum erwerben will, und obwohl diese bestimmbar und aussonderbar sind. Immerhin müssen die Banken mit dieser Rechtsprechung rechnen und sich deshalb von der Sicherungsübereignung zum Schaden der betreffenden Unternehmungen mehr und mehr zurückhalten.

Welche Schwierigkeiten rechtlicher und wirtschaftlicher Art der EV. sonst noch mit sich bringt — z. B. die Gefahr von Verlusten bei Lieferanten, die sich hierdurch gesichert fühlen, es aber tatsächlich nur unzureichend sind, die Gefahr strafrechtlicher Verfolgung von Abnehmern, welche die überaus schwerwiegenden, mit dem EV. und mit der Vorausabtretung von Forderungen verbundenen Folgen nicht beachten oder den EV. im Zusammenhang mit anderen Bedingungen überhaupt nicht bemerken, die Gefahr der Schädigung der deutschen Wirtschaft im Auslande, welches im EV., wie es früher auch in Deutschland der Fall war und vielfach noch der Fall ist, etwas Anrüchiges, zum wenigsten nicht ganz Vornehmes sieht —, ist bereits in anderen Aufsätzen dargelegt worden[1]) und braucht daher nicht mehr erörtert zu werden.

Wie schon erwähnt, wird von seiten der Befürworter des EV. behauptet, dieser schließe nicht nur eine Sicherungsübereignung, sondern auch einen

[1]) Vgl. Meyerstein, Dohrendorf, Auerbach.

Pfanderwerb an den damit behafteten Gegenständen aus, wenn öffentlich bekanntgemacht worden sei, daß in dem Bereich des betreffenden Verbandes Waren nur unter EV. verkauft würden; ja der EV. sei heute in Deutschland schon so verbreitet, daß sogar bei den meisten Waren eine Vermutung für einen EV. bestehe. Die Banken, gegen die sich ja hauptsächlich der EV. richtete, müßten daher von sich aus prüfen, ob die betreffenden Waren noch mit dem EV. behaftet seien, oder ob dieser durch Zahlung untergegangen sei; andernfalls erwürben sie an den betreffenden Waren auch kein Pfandrecht.

Dieser Standpunkt ist aus rechtlichen und sachlichen Gründen unrichtig.

Zunächst, um den weitestgehenden Einwand vorwegzunehmen, kann nicht anerkannt werden, daß heute eine Vermutung für einen Verkauf unter EV. bestehe. Im Gegenteil gibt es, wie z. B. Schwartz Seite 21 darlegt, in Deutschland große Gruppen von Waren, bei denen ein EV. aus rechtlichen (Baustoffhandel) oder wirtschaftlichen Gründen unmöglich, jedenfalls aber nicht eingeführt ist. Aber auch in den Fällen, in denen tatsächlich ein Verband bekanntgegeben hat, daß die ihm angehörigen Fabriken oder Händler grundsätzlich unter EV. verkaufen, kann man von einer Vermutung, daß nun auch im Einzelfalle tatsächlich unter EV. geliefert worden sei, nicht sprechen. Vielfach kommt auch heute noch der sogenannte „uneigentliche EV." vor, also die bloße obligatorische Verpflichtung, die betreffenden Waren nicht zu verpfänden oder zu übereignen, so daß eine trotzdem erfolgte Verpfändung oder Übereignung wirksam ist. In verschiedenen dieser Frage gewidmeten Aufsätzen, z. B. bei Dohrendorf (S. 53), wird betont, daß die Durchführung des EV. eine reine Machtfrage ist. Große Firmen lehnen es vielfach ab, Waren zu beziehen, wenn nicht der Verkäufer auf jeden EV. verzichtet. Dasselbe gilt für viele Abnehmerverbände, so im Textilwarenhandel, bei dem nicht einmal zwischen den einzelnen Fachgruppen eine Einigung über den EV. zu erzielen war! Namentlich die Sorge vor der Konkurrenz des Auslandes zwingt vielfach die Lieferanten, auf den EV. zu verzichten (Dohrendorf, S. 53). In dem Exporthandel ist, wie allgemein anerkannt wird, diese Institution überhaupt nicht durchgedrungen, nachdem die Einführung an einzelnen Stellen versucht worden war, weil sich ausländische Käufer nicht darauf einlassen, jedenfalls aber der EV. bei einem Verkauf in das Ausland doch vielfach ohne praktische Wirkung wäre[3]). Auch im Bremer Baumwollhandel, um ein Einzelbeispiel zu nennen, gibt es den EV. nicht. Man sieht, es bestehen so viele Lücken in der Durchführung, daß man von einer allgemeinen Anwendung des EV. nicht sprechen kann. Unter diesen Umständen kann von einer groben Fahrlässigkeit, wie sie allein den guten Glauben bei der Veräußerung (Übereignung) oder Verpfändung beweglicher Sachen gemäß §§ 932, 1107 ausschließen würde, nicht gesprochen werden, wenn sich eine Bank nicht in jedem Falle nach Eigentumsvorbehalten erkundigt.

Trotzdem lassen sich die Banken aus besonderer Vorsicht bei jeder Übereignung oder Verpfändung von Waren, ohne Unterschied, wer die Übereignung oder Verpfändung vornimmt, und ob es sich um Gegenstände im eigenen Besitz des Kunden oder im Besitz von Dritten handelt, folgende Erklärung geben:

---

[3]) Vgl. z. B. wegen Polen die Notiz in der Deutschen Allgemeinen Zeitung Nr. 430 vom 15. September 1930.

„Ich versichere, daß ich zur freien Verfügung über die Ware berechtigt bin, und daß die Ware nicht dem Eigentumsvorbehalt eines Dritten unterliegt. Es ist mir bekannt, daß ich zur Abgabe dieser Erklärung nicht berechtigt bin, wenn die Ware mir mit Eigentumsvorbehalt geliefert und bei Abgabe der Erklärung von mir noch nicht endgültig bezahlt war. (Die Hingabe eines Wechsels oder Schecks gilt nicht als endgültige Zahlung, solange die Einlösung des Papiers nicht erfolgt ist.)"

Der Zweck dieser Erklärung ist ein doppelter: Sie soll einmal zum Ausdruck bringen, daß die Banken selbst keineswegs Waren zu beleihen wünschen, die nicht voll bezahlt sind. Die Banken wollen keine Rechte an Gegenständen erwerben, über die ihr Kunde nicht frei verfügen kann. Zum anderen soll der Kunde durch diese scharf präzisierte Erklärung darauf hingewiesen werden, daß er keine unbezahlten Gegenstände als Kreditunterlage benutzen darf. Er soll sich, bevor er die Übereignung oder Verpfändung vornimmt, ganz klar darüber sein, was er tut, ja, daß er sich unter Umständen strafrechtlicher Verfolgung aussetzt, wenn seine Erklärung nicht richtig ist. Die Banken begnügen sich auch regelmäßig nicht damit, diese Erklärung einmal, bei Beginn der Geschäftsverbindung, zu fordern oder gar nur in ihre Allgemeinen Geschäftsbedingungen aufzunehmen, im ausgesprochenen Gegensatz also zu der Vereinbarung des EV., die sich trotz ihrer außerordentlich schwerwiegenden Bedeutung (zumal, wenn er mit der Vorausabtretung von Forderungen verbunden ist) regelmäßig nur als ein Punkt von vielen Geschäftsbedingungen findet. Vielmehr lassen die Banken diese Erklärung regelmäßig bei jeder Aufstellung wiederholen, welche sie sich bei übereigneten Waren etwa geben lassen, und jedesmal dann, wenn sie auf Grund einer neuen Erklärung neue Waren als Sicherheit erhalten.

Diese Erklärung ist nicht selten mißdeutet worden. Zunächst erhob sich aus dem Kreise der Kunden, welche sie abgeben sollten, dagegen Widerspruch. Das Verlangen der Unterzeichnung dieses Schriftstücks wurde als eine Kränkung empfunden. Auch eine Reihe von Banken war, wie hier ruhig ausgesprochen werden darf, dagegen. Sie glaubten, eine solche Erklärung von ihren Kunden nicht verlangen zu können, da hierin ein Zeichen von Mißtrauen erblickt werden könne. Es hat aber auch nicht an Angriffen von Außenstehenden gefehlt, welche sagen, daß die Banken gerade durch das Erfordern dieser Erklärung selbst Zweifel an ihrem guten Glauben zum Ausdruck brächten. Die beiden ersten Einwendungen sind bedeutungslos geworden; die Erklärung wird überall gefordert. Aber auch der letzte Einwand geht fehl. Er übersieht, daß die Banken die Erklärung nicht in einzelnen Fällen verlangen, in denen es ihnen nach Lage der Sache notwendig erscheint, sondern ganz allgemein, und zwar auch nicht aus eigenem Antriebe, sondern auf Veranlassung ihrer Zentralorganisation, welch letztere vorher mit Verbänden der Industrie und des Handels Fühlung genommen hat. Diese Einwendungen können daher als erledigt betrachtet werden. Auf keinen Fall kann man nach Erhalt dieser Erklärung von einer Fahrlässigkeit, geschweige denn einer groben Fahrlässigkeit der Bank sprechen; dies namentlich auch deshalb, weil ja die Banken nicht jedem Kredit geben, der zu ihnen kommt, sondern nur Kunden, über die sie Auskünfte eingeholt haben, oder deren Vertrauenswürdigkeit sie sonst kennen. Überdies handelt es sich regelmäßig bei den Kunden der Bank um Kaufleute, bei denen im Falle der Veräußerung oder Verpfändung von beweglichen Gegenständen durch § 366 HGB. schon der gute Glaube an die Verfügungsberechtigung geschützt wird. Um so mehr können sich die Banken darauf verlassen, daß ihnen, zumal nach Abgabe der erwähnten Erklärung durch den Kunden, nur voll bezahlte Waren übereignet oder verpfändet werden.

Nun berufen sich die Anhänger der Auffassung, daß die Banken selbst zu einer Prüfung auf das Vorhandensein eines EV. verpflichtet seien, auf die Entscheidung des Reichsgerichts vom 28. September 1928 (JW. 1929, 582), meines Erachtens jedoch zu Unrecht. In dem vom Reichsgericht entschiedenen Fall handelte es sich um den Kauf eines Kraftwagens zu einem auffallend niedrigen Preise, der Mißtrauen erwecken mußte, und zwar anscheinend auch nicht um einen Kauf zwecks Wiederverkaufs, sondern einen Detailverkauf. Der Verkäufer hatte auch nicht eine so scharf präzisierte Erklärung abgegeben, wie sie die Banken verlangen. Der Fall liegt also ganz besonders und darf keineswegs verallgemeinert werden, weder dahin, daß heute ein EV. allgemein üblich sei, noch dahin, daß die Banken in jedem Falle eine Prüfungspflicht hätten. Übrigens wäre in diesem Falle die Prüfung besonders leicht gewesen, weil es sich um einen einzelnen, individuell bestimmten Gegenstand handelte und der Käufer daher nur nötig hatte, sich die Rechnung vorlegen und den Nachweis der Zahlung führen zu lassen.

Damit komme ich auf die unüberwindlichen praktischen Schwierigkeiten, welche sich einer Prüfung der Bank auf Erledigung des EV. regelmäßig entgegenstellen würden. Bei Gegenständen wie Kraftwagen, die fertig geliefert werden, also keiner Vermengung, Be- oder Verarbeitung unterliegen, wäre der Fall noch verhältnismäßig einfach. Wie aber schon dann, wenn ein Händler selbst Kraftwagen in einzelnen Teilen bezieht und zusammensetzt? Wie kann eine Bank wissen, welche der zahlreichen in Frage kommenden Verbände ihren Mitgliedern die Ausbedingung des EV. empfehlen und welche nicht? Wie soll ferner eine Bank auseinanderhalten, welche Verbände oder welche Fachgruppen von solchen nun gerade für bestimmte Waren zuständig sind, wenn z. B. allein die Möbelbranche nach Auerbach (S. 62) im Möbelfachverband, im Reichsverband des Kredit gebenden Einzelhandels und im Verband deutscher Waren- und Kaufhäuser ihre organisierte Vertretung findet? Dabei ist übrigens bemerkenswert, daß, wie Auerbach a. a. O. erwähnt, diese Verbände zwar ihren Lieferanten gegenüber die Anerkennung des EV. einmütig abgelehnt haben, aber ihren Abnehmern gegenüber an diesem ebenso einmütig festhalten. Wie steht es hier mit dem EV., wenn ein Großhändler an einen weiteren Händler liefert; gilt hier der EV. oder nicht? Man denke sich einmal den Fall, daß ein Geschäft, welches zahlreiche Gegenstände verschiedenster Art führt, Kredit braucht, der durch Verpfändung des Warenlagers gesichert werden soll. Ich habe hierbei gar nicht einmal die großen Warenhäuser im Auge, die wohl zu den den EV. ständig ablehnenden Firmen gehören werden, sondern ein kleineres Geschäft ähnlicher Art. Soll sich hier die Bank bei jedem einzelnen Gegenstand die Rechnung vorlegen und den Nachweis der Zahlung führen lassen? Denn sie kann ja unmöglich mit Sicherheit feststellen, zu welchem Verbande der Lieferant des einzelnen Gegenstandes gehört, ob der betreffende Verband den EV. empfiehlt, und ob der Lieferant diesen nun auch wirklich ausbedingt.

Dabei müßte diese Prüfung bei jeder Veränderung des Pfandlagers erneut vorgenommen werden.

Ganz unüberwindlich werden diese Schwierigkeiten aber, wenn es sich um Waren handelt, die vermischt, bearbeitet oder verarbeitet werden. Hier würde die Bank fortwährend technische Sachverständige in jedem Betrieb ihrer Kreditnehmer haben müssen, die zunächst feststellen, um was für eine Ware es sich bei den Kreditunterlagen im einzelnen handelt; man denke an verschiedene Stahlsorten oder Chemikalien, die ein Laie nicht unterscheiden kann. Dann müßten diese Sachverständigen, vielleicht von Buchhaltern unterstützt, ständig die Buchführung des Kunden daraufhin prüfen, ob die einzelnen Waren bezahlt sind. Bei vertretbaren Waren ist die Feststellung der Bezahlung des der Bank zu übereignenden oder verpfändenden Warenpostens schon deshalb regelmäßig nicht durchführbar, weil man nicht nachprüfen kann, ob sich die der Bank übergebenen Belege gerade auf diesen Posten beziehen.

Aber auch hiermit sind die Schwierigkeiten der Prüfung noch nicht erschöpft. Wie steht es, wenn der Kunde mit dem Lieferanten Kontokorrentverkehr hat? Welche Waren sind dann bezahlt und welche nicht? Kann man bei einem sukzessiven Lieferungsvertrag annehmen, daß die zuerst gelieferten Warenposten vom EV. frei sind, oder gilt dies erst, wenn die gesamten Lieferungen bezahlt worden sind? Wie steht es, wenn der Abnehmer Minderung wegen Mängel oder verspäteter Lieferung verlangt, oder wenn Waren nicht direkt, sondern unter Zwischenschaltung von Kommissionären oder Einkaufsvereinigungen geliefert werden, mit denen von Zeit zu Zeit abgerechnet wird?

Hierbei ist noch nicht einmal berücksichtigt,

welchen Eindruck es machen würde, wenn die Bank ständig einen oder mehrere Vertreter bei jeder Firma hätte, um fortwährend in dem Betrieb ihres Kunden Feststellungen zu treffen oder, wie dieser es auffassen würde, herumzuschnüffeln. Ich glaube, daß sich viele Gewerbetreibende ein solches Eindringen in ihre geschäftliche Betätigung verbitten würden; denn daß solche Prüfungen nicht geheim bleiben können, ist doch selbstverständlich. Welchen Eindruck würde dies auf die Angestellten und Arbeiter des Unternehmens, aber auch auf Geschäftsfreunde, insbesondere ausländische, machen, wo man solche Einrichtungen nicht kennt! Welche Möglichkeiten der Betriebsspionage würden sich hierbei eröffnen, da die Prüfung ja in vielen Betrieben, wie gezeigt, durch branchekundige Personen vorgenommen werden müßte, welche Möglichkeiten von Regreßansprüchen gegen die Banken, weil die Prüfungsbeamten ihre Verschwiegenheitspflicht verletzt und dadurch dem Unternehmen des Kunden Schaden zugefügt hätten! Woher soll die Bank das viele technisch und buchhalterisch durchgebildete Personal nehmen, um diese Inspektionen ausführen zu können? Und wer endlich soll die Kosten hierfür tragen? Das eine steht jedenfalls fest, daß diese Prüfungen eine außerordentliche Erhöhung der Bankspesen mit sich bringen würden. Dabei würde diese Erhöhung in der unsozialsten Weise gerade die kleinen Betriebe belasten; nicht etwa, weil diese weniger Vertrauen verdienen, obwohl nach außen dieser Eindruck erweckt werden muß, sondern weil die großen Betriebe, wie schon dargelegt, in der Lage sind, Lieferungen unter EV. ein für allemal abzulehnen, bei ihnen also diese Prüfung nicht notwendig ist. Auch sind diese Kosten bei Betrieben mit vielen einzelnen Warenposten gar nicht von vornherein festzustellen.

Wenn jemand die Prüfungspflicht der Banken bejaht, muß gerade dieser letzte Punkt, die Kostenfrage, ihn stutzig machen. Jedenfalls wäre dies das Gegenteil einer Rationalisierung und der für Deutschland dringend notwendigen Senkung der Unkosten, zumal solche hier auch nicht den geringsten praktischen Wert haben.

Jede Möglichkeit der Prüfung entfällt übrigens, wenn der EV., wie es Dohrendorf (S. 55) erwähnt, ausgedehnt wird, bis der Kunde sämtliche Forderungen aus der Geschäftsverbindung beglichen hat. Von einem eigentlichen EV. im Sinne des § 455 BGB. würde man hier nicht mehr sprechen können, da diese Bestimmung sicherlich nur den Vorbehalt des Eigentums an einem Gegenstande bis zur Bezahlung gerade dieses Gegenstandes treffen soll. Vielmehr würde es sich um eine Art Sicherungsübereignung handeln. Ich glaube aber auch nicht, daß sich sehr viele Abnehmer diese Klausel, wenn sie sie lesen, gefallen lassen werden. Jedenfalls würde der EV. erlöschen, wenn der Abnehmer auch nur vorübergehend seine Verbindlichkeiten gänzlich abgedeckt hat. Immerhin müssen die Banken mit dem EV. auch in dieser Form rechnen; diese macht aber die betreffenden Abnehmer praktisch kreditunfähig. Der Vollständigkeit wegen sei noch erwähnt, daß mir sogar einmal ein Fall vorgekommen ist, in welchem sich eine Akkumulatorenfirma das Eigentum nicht nur an den von ihr gelieferten Waren bis zur Bezahlung des Kaufpreises, sondern auch an ihr nur zur Reparatur übergebenen Erzeugnissen anderer Firmen bis zur Bezahlung ihrer Reparaturkosten vorbehielt. Die betreffende Firma ist nach ihrer Angabe vor mehreren Gerichten mit dieser Klausel durchgekommen, obwohl sie meines Erachtens ohne rechtliche Wirksamkeit ist. Der Fall zeigt aber, welche Begriffsverwirrung und welche Rechtsunsicherheit die hemmungslose Propagierung des EV. mit sich gebracht hat.

Diese Schwierigkeiten werden auch nicht verkannt, wenn sie auch, soweit ich sehe, noch nicht ins einzelne gehend dargelegt worden sind. Meyerstein (S. 7 ff.) weist mit Recht darauf hin, daß eine formularmäßige Anwendung des EV. bei Verkauf von Waren, die ihrer Natur nach zum Verbrauch, zur Verarbeitung oder zur Weiterveräußerung bestimmt sind, schon wiederholt in Gutachten der Industrie- und Handelskammer zu Berlin abgelehnt worden sei, und daß der EV. nur bei Waren vereinbart werden sollte, die in ihrer Einheit einen besonderen Wert darstellen und der Regel nach in dieser Einheit wieder veräußert werden, und zwar nur in den Fällen, in denen durch gesonderte Lagerung und Buchführung der Nachweis des Eigentums jederzeit zu führen sei. Selbst ein so grundsätzlicher Befürworter des EV. wie Schwartz (S. 18) macht darauf aufmerksam, daß der EV. nur so lange Bedeutung habe, wie die Waren nicht verbraucht oder weiterverarbeitet seien, und daß eine Sicherung an der verarbeiteten Ware, die aus Rohstoffen mehrerer Lieferanten besteht, nur theoretisch, nicht praktisch möglich sei. Von einer Auswirkung dieser Bedenken bei der tatsächlichen Einführung des EV. ist mir allerdings bisher nichts bekannt geworden.

Stulz meint indessen in seiner Schrift über den EV. (herausgegeben vom Reichsverband der Deutschen Industrie), daß nur in seltenen Ausnahmefällen die Identität bei ordnungsmäßiger Nachprüfung nicht festzustellen sein würde. In diesen Fällen habe der Kreditgeber dann durch die Nachprüfung seine Pflicht erfüllt, so daß er nicht bösgläubig sei. Daß Stulz' Annahme von den seltenen Ausnahmefällen, die wohl von den Verhältnissen in einzelnen Teilen der Großindustrie (Maschinenbau) ausgeht, nicht richtig ist, glaube ich oben nachgewiesen zu haben. Auch er hält aber trotz der von mir dargelegten Bedenken an der Prüfungspflicht in jedem einzelnen Falle fest. Was aber heißt „ordnungsmäßige Prüfung"? Hier bieten sich neue Zweifel. Was nützt eine Prüfung, wenn es bei der vorstehend geschilderten erweiterten Form des EV. nicht auf die Bezahlung des einzelnen Gegenstandes ankommt, sondern darauf, ob der Kreditnehmer überhaupt noch Verpflichtungen gegenüber den betreffenden Lieferanten hat und daher noch ein EV. besteht, mag auch trotz der Übereignung eines Teiles des Warenlagers zur Bedeckung eines Bankkredites noch ausreichendes freies Vermögen zur Bezahlung der anderen Verbindlichkeiten vorhanden sein?

In vielen Branchen wird heute, wie Schwartz (S. 24 ff.) im einzelnen darlegt, der EV. mit einer Vorausabtretung der aus dem Weiterverkauf entstehenden Forderungen verbunden. Der zunächst eingeschlagene Weg, daß der Abnehmer dem Lieferanten im Konkurs die Stellung eines Kommissionärs verschaffen wollte, wie z. B. in den ursprünglichen Bedingungen der Süddeutschen Mühlenvereinigung, ist inzwischen wohl allseitig als rechtlich unzulässig abgelehnt worden (vgl. Meyerstein S. 10 ff.). Auch die von Schwartz (S. 25) erwähnte Klausel, wonach der Erlös der weiterverkauften Waren als sofort in das Eigentum des Verkäufers übergegangen gilt, gesondert für diesen aufzubewahren und sogleich an ihn abzuführen ist, hat wohl praktisch keine erhebliche Bedeutung. Die eigentliche Abtretungsklausel hat nach Schwartz (S. 24) gewöhnlich folgenden Wortlaut: „Bis zum gleichen Zeitpunkt (der völligen Bezahlung) gelten die Forderungen aus dem Weiterverkauf der Ware bis zur Höhe des ursprünglichen

Rechnungsbetrages als an den Verkäufer abgetreten." Nach Dohrendorf (S. 56) kommt auch folgende weitergehende Fassung vor: „Der Käufer tritt Zug um Zug gegen Empfang der Ware von vornherein alle von ihm für den Fall der Weiterveräußerung zu erwerbenden Forderungen gegen seine eigenen Abnehmer an den Verkäufer in Höhe seiner dann noch diesem gegenüber bestehenden Kaufpreisschuld ab."

Diese Klauseln sind einmal deshalb außerordentlich bedenklich, weil sie regelmäßig neben zahlreichen anderen in Lieferungsbedingungen enthalten sind und der Abnehmer sie vielfach gar nicht lesen, jedenfalls aber nicht in ihrer außerordentlichen Bedeutung erkennen wird. Man kann hier nicht einwenden, daß doch heute die Abtretung von Forderungen ein namentlich im Bankverkehr häufig gebrauchtes Sicherungsmittel ist. Wenn Forderungen abgetreten werden, so muß dies so geschehen und geschieht dies auch im Bankverkehr regelmäßig so, daß kein Zweifel daran bestehen kann, welche Forderungen abgetreten werden sollen. An dieser Genauigkeit fehlt es bei der mit dem EV. verbundenen Abtretung. Natürlich kann man sich einfach liegende Einzelfälle vorstellen, in denen die Klausel anwendbar erscheint; z. B. ein Händler kauft einen einzelnen Kraftwagen und verkauft diesen wieder. Wie aber ist es, wenn ein Händler einen Posten Ware, z. B. Mehl, kauft, hiervon 50 v. H. bezahlt und den Posten gleichzeitig in mehreren Teilposten mit Gewinn weiterverkauft? Welche Forderungen sind dann an den Lieferanten abgetreten, von jeder ein Teil oder nur einzelne bis zum Betrage der noch bestehenden Forderung oder gar sämtliche, obwohl diese die Forderung des Lieferanten wesentlich übersteigen? Wenn das letzte zutreffen soll, woher nimmt der Lieferant die Berechtigung zu dieser Überdeckung? Wenn nur einzelne Forderungen abgetreten sein sollen, kann dann der Zwischenhändler diejenigen bestimmen, welche an seinen Lieferanten abgetreten werden, oder muß er diesen deshalb erst fragen? Wie steht es, wenn der Zwischenhändler mit dem Lieferanten einen Kontokorrentverkehr hat? Wie ferner, wenn der Händler Warenposten von vielen Lieferanten bezieht und diese an die verschiedenen Abnehmer weiterveräußert? Haben die Lieferanten hier etwa „Miteigentum“ an jeder einzelnen entstehenden Forderung? Wie weiter, wenn ein Abnehmer Mängeleinreden erhebt, Waren zurückliefert, seine Zahlungen einstellt usw.? Soll in allen diesen Fällen etwa der Zwischenhändler verpflichtet sein, sich mit dem Lieferanten in Verbindung zu setzen? Muß der Händler etwa gar die eingehenden Beträge an den Lieferanten abführen, oder kann er damit machen, was er will? Droht nicht die Gefahr, daß der Lieferant, um sich noch mehr zu sichern, seinem Abnehmer vorschreiben wird, an wen er liefern darf, in welcher Höhe er Kredit einräumen darf, was er mit den eingehenden Beträgen zu tun hat? (Ein Ansatz hierzu findet sich schon in dem hier und da auftretenden Bestreben, dem Abnehmer die Verpflichtung aufzuerlegen, daß er auch seinerseits nur unter EV. weiterliefern darf; vgl. Meyerstein S. 16 Anm.). Kann der letzte Empfänger der Ware, wenn er von dieser Vorabtretung weiß oder vielleicht auch nur damit rechnen muß, überhaupt noch mit Sicherheit an seinen Lieferanten zahlen, oder muß er sich vielleicht auch zunächst erkundigen, ob sein Vormann die Ware bezahlt hat und die Vorabtretung dadurch erledigt ist? Oder genügt nicht einmal dies, weil ja oft die Vorabtretung nicht nur zur Sicherung gerade der betreffenden Forderung, sondern sämtlicher zur Zeit des Verkaufs noch bestehender Forderungen des Erstlieferanten erfolgt sein soll? Kann man, wo sich bei jeder dieser Fragen neue Zweifel erheben, überhaupt davon sprechen, daß die Abtretung bestimmt genug ist, wie es Wissenschaft und Rechtsprechung verlangen? Liegt überhaupt eine ernstlich gemeinte Abtretung vor? Und wenn diese Fragen wirklich bejaht werden sollten, glaubt man, daß eine Institution, die so viele Schwierigkeiten und Zweifel erweckt, wirklich im Interesse der Wirtschaft, ja auch nur der betreffenden Lieferanten liegt?

Die vorstehenden gegen die Ernstlichkeit der Vorausabtretung in Verbindung mit dem EV. erhobenen Bedenken bestehen übrigens in demselben Maße auch bei dem EV. allein. Künne in seinem Aufsatz „Eigentumsvorbehalte, die der Ernsthaftigkeit ermangeln" (Konkurs- und Treuhandwesen 1930 S. 127) weist mit Recht darauf hin, daß bei § 455 BGB. an einen EV., wie er jetzt formularmäßig auch gegenüber Wiederverkäufern ausbedungen werde, offenbar nicht gedacht, ja daß der EV. in vielen Fällen überhaupt nicht ernstlich gemeint sei. Andernfalls müsse der Wille, sich das Eigentum vorzubehalten, während der ganzen Geschäftsverbindung erkennbar sein, z. B. durch getrennte Buchführung und Lagerung, durch Kontrollen, Bestandsaufnahmen, Abrechnungen, steuerrechtliche und versicherungstechnische Berücksichtigung, was beim EV. tatsächlich niemals durchgeführt wird; nur dann könne der Gläubiger auch bei Insolvenzen seine Sonderstellung geltend machen. Ferner macht Künne mit Recht darauf aufmerksam, daß der EV. auch die tatsächlichen Vermögensverhältnisse des Schuldners verschleiert; völlig abwegig seien jedenfalls die Bemühungen verschiedener Kreise, den EV. als Handelsbrauch hinzustellen.

Die Ausführungen Künnes, der als Syndikus der Vereinigung der Fabrikanten und Großhändler der

Textil- und verwandter Branchen in Elberfeld die Verhältnisse ebenfalls aus eigener Praxis kennt, unterstützen meine Auffassung, daß der EV. ein für die ganze Wirtschaft gefährliches Sicherungsmittel darstellt und deshalb so bald wie möglich wieder in den früheren Rahmen zurückgeführt werden sollte.

Der Eigentumsvorbehalt in der Rechtsprechung.

Von Dr. S c h a l f e j e w, Ministerialrat
im Preußischen Ministerium für Handel und Gewerbe.

Die Rechtsprechung zum Eigentumsvorbehalt im Zwangsvollstreckungs-, Konkurs- und Vergleichsverfahren sowie im Strafrecht ist in der Reihe dieser Aufsätze von berufener Seite behandelt (S. 136, S. 148, S. 167, S. 193). Die Fragen des internationalen Privatrechts sollen einer besonderen Abhandlung vorbehalten bleiben. Die nachfolgenden Ausführungen werden sich daher in erster Linie auf das engere Gebiet des materiellen Zivilrechts erstrecken. Dabei soll lediglich von dem e c h t e n Eigentumsvorbehalt die Rede sein, weil die Fälle des uneigentlichen oder obligatorischen Eigentumsvorbehalts genügend geklärt erscheinen (vgl. S. 21, S. 46). Dem Regelfalle folgend, wird ferner von dem Falle a u f s c h i e b e n d bedingter Übereignung ausgegangen werden. Mit diesen Einschränkungen soll versucht werden, die Rechtsprechung zum Eigentumsvorbehalt zu kennzeichnen, ohne de lege ferenda Stellung zu nehmen.

Bei wirtschaftspolitischen Erörterungen ist man geneigt, von dem Eigentumsvorbehalt zu sprechen, als ob es sich bei diesem Gegenstande um einen einheitlichen Begriff handelt. Das trifft nur eingeschränkt zu. Kann man wirtschaftlich die Fälle gleich behandeln, in denen ein Industrieller oder ein Landwirt eine für die Verbesserung seines Betriebes notwendige Maschine unter Eigentumsvorbehalt kauft; in denen ein Angestellter zur Begründung seines Hausstandes Möbel unter Eigentumsvorbehalt auf Abzahlung erwirbt; in denen ein Kaufmann sein Geschäft auf der Basis zu begründen versucht, daß er Ware unter Eigentumsvorbehalt erwirbt, um mit den aus der Veräußerung erlangten Gewinnen seine Kreditgeber zu bezahlen und sich langsam einen Geschäftsfonds anzusammeln; in denen ein Kaufmann infolge seiner angespannten Geschäftslage von seinen Lieferanten Waren nur noch unter Eigentumsvorbehalt erhält, oder in denen technische Neuerungen lediglich unter Zubilligung von Teilzahlungen größeren Absatz finden und für diese Abzahlung Sicherung in Gestalt des Eigentumsvorbehalts gesucht wird? Sicherlich sind Kredithingabe und Sicherung durch den verkauften Gegenstand die verbindenden Momente für die rechtliche und wirtschaftspolitische Betrachtung dieser Fälle. Aber die in diesen Tatbeständen sonst wiedergegebenen Einzelheiten bieten gleichzeitig soviel Verschiedenheiten, daß dadurch die einheitliche Betrachtung außerordentlich erschwert wird. Diese trennenden Momente werden durch die mannigfaltige Ausgestaltung der Eigentumsvorbehaltsklausel in den einzelnen Verträgen und Konditionen noch wesentlich verschärft. Es kann daher auch nicht überraschen, daß die Einstellung der Rechtsprechung zu der Rechtsform des Eigentumsvorbehalts nicht einheitlich beleuchtet werden kann und die Darstellung sich daher zunächst in eine Betrachtung der Judikatur zu besonders bemerkenswerten Tatbeständen auflösen muß.

1. Bestellung des Eigentumsvorbehalts. Hinsichtlich der Bestellung des Eigentumsvorbehalts ist von besonderem Interesse die Entscheidung des Kammergerichts vom 9. April 1929 (JW. 1929, 2164 Nr. 4). In diesem Urteil hat das Kammergericht die Lieferfirma unter anderem deswegen weiter als Eigentümerin der Ware anerkannt, weil die Lieferantin durch einen auf der Rechnung vermerkten Eigentumsvorbehalt zum Ausdruck gebracht habe,

das Eigentum nur aufschiebend bedingt übertragen zu wollen, und daher mangels Einigung über die unbedingte Eigentumsübertragung ein wirksamer Übergang des Eigentums an der Ware nicht vollzogen sei. Das Kammergericht macht dabei mit Recht einen Unterschied zwischen dem Kausalgeschäft des Kaufs und dem dinglichen Akt der Eigentumsübertragung. Zutreffend wird davon ausgegangen, daß der unbedingte Übergang des Eigentums sowohl dadurch vermieden werden kann, daß der Eigentumsvorbehalt zum Bestandteil des Kaufvertrages und damit auch zum Inhalt der dinglichen Einigung über den Eigentumsübergang gemacht wird, als auch dadurch, daß der Verkäufer sich spätestens bei der Übergabe der Ware einseitig das Eigentum vorbehält. Wie auch das Kammergericht nicht verkennt, muß man sich aber darüber klar sein, daß der Verkäufer seiner Verpflichtung aus § 433 BGB. zuwiderhandelt, wenn er nach Abschluß eines vorbehaltlosen Kaufvertrages ohne Zustimmung des Käufers bei der Übergabe der Ware die Bedingung vollständiger Bezahlung des Kaufpreises setzt, falls nicht etwa eine inzwischen eingetretene wesentliche Verschlechterung der Vermögensverhältnisse des Käufers gemäß § 321 BGB. von der vertraglichen Vorleistungspflicht entbindet. Das Kammergericht nimmt jedoch zutreffend an, daß auch ein mit dem Kausalgeschäft in Widerspruch stehender Wille des Verkäufers, das Eigentum nur bedingt zu verschaffen, für die Frage, ob bereits mit der Übergabe Eigentum übertragen ist, beachtlich bleibt. Worauf aber die Entscheidung nach ihrer inhaltlichen Wiedergabe nicht eingegangen ist, ist der Gesichtspunkt, daß die bloße innere Einstellung des Verkäufers, das Eigentum nur bedingt übertragen zu wollen, nicht genügt, sondern hinzukommen muß, daß dieser Wille auch *erklärt* wird und die Erklärung dem anderen Teile zugeht. Faßt man den Vermerk auf der Faktura als ausreichende Erklärung auf, so würde die Klausel des Eigentumsvorbehalts allerdings dann dingliche Wirkung haben, wenn der Käufer von diesem Vermerk Kenntnis nimmt. Hat er die Klausel nicht gelesen, so fragt es sich, ob dieser Mangel insofern unbeachtlich ist, als ein Kaufmann verpflichtet ist, seine gesamte Post zu lesen oder sich auf andere Weise von den für seine Geschäfte wichtigen Mitteilungen Kenntnis zu verschaffen. Dieser für den Handelsverkehr im allgemeinen zutreffende Grundsatz kann jedoch, wie das Reichsgericht (JW. 1922 S. 1717 Nr. 1 = Recht 1923 Nr. 367) ausgesprochen hat, nur auf solche geschäftserhebliche Erklärungen Anwendung finden, die in geschäftsüblicher Form und auf geschäftsüblichem Wege übermittelt werden. Die Faktura ist aber im allgemeinen zur Aufnahme solcher Vermerke wie einer Eigentumsvorbehaltsklausel nicht geeignet, da die Faktura nach Abschluß des Vertrages übersandt zu werden pflegt und nach den Gepflogenheiten des ordentlichen Handelsverkehrs nur dazu bestimmt ist, die übersandte Ware zu bezeichnen und Preis- sowie Verpackungsangaben aufzunehmen (Staub, HGB., 12./13. Aufl., Anh. zu § 372 Anm. 34 f.). Hat der Käufer von dem Vermerk auf der Faktura keine Kenntnis genommen, so ist daher die Willenserklärung des Verkäufers mangels Zugangs grundsätzlich unbeachtlich (vgl. Joel, Bank-Arch. 29. Jg. S. 309). Aus dem Wesen der Faktura heraus muß aber für den Regelfall auch bezweifelt werden, daß in einem solchen Vermerk, der in eine Rechnung nicht hineingehört, überhaupt eine rechtserhebliche Erklärung zu erblicken ist (vgl. Liebstaedter, JW. 1929 S. 2164 Anm. und Urteil des Landgerichts Karlsruhe v. 3. Dez. 1929, JW. 1930 S. 2238 nebst Anm. von Plum.). Damit soll die Richtigkeit des genannten Urteils nicht bezweifelt werden, sondern lediglich vor einer Verallgemeinerung der Entscheidungsgründe für andere Fälle gewarnt werden, insbesondere für den anscheinend häufiger eintretenden Fall, in dem nach Abschluß des vorbehaltlosen Kaufvertrages eine Faktura mit aufgedruckter Vorbehaltsklausel übersandt wird. In dem von dem Kammergericht entschiedenen Fall war der Sachverhalt insofern besonders, als ein fester Kaufvertrag noch nicht zustandegekommen und in der Zusendung der Ware nebst Faktura ein neues Angebot zu erblicken war. Hier lag die Sache also etwa so, wie wenn ein Vertragsteil in der irrtümlichen Annahme eines bereits abgeschlossenen Vertrages ein Bestätigungsschreiben übersendet; in einem solchen Falle muß der Bestätigende bei einem Schweigen des anderen Teils in seiner Annahme des Vertragsabschlusses bestärkt werden, so daß hier Treu und Glauben eine Gegenäußerung verlangen, falls der Empfänger das in dem Bestätigungsschreiben liegende Angebot nicht durch Stillschweigen annehmen will (vgl. Staub, HGB. 12./13. Aufl. Anh. zu § 372 Anm. 38a). Aus ähnlicher Erwägung heraus hat offenbar das Kammergericht der Faktura und ihrem Inhalt in dem genannten Fall eine besondere Bedeutung beigemessen und ist daher zur Annahme eines Vorbehaltskaufs und hilfsweise zur Geltung des Vorbehalts für die Frage der dinglichen Einigung gelangt.

Für den Normalfall der F a k t u r a wird man dagegen einer darin enthaltenen Vorbehaltungsklausel die Wirkung absprechen müssen, selbst wenn sich eine dahingehende Übung im geschäftlichen Leben bemerkbar machen sollte, da diese Übung mit dem Wesen der Faktura nicht in Einklang steht und als mißbräuchlich bezeichnet werden muß. (So auch Joel im Bank-Arch. 29. Jg. S. 309 f.; vgl. über diese Frage auch Rühl, Eigentumsvorbehalt und Abzahlungsgeschäft, Verlag Springer, S. 61; Stulz, Der Eigentumsvorbehalt im in- und ausländischen Recht, Selbstverlag des Reichsverbandes der deutschen Industrie, S. 12/13).

Vorbehaltsklauseln im kaufmännischen Bestätigungsschreiben sind dagegen, wie aus dem Vorigen bereits folgt, mit Recht für wirksam erachtet worden, falls nicht der Empfänger unverzüglich widersprochen hat. Ferner gelten nach den in der Rechtsprechung entwickelten Grundsätzen Geschäftsbedingungen, in denen sich die Vorbehaltsklausel befindet, als Bestandteil des Vertrages, wenn sie den Abreden erkennbar zugrunde gelegt sind. Bedeutsam ist nach dieser Richtung u. a. die Entscheidung des Reichsgerichts vom 25. September 1928 — II 22/28, Bank-Arch. 28. Jg. S. 185), in der die Unterwerfung unter die den Eigentumsvorbehalt enthaltenden Geschäftsbedingungen auch dann für wirksam erachtet worden ist, wenn der eine Vertragsteil diese Bedingungen nicht gelesen hat; das Reichsgericht führt dabei aus, daß es zwar unter Umständen gegen Treu und Glauben verstoßen kann, den Gegner an Bedingungen festzuhalten, die ganz außerhalb des Rahmens des im Geschäftsverkehr Üblichen liegen, ohne auf den ungewöhnlichen Inhalt aufmerksam zu machen, hält diese Voraussetzung jedoch bei einem Kauf auf Kredit nicht für gegeben.

2. Gegenstand des Eigentumsvorbehalts. Hinsichtlich der Frage, an welchen Gegenständen der Eigentumsvorbehalt bestellt werden kann, ist die Rechtsprechung den wirtschaftlichen Bedürfnissen weitgehend gerecht geworden. So hat die Judikatur z. B. die Tauglichkeit verbrauchbarer Sachen, wie Kohle und dergleichen, für den Eigentumsvorbehalt anerkannt (u. a. RG., Bank-Arch. 28. Jg., S. 185; OLG. 15, 235) und, abgesehen von einem Urteil des Landgerichts I in Berlin (Mitt. der Ind.- u. Handelskammer Berlin 1928, 165; dagegen Wassermann

L. Z. 1928, 813, 1318), auch aus einer Befugnis des Käufers zur Weiterveräußerung der Vorbehaltsware keine grundsätzlichen Bedenken gegen die Bestellung des Eigentumsvorbehalts hergeleitet (u. a. RG. 115, 262; KG. in JW. 1929, 2164; OLG. München in OLG. 33, 271; OLG. Hamm in OLG. 33, 271 Anm. 1). Soweit die Wirksamkeit der Klausel bejaht wird, liegt den Entscheidungen natürlich, ausdrücklich oder stillschweigend, die Feststellung zugrunde, daß sich aus dem gesamten Streittatbestande kein Zweifel gegen die Ernstlichkeit der Abrede ergeben hat. An dieser Ernstlichkeit zu zweifeln wird im Regelfalle auch kein Anlaß vorliegen. Der Parteiwille geht vielmehr bei den verbrauchbaren und den zur Weiterveräußerung bestimmten Gegenständen dahin, bis zum Verbrauch oder bis zur Veräußerung für den Verkäufer die Rücktrittsmöglichkeit offen zu halten und ihm bis zu dem gleichen Zeitpunkte die Sicherheit gegenüber den Zugriffen anderer Gläubiger (Widerspruchsklage und Aussonderungsrecht) zu gewähren.

3. Eigentumsvorbehalt und Weiterveräußerungsbefugnis. Zutreffenderweise haben die Gerichte anerkannt, daß die zuvor bereits erwähnte Weiterveräußerungsbefugnis in den Fällen stillschweigend eingeräumt sein wird, in denen solche Waren unter Eigentumsvorbehalt veräußert werden, mit denen der Vorbehaltskäufer bekanntermaßen in seinem Geschäftsbetriebe handelt (vgl. Landgericht Hamburg, Hans. Rechts- u. Gerichts-Z. 1930, B/270). Dabei wird diese Befugnis regelmäßig wenigstens insofern unterstellt werden können, als es sich um die Weiterveräußerung im Rahmen des ordnungsgemäßen Geschäftsbetriebes handelt. Diese in vielen Konditionen auch ausdrücklich aufgenommene Klausel wird dahin auszulegen sein, daß die Befugnis des Käufers zum mindesten nicht einen Verkauf des Geschäfts

als Ganzes mitumfaßt und ebensowenig eine Verschleuderung der Ware, die in der Absicht erfolgt, die Konkurseröffnung hinauszuzögern. Von den Gerichten nicht behandelt ist hierbei die Frage, inwieweit ein Ausverkauf durch die Weiterveräußerungsbefugnis gedeckt wird. Die Rechtsprechung wird sich in dieser Beziehung in erster Linie an den Wortlaut und Sinn der Parteivereinbarungen, Konditionen u. dergl. halten müssen und, soweit diese versagen, die Auffassung des ordentlichen Handelsverkehrs zugrunde legen müssen (vgl. das Gutachten der Ind.- u. Handelskammer Leipzig, Textil-Zeitung vom 3. Juni 1930 Nr. 127, Kundler ebenda vom 6. Juni 1930 Nr. 130 sowie Jacusiel, Der deutsche Leinen-Industrielle, 48. Jg. 1930 S. 369). Bei Waren, die durch bereits erfolgten oder baldigst bevorstehenden Ablauf der Saison entwertet sind oder entwerten, dürfte der Lieferant im allgemeinen kein Interesse haben, die Einbeziehung der Vorbehaltsware in einen üblichen Saisonausverkauf zu verhüten und dadurch den Absatz der Ware und die Lage des Schuldners zu erschweren. Bei Ausverkäufen wegen ganzer oder teilweiser Aufgabe des Geschäfts kann eine so allgemeine Kennzeichnung der Interessenlage nicht gegeben werden; hier wird der Vorbehaltskäufer daher im Zweifelsfalle für verpflichtet zu erachten sein, zunächst bei dem Vorbehaltslieferanten anzufragen, ob er die Ware zurückfordert oder mit ihrer Einbeziehung in den Ausverkauf einverstanden ist (vgl. Jacubowsky, Deutsche Wirtschaftszeitung 1930 S. 962).

Eine besondere Rolle spielt die Frage der Weiterveräußerung natürlich im Konkursverfahren und im Vergleichsverfahren zur Abwendung des Konkurses. Zutreffend ist hier entschieden worden, daß die Gestattung der Weiterveräußerung grundsätzlich nicht mit der Eröffnung des Konkursverfahrens endet und daher das Aussonderungs- oder Ersatzaussonderungsrecht des Vorbehaltsverkäufers regelmäßig entfällt (vgl. Levy, S. 162 ff.). Bei den bisher ergangenen Entscheidungen hat es sich jedoch (so jedenfalls bei der Entscheidung des RG. 115, 264) nur um solche Fälle gehandelt, in denen die Weiterveräußerung schlechthin gestattet und nicht auf eine Veräußerung im „regulären" oder „ordnungsmäßigen" Geschäftsbetriebe beschränkt war. Da nur die von dem Vorbehaltsverkäufer erteilte Ermächtigung den Verkauf der Ware zu einem rechtmäßigen macht, werden Beschränkungen dieser Ermächtigung m. E. auch für das Konkurs- und Vergleichsverfahren von Bedeutung sein müssen. Das würde dazu führen, daß eine Weiterveräußerung nach der Eröffnung des Konkurses oder des Vergleichsverfahrens zur Abwendung des Konkurses nicht zulässig ist und gegebenenfalls zur Ersatzaussonderung berechtigt, falls die Weiterveräußerungsbefugnis auf den regulären oder ordnungsgemäßen Geschäftsbetrieb beschränkt ist. Es dürften aber auch Fälle denkbar sein, in denen man selbst ohne eine solche ausdrückliche Einschränkung zu dem gleichen Ergebnis gelangen müßte, falls die Sachlage einen dahingehenden Parteiwillen zweifelsfrei ergibt.

4. Eigentumsvorbehalt und Kontokurrent. Im Anschluß an eine neuere Gerichtsentscheidung ist die Frage besonders akut geworden, welche Rechtsfolgen entstehen, wenn die durch Eigentumsvorbehalt gesicherte Forderung Posten eines Kontokurrents wird. Handelt es sich um ein echtes Kontokurrentverhältnis, also um eine Geschäftsverbindung, bei der auf beiden Seiten Ansprüche und Leistungen entstehen, bei der periodisch abgerechnet und nur der Überschuß geltend gemacht werden soll, so tritt nach ständiger Rechtsprechung des Reichs-

gerichts durch Aufstellung und Anerkennung des Rechnungsabschlusses eine Novation ein, d. h. die Einzelposten gehen unter, und an ihrer Stelle entsteht eine auf dem Saldoanerkenntnis beruhende selbständige Forderung (RG. 76, 330; 95, 18; 105, 234). Anderseits bestimmt der § 356 HGB., daß der Gläubiger einer durch Pfand, Bürgschaft oder in anderer Weise gesicherten Forderung durch Aufnahme dieses Postens in die laufende Rechnung und Anerkennung des Saldos nicht gehindert wird, aus der Sicherheit insoweit Befriedigung zu suchen, als sein Guthaben aus der laufenden Rechnung und die Forderung sich decken. Das Oberlandesgericht Düsseldorf hat nun in einem Urteil vom 15. März 1929 (7 U 147/28) angenommen, daß der Eigentumsvorbehalt nicht unter die Bestimmung des § 356 HGB. fällt und daher der mit einer Kaufpreisforderung verbundene Eigentumsvorbehalt infolge der oben beschriebenen Novation seine Geltung verliert. Diese Auffassung erscheint nicht unbedenklich. Zuzugeben ist allerdings, daß der Wortlaut des § 356 HGB. für die Auslegung des Oberlandesgerichts Düsseldorf zu sprechen scheint; denn es handelt sich bei dem Eigentumsvorbehalt nicht um ein Recht zur „Befriedigung" aus der Sache. Die Entstehungsgeschichte und der Zweck der genannten Bestimmung spricht jedoch gegen diese enge Interpretation. Der Novationscharakter des Kontokurrentsaldos war von der Rechtsprechung schon zur Zeit der Geltung des alten HGB. entwickelt. Aus dem Wesen der Novation folgerte die Judikatur das zwangsweise Erlöschen der für die Einzelposten hingegebenen Sicherungen. Mit dieser Einstellung, die „nicht sowohl auf materiellrechtlichen Erwägungen als vielmehr auf juristischer Abstraktion" beruhte (RG. 76, 330), wollte die Bestimmung des § 356 HGB. bewußt brechen, weil sie, wie die Denkschrift zum neuen

HGB. hervorhebt, mit den Bedürfnissen und Anschauungen des Verkehrs nicht in Einklang steht (Sten. Ber. des Reichstags 1895/97 Anl. VI S. 3236). Diese Erwägungen dürften m. E. für die Einbeziehung des Eigentumsvorbehalts in den Kreis der im § 356 genannten anderweiten Sicherungen sprechen. Es fragt sich nur, ob etwa aus dem Rechtscharakter des Eigentumsvorbehalts heraus gegen diese Annahme Bedenken bestehen. Das ist m. E. zu verneinen. Es handelt sich bei der Vorschrift des § 356 BGB. um einen Fall des gesetzlichen Forderungsaustauschs, d. h. die Sicherung bezieht sich nach dem Saldoanerkenntnis nunmehr im gesetzlich bestimmten Rahmen auf die Forderung aus dem Saldo (Ehrenberg, Handb. des gesamten Handelsrechts IV 1 § 12 S. 66). Ein solcher Forderungsaustausch ist aber mit dem Wesen des Eigentumsvorbehalts nicht unvereinbar. Nach dieser Richtung darf auf die Entscheidungen des Reichsgerichts und des Kammergerichts verwiesen werden, in denen es grundsätzlich für zulässig erachtet wird, den Eigentumsvorbehalt nicht nur auf die Bezahlung der ursprünglichen Kaufpreisforderung zu erstrecken, sondern ihm auch Wirkung bis zur Bezahlung einer anderen Sache zu gewähren (RG. Recht 1909 Nr. 2367, Gruchot 53, 954; KG. in OLG. 33, 271). Eine solche Erstreckung des Eigentumsvorbehalts auf andere Forderungen ist natürlich nur möglich, solange die ursprüngliche Bedingung nicht eingetreten und das Eigentum noch bei dem Lieferanten verblieben ist. Diese Voraussetzung wird hier dadurch erfüllt, daß nicht nach dem Untergang der ursprünglichen Forderung, sondern gleichzeitig kraft Gesetzes die Auswechslung vonstatten geht. Die Praxis wird allerdings vorsichtshalber dem Urteil des Oberlandesgerichts Düsseldorf vorläufig Rechnung tragen müssen.

obwohl dieses Urteil im Ergebnis trotz der wiedergegebenen Schlußfolgerungen in Verneinung eines echten Kontokurrentverhältnisses die Weitergeltung des Eigentumsvorbehalts angenommen hat. Es dürfte sich daher empfehlen, eine Forderung, die mit einem Eigentumsvorbehalt im Zusammenhang steht, von der Aufnahme in eine laufende Rechnung auszuschließen oder in Verbindung mit dem Saldoanerkenntnis eine Vereinbarung über die Weitergeltung des Eigentumsvorbehalts für das Saldo zu treffen [1]).

5. Eigentumsvorbehalt und gutgläubiger Erwerb Dritter. Solange der Käufer im unmittelbaren Besitze der Vorbehaltsware bleibt, droht dem Verkäufer keine Gefahr, da ein gutgläubiger Erwerb durch Einigung und Übertragung des mittelbaren Besitzes erst bei nachfolgender Besitzübertragung und auch nur dann möglich ist, wenn der Erwerber auch zu diesem Zeitpunkte gutgläubig ist. Anders bei der Weiterveräußerung durch Übergabe an den Erwerber selbst oder einen Treuhänder des Erwerbers, welcher Tatbestand insbesondere bei der Verwendung der Vorbehaltsware zur weiteren Kreditbeschaffung mittels Sicherungsübereignung eine Rolle spielt. Hier hat die Rechtsprechung der Situation des Vorbehaltsverkäufers ziemlich weitgehend Rechnung getragen, soweit der Zweck der Vorschriften über den gutgläubigen Erwerb vom Nichteigentümer dies zuläßt. Besonders bedeutsam sind dabei die bereits mehrfach besprochenen Entscheidungen des Reichsgerichts vom 28. September 1928 und des Landgerichts I in Berlin vom 12. Mai 1928 (JW. 1929, 582, 959; vgl. darüber Rühl a.a. O. S. 108f., Stulz a.a.O. S. 43f., Joël, Bank-

[1]) Zu dem gleichen Ergebnis gelangt auch Geller in seinem nach der Veröffentlichung dieser Darstellung in den Mitteilungen der Industrie- und Handelskammer erschienenen Aufsatz J. W. 1930, 2901.

Arch. 29. Jg. S. 309). In der genannten Reichsgerichtsentscheidung wird darauf hingewiesen, daß Kraftwagen in der Regel auf Abzahlung und unter Eigentumsvorbehalt verkauft werden, daß sich daraus „ohne weiteres eine gewisse Nachforschungspflicht" des Käufers über den Eigentumserwerb des Verkäufers ergeb: und diese Pflicht durch die bloße Versicherung des Veräußerers, die verkauften Gegenstände seien sein Eigentum und nicht mit den Rechten dritter Personen belastet, nicht erledigt werde. Dieser Gesichtspunkt wird in allen Fällen zu berücksichtigen sein, in denen es sich um Waren handelt, die nach den Erfahrungen des täglichen Lebens in der Regel auf Abzahlung und unter Eigentumsvorbehalt geliefert werden. Allerdings werden diese Erwägungen nicht dazu führen dürfen, den Grundsatz des § 932 BGB. und des § 366 HGB., wonach nicht der Erwerber seinen guten Glauben, sondern der bisherige Eigentümer den Mangel des guten Glaubens zu beweisen hat, auf den Kopf zu stellen und den Zweck dieser Bestimmung zu beeinträchtigen, der dahin geht, den Besitzstand des Veräußerers im Interesse der Verkehrssicherheit mit einer Art Legitimation zur Veräußerung auszustatten. Will man daher dem Erwerber eine Nachforschungspflicht in dem erörterten Sinne auferlegen, so muß es sich um Tatbestände handeln, die prima facie soviel Verdachtsmomente enthalten, daß die Unterlassung näherer Nachprüfung als grobe Fahrlässigkeit zu werten ist. Dabei wird man um so eher zur Annahme einer gröblichen Außerachtlassung der im Verkehr erforderlichen Sorgfalt gelangen, je leichter im Einzelfalle die Ermittlung des wahren Sachverhalts gewesen wäre, und je eher die Nachforschung Erfolg versprochen hätte. Das gilt insbesondere im Fall der Veräußerung von Autos und Maschinen mit Firmenbezeichnung und Nummern oder dergl.

Über die Rechtslage bei der Vereinigung von Vorbehaltsware mit einer Ware, die zur Sicherheit übereignet ist, darf auf die bekannte sog. Mehlsackentscheidung des Reichsgerichts und die Literatur zu dieser Frage verwiesen werden (RG. 113, 57; JW. 1928, 194; Schirdewahn, Bank-Arch. 29. Jg. S. 161 mit Nachweisen; Rühl a. a. O. S. 116f.). In diesem Zusammenhange ist ferner die Rechtsprechung über die sog. Knebelungsverträge zu erwähnen, da bei einer Nichtigkeit der Sicherungsübereignung das von der Verfügung etwa zunächst betroffene Vorbehaltseigentum erhalten bleibt (vgl. über die Knebelungsverträge u. a. RG. 97, 253; 85, 343; Gesetz und Recht 1930 S. 215; RG. v. 20. 2. 1930, Bank-Arch. 29. Jg. S. 410).

6. Eigentumsvorbehalt und Verbindung. Bei der Frage, welche Gefahren dem Eigentumsvorbehalt durch Verbindung der Vorbehaltsware mit einem Grundstück drohen, interessieren besonders die Fälle, in denen Maschinen unter Eigentumsvorbehalt geliefert worden sind, und in denen die Wirkung des Eigentumsvorbehalts von dritten Gläubigern in Zweifel gezogen wird, weil die Maschinen als wesentliche Bestandteile des betreffenden Gebäudes zu betrachten seien und der Eigentumsvorbehalt gemäß §§ 94, 946 BGB. durch den Einbau hinfällig geworden sei. Hier hat die Rechtsprechung in steigendem Maße den Bedürfnissen des Maschinenbaus und des Maschinenhandels Rechnung getragen und den früher z. T. sehr weit gefaßten Begriff der wesentlichen Bestandteile eingeschränkt, indem die „feste“ Verbindung mit dem Grund und Boden verneint wird oder an das Tatbestandsmerkmal der „Einfügung zur Herstellung des Gebäudes“ schärfere Anforderungen gestellt werden. So wird z. B. die Anbringung von Maschinen mittels Schrauben oder Bolzen oder mit Hilfe eines Zementgusses nicht als feste Verbindung angesehen (RG. JW. 08,

738;09,267;RG.Warn.1918Nr.155;RG.JW.1912,128). Dabei ist allerdings zu berücksichtigen, daß es bei dem zweiten Fall, in dem das Gesetz die Voraussetzung für das Vorliegen eines wesentlichen Bestandteils für gegeben erachtet, bei dem Einfügen zur Herstellung des Gebäudes, auf die Art der Einfügung nicht ankommt. Fensterläden, Badeeinrichtungen in einem modernen Wohnhaus und dergl. werden daher als wesentliche Bestandteile auch dann angesehen, wenn die Lösung ohne wesentliche Beschädigung des Gebäudes oder der eingefügten Sachen möglich ist (RG. 60, 422f.; RG. JW. 1901, S. 362). Die Entscheidung über die Zusammengehörigkeit wird in mehreren Entscheidungen des RG. auf die Verkehrsauffassung abgestellt. Es erscheint jedoch nicht unbedenklich, die Auffassung des Verkehrs besonders in den Vordergrund zu stellen, da sich in vielen Fällen die Interessen der beteiligten Wirtschaftszweige einander gegenüberstehen und eine einheitliche Verkehrsauffassung nicht festgestellt werden kann. Dementsprechend hat sich auch die Judikatur bemüht, eine allgemeingültigere Abgrenzung zu schaffen, und sieht das entscheidende Merkmal darin, ob die eingefügten Sachen in einer solchen wesentlichen Beziehung zu dem Gebäude stehen, daß nach seiner Beschaffenheit und seinem Zwecke das Gebäude erst durch die Einfügung den zugedachten Charakter erhält (RG. 69, 153; 67, 30; JW. 1908, 517; 1909, 130, 159, 267; 1911, 532; Warn. 1913 Nr. 81; 1918 Nr. 155). Infolgedessen ist z. B. der besonders konstruierte Mahlgang einer Mühle als wesentlicher Bestandteil dieses Mühlengebäudes angesehen worden (JW. 1911, 573), nicht aber z. B. die Maschinen einer Metallwarenfabrik, die Lokomobile eines Sägewerkes, die Webstühle einer Weberei usw. (RG. Warn. 1913 Nr. 80/81; RG. JW. 1912, 128; RG. JW. 1909, 267). Hilfsweise wird allerdings auch bei dieser Definition die Verkehrsauffassung in Zweifelsfällen heranzuziehen sein. Dabei werden im allgemeinen solche Maschinen nicht als wesentliche Bestandteile eines Gebäudes in Frage kommen, die markenmäßig gehandelt werden. Wo danach die Eigenschaft der betreffenden Maschine als wesentlicher Bestandteil verneint wird, vermag der Eigentumsvorbehalt seine Wirkung beizubehalten. Der Vorbehaltsverkäufer kann daher in der Zwangsversteigerung sein Recht anmelden, eine entsprechende Ausnahme in den Zwangsversteigerungsbedingungen erwirken und dadurch den Übergang des Eigentums auf den Ersteher des Grundstückes verhüten.

Wenn danach die Maschinenbranche dank der verständnisvollen Rechtsprechung in weitgehendem Maße die Möglichkeit hat, den von ihr gewährten Kredit durch den Eigentumsvorbehalt zu sichern, so trifft das auf das Baugewerbe nicht zu. Selbst bei enger Auslegung der gesetzlichen Bestimmungen ist es nicht möglich, das Eigentum an Baumaterialien, wie z. B. Ziegel, Tapeten, Fenster und dergl., auch für die Zeit nach der Einfügung in das Gebäude zu erhalten.

7. Eigentumsvorbehalt und Verarbeitung, Vermischung oder Vermengung. Hinsichtlich der Rechtsfolgen, die durch eine Vermischung usw. in bezug auf den Eigentumsvorbehalt entstehen, kann im allgemeinen auf die Ausführungen von Amtsgerichtsrat Levy S. 159 ff. verwiesen werden. Von besonderem Interesse hierbei ist die Frage, wie den durch eine solche Einwirkung entstehenden Gefahren für die Aufrechterhaltung der Sicherheit durch eine nähere Ausgestaltung der Vorbehaltsklausel vorgebeugt werden kann, und wie die einzelnen Möglichkeiten vom Standpunkte der Rechtsprechung zu beurteilen sind. Hierauf soll im folgenden näher eingegangen werden.

8. Ausgestaltung der Vorbehaltsklausel. Mit Rücksicht auf die Gefahren, denen der Vorbehaltslieferant bei der Verarbeitung, Vermischung und Vermengung sowie bei der Weiterveräußerung der Ware ausgesetzt ist, strebt die Praxis dahin, die Sicherung auf den aus der Ware durch die Arbeit des Vorbehaltskäufers hergestellten Gegenstand oder den bei der Weiterveräußerung erzielten Erlös auszudehnen.

8a. Erstreckung der Sicherung auf das neue Arbeitsprodukt durch Sicherungsübereignung. An sich erscheint es möglich, im voraus zu vereinbaren, das von dem Verarbeiter (Vorbehaltskäufer) durch die Verarbeitung gemäß § 950 BGB. erworbene Eigentum an der neuen Sache solle auf den Lieferanten des Stoffes zur Sicherheit für die Kaufpreisforderung übergehen, der Besitz aber auf Grund eines besonderen Besitzvermittlungsverhältnisses bei dem Verarbeiter verbleiben. Es handelt sich dabei aber nicht um eine Ausdehnung des Eigentumsvorbehalts auf die neue Sache, da der Eigentumsvorbehalt durch die Entstehung der neuen Sache entfällt, sondern um eine Sicherungsübereignung im Wege eines sogenannten antizipierten Besitzkonstituts, die im Konkurse des Vorbehaltskäufers nicht ein Aussonderungs-, sondern nur ein Absonderungsrecht gewähren kann (vgl. S. 166). Die Möglichkeit einer derartigen Übereignung durch antizipiertes Besitzkonstitut ist zwar anerkannt (vgl. z. B. RG. 56, 52; 73, 415; Gruchot 53, 1045). Die Rechtsprechung verlangt aber zu ihrer Wirksamkeit zunächst ein zum mindesten stillschweigend vereinbartes konkretes Besitzvermittlungsverhältnis. Schon an dieser Voraussetzung wird es vielfach fehlen. Ein Kommissionsverhältnis kommt regelmäßig nicht in Betracht, da die Ware im allgemeinen nicht für Rechnung des Lieferanten veräußert werden soll, ein kommissionsähnliches Verhältnis wohl auch nur, wenn gleichzeitig eine Vereinbarung über die Haftung des Erlöses getroffen wird (siehe unten zu 8 c); immerhin ist auch in anderen Fällen die Begründung eines konkreten Besitzvermittlungsverhältnisses z. B. in der Gestalt eines besonderen fiduziarischen Verhältnisses möglich (vgl. z. B. RG. JW. 1912, 144). Für die Durchführung der erörterten Sicherungsübereignung ist jedoch nach der Judikatur weiter erforderlich, daß sich der spätere Vorgang dem Parteiwillen entsprechend auch tatsächlich vollzogen hat. Das würde für unseren Fall bedeuten, daß der Verarbeiter auch zur Zeit der Fertigstellung noch den Willen gehabt hat, dem Lieferanten des Stoffes das Eigentum zu verschaffen, und dieser Wille außerdem irgendwie äußerlich erkennbar geworden ist. Es mag sein, daß diese Voraussetzungen dem Begriff des „antizipierten" Besitzkonstituts in seiner rein theoretischen Form nicht ganz entsprechen, und daß die Rechtsprechung bisweilen zu geringeren Anforderungen neigt (z. B. RGStr. 62, 31 und 58). Die strengere Auffassung dürfte jedenfalls die vorherrschende sein und auch den Bedürfnissen des Verkehrs eher gerecht werden. Berücksichtigt man diese Einstellung, so ergeben sich für die Verwirklichung des Anspruchs in der Praxis selbst in einfacher liegenden Fällen Hemmnisse, zum mindesten in der Beweisfrage. Unabhängig davon führt diese Konstruktion dort zu ernsten Schwierigkeiten, wo es sich um kompliziertere Tatbestände handelt, z. B. bei der Anfertigung von Kleidungsstücken aus der Ware verschiedener Lieferanten, denen gleiche oder ähnliche Abreden zur Seite stehen. Hier ergeben sich insbesondere nach der Richtung Zweifel, ob die vorweggenommene Einigung im Sinne des § 930 BGB. eine genügende Konkretisierung der zu übereignenden Sachen enthält.

8b. Erstreckung der Sicherung auf das neue Arbeitsprodukt durch Schaffung eines Arbeitsverhältnisses. Aus den zuvor erörterten Bedenken heraus ist die Praxis dazu übergegangen, dem gleichen Ziele von einer anderen Seite aus zuzustreben. Man geht davon aus, daß die Rechtsfolge des § 950 BGB., der Eigentumserwerb des Verarbeiters, durch Vereinbarungen ausgeschlossen werden kann, und fordert daher z. B. in den Konditionen, die Bearbeitung oder die Verarbeitung solle lediglich für den Lieferanten des Stoffes erfolgen (vgl. S. 161/2, Rühl a. a. O. S. 139). Diese Konstruktion wird durch die Rechtsprechung gestützt. Da das BGB. es für notwendig erachtet, in die Vorschriften über den Werkvertrag eine Bestimmung aufzunehmen, wonach dem Unternehmer für seine Forderungen aus dem Werkvertrage ein Pfandrecht an den von ihm hergestellten oder ausgebesserten beweglichen Sachen des Bestellers zusteht (§ 647), muß der Gesetzgeber, so folgert das Landgericht I in Berlin (Bl. für Rechtspflege 1927 S. 45), die Möglichkeit ins Auge gefaßt haben, die Folge des § 950 BGB. (Eigentumserwerb des Verarbeiters) im Wege der Vereinbarung auszuschließen, da sonst der Schutz des § 647 infolge des höheren Schutzes des § 950 überflüssig wäre. Das Landgericht I äußert dabei, daß derjenige, der unter Eigentumsvorbehalt gelieferte Stoffe zur Herstellung neuer Sachen verwendet, den Willen habe, die neuen Sachen für den anderen aus dem diesem gehörigen Stoff herzustellen. Ähnlich wird in anderen Entscheidungen aus der Abrede, das Eigentum an geliefertem Holz solle, gleichgültig ob verarbeitet oder unverarbeitet, bis zur Einfügung in den Bau dem Lieferanten vorbehalten bleiben, der vertragliche Ausschluß des § 950 gefolgert (KG. in OLG. 26, 60; OLG. Hamburg in OLG. 34, 184). Es kann dabei dahingestellt bleiben, ob die rechtliche Begründung durchweg zutreffend ist, ob es sich tatsächlich um einen vertraglichen Ausschluß der Rechtsfolge des § 950 BGB. im eigentlichen Sinne handelt oder nicht vielmehr darum, daß infolge der vertraglichen Beziehungen nunmehr nicht der Vorbehaltskäufer, sondern der Lieferant gemäß § 950 als Hersteller anzusehen ist. Jedenfalls eröffnet sich hier ein Weg, dem Lieferanten den Zugriff auf das neue Arbeitsprodukt zu gewähren. Aber auch hier kommt wie oben zu 8a eine Erstreckung des Eigentumsvorbehalts nicht in Frage, da der Eigentumsvorbehalt durch die Entstehung der neuen Sache erledigt ist; vielmehr handelt es sich darum, daß durch die Verarbeitung des Vorbehaltskäufers als Hilfsperson Eigentum für den Lieferanten entsteht. Dieses Eigentum besteht auch nicht sicherungshalber, sondern ist ein volles Eigentum, sogar ohne ein Anwartschaftsrecht des verarbeitenden Käufers, falls man nicht zur Annahme gelangen sollte, daß sich gleichzeitig eine Übereignung an den verarbeitenden Käufer unter der aufschiebenden Bedingung vollständiger Bezahlung des Kaufpreises für den gelieferten Stoff vollzieht, was wohl der Interessenlage entsprechen dürfte. Indessen darf der Nutzen auch dieser Konstruktion nicht überschätzt werden. Mit Recht wird auf die Gefahr aufmerksam gemacht, daß der selbständige Unternehmer bei solchem Vorgehen in die Rolle des unselbständigen Lohnarbeiters gedrängt werden kann (vgl. S. 161, Rühl a. a. O. S. 138). Diese beachtliche Erwägung dürfte dazu führen, die Abreden sorgsam dahin zu überprüfen, ob die Parteien in der Tat ernstlich ein derartiges Arbeitsverhältnis gewollt haben. Abgesehen davon ergeben sich aber auch hier bei komplizierteren Tatbeständen erhebliche Schwierigkeiten. Entsteht das neue Arbeitsprodukt aus der Vorbehaltsware mehrerer Firmen, so gelangt man bestenfalls zu einem Miteigentum der Lieferanten, und zwar in entsprechender Anwendung der

§§ 947, 948 nach dem Werte ihrer Anteile. Es liegt auf der Hand, daß diese Rechtslage zu den unerfreulichsten Auseinandersetzungen führt und praktisch zu einer Verständigung der Beteiligten drängt.

8c. Erstreckung der Sicherung auf den bei der Weiterveräußerung erzielten Erlös. In der strafrechtlichen Entscheidung des Reichsgerichts Bd. 62, 31 ist der Abrede, der Erlös aus der Vorbehaltsware solle sofort auf den Verkäufer übergehen, weitgehend dingliche Wirkung beigemessen worden. Ich teile die S. 202 dagegen erhobenen Bedenken. Zu einer dinglichen Wirkung kann in solchem Falle lediglich auf dem oben zu 8a beschriebenen Wege eines antizipierten Besitzkonstituts gelangt werden. Insbesondere würde ein Eigentumserwerb für den Lieferanten, sei es Sicherungseigentum oder volles Eigentum, nur eintreten, falls der Käufer tatsächlich den Abreden gemäß handelt und dies äußerlich erkennbar wird. Praktisch scheitert der Weg daran, daß es nur in besonderen Fällen durchführbar sein wird, das Entgelt für den Verkäufer in Verwahrung zu nehmen. Für den kaufmännischen Verkehr werden daher regelmäßig andere Formen vorzuziehen sein. Dabei kann auf die Ausführungen von Amtsgerichtsrat Levy S. 163 ff. verwiesen werden, wonach zwar die vertragliche Übernahme der Vorschrift des § 392 HGB. auf Fälle, in denen ein Kommissionsverhältnis nicht vorliegt, abzulehnen ist, das Ziel aber im Wege einer antizipierten Forderungsabtretung annähernd erreicht werden kann. Es handelt sich also darum, daß die Parteien im voraus vereinbaren, die bei der Weiterveräußerung der Ware im ursprünglichen oder verarbeiteten Zustande erzielte Kaufpreisforderung solle auf den Vorbehaltslieferanten zur Sicherheit übergehen, wodurch der Lieferant die Möglichkeit gewinnt, im Konkurse des Käufers abgesonderte Befriedigung aus dieser Forderung zu suchen. Rechtlich liegt die Sache so, daß die künftige Forderung infolge der Sicherungsabtretung sofort nach Entstehung auf den Zessionar, d. h. hier den Lieferanten übergeht. Der fiduziarische Charakter der Abtretung verpflichtet zur späteren Rückübertragung nach eingetretener Befriedigung; die Abtretung kann aber auch auflösend bedingt erfolgen, so daß die Forderung mit der Befriedigung des Zessionars ohne weiteres an den Zedenten zurückfällt (RG. Warn. 1914 Nr. 330). Vor einer Überschätzung dieser Möglichkeit, sich durch Abtretung den Zugriff auf die bei der Weiterveräußerung entstehende Kaufpreisforderung zu sichern, ist jedoch zu warnen. Auch hier sind die Fälle nicht gleichwertig und erschweren die Tatsachen die Verwirklichung theoretischer Erkenntnis. Wird allerdings z. B. ein Piano mit Fabrikmarke und Fabrikationsnummer veräußert, so wird es kaum Schwierigkeiten machen, die Abtretung des Verkaufserlöses zu realisieren. Hier ist die von der Rechtsprechung (vgl. z. B. RG. DJZ. 1914, 939) geforderte ausreichende Kennzeichnung der abgetretenen künftigen Forderung leicht zu erreichen. Dabei ist jedoch zu bedenken, daß die Abtretung, auch als fiduziarische, vollkommen sein muß und es dem Begriff der Zession widersprechen würde, wenn sich der Zessionar, d. h. in unserem Falle der Lieferant, des Rechts zur Geltendmachung der Forderung s c h l e c h t h i n begeben würde (vgl. u. a. RG. LZ. 1918, Sp. 410). Dagegen würde es mit dem Begriff der Abtretung zu vereinbaren sein, wenn der Zessionar den Zedenten ermächtigt, die Forderung für ihn einzuziehen, oder wenn der Zedent so lange das Einziehungsrecht behalten soll, als er seine Zahlungsverpflichtungen gegenüber dem Zessionar erfüllt, während dieser sich seinerseits die Einziehung vorbehält, sobald diese Voraussetzung fortfällt (vgl. die Judikatur bei Staudinger, 9. Aufl., Anm. II 3b zu § 398 BGB., und Türk, JW. 1911 S. 1003 f.). Unter Beobachtung dieser

Grundsätze läßt sich daher in unserem Beispiel und in ähnlich gelagerten Fällen eine derartige Sicherung durchführen. Schwieriger ist es, wenn es sich um vertretbare Sachen handelt, der Käufer solche Waren von verschiedenen Lieferanten bezieht und die Ware womöglich in mannigfach verarbeiteter Gestalt weiterveräußert wird. Jedenfalls wird der Vorbehaltslieferant, wenn er eine solche Sicherung für notwendig erachtet, gut daran tun, rechtzeitig für eine ausreichende Kennzeichnung der Ware z. B. durch die Buchführung seines Schuldners zu sorgen und sich über die einzelnen Vorgänge Nachricht geben zu lassen, statt etwa erst nach der Konkurseröffnung Ermittelungen anzustellen, was aus seiner Ware und den Forderungen geworden ist. Auch eine wirksame Abtretung schützt natürlich nicht davor, daß der Schuldner die Forderung einzieht; denn bis zur Kenntnis der Abtretung kann der Abnehmer des Vorbehaltskäufers mit befreiender Wirkung zahlen (§§ 406 ff. BGB.). Erfolgt diese Zahlung im Konkurse des Vorbehaltskäufers, so steht dem Vorbehaltslieferanten wegen des untrennbar in der Masse befindlichen Erlöses eine Masseschuld nach § 59 Z. 3 KO. zu.

Zusammenfassend kann gesagt werden, daß die Rechtsprechung berechtigten Bedürfnissen der Wirtschaft bei der Beurteilung der Abreden über den Eigentumsvorbehalt weitgehend Rechnung getragen hat (vgl. jedoch oben zu 4). Mängel, die der Rechtserscheinung begrifflich innewohnen, und die sich aus der Einordnung dieses Instituts in das System unseres Rechts ergeben, können natürlich durch die Judikatur nicht beseitigt werden. Dazu gehört auch die an anderer Stelle erörterte Behandlung der Rechte des Vorbehaltskäufers im Konkurs- und Vergleichsverfahren des Vorbehaltslieferanten (Meyerstein S. 12 ff., Auerbach S. 68 ff., Levy S. 152 ff., Schwartz, „Mitteilungen“ der Industrie- und Handelskammer zu

Berlin 1930, Heft 7, Seite 378 [hier nicht veröffentlicht]). Abgesehen hiervon würden sich die einzelnen Schwierigkeiten, welche die Durchführung des Eigentumsvorbehalts in seiner ursprünglichen und weiterausgestalteten Form darbietet, durch die Offenlegung der Sicherheit in irgendeiner Form erheblich vermindern; denn alle Hemmnisse haben mehr oder weniger den Grund darin, daß Bestimmungen und Grundsätzen zugunsten redlicher dritter Gläubiger Rechnung getragen werden muß, deren Interessen bei einer Offenlegung berücksichtigt werden würden. Die Frage, ob ein solcher Schritt der Gesetzgebung zweckmäßig erscheint, liegt außerhalb der Aufgabe dieser Ausführungen. Aber unabhängig davon wäre für die Sicherheit der Kreditgeber und des Geschäftsverkehrs schon viel gewonnen, wenn die Anwendung der Vorbehaltsklausel auf das notwendige Maß beschränkt würde und die Kreditgeber, falls sie die Sicherung für geboten erachten, den Vereinbarungen eine klare Fassung geben und die Beziehungen zu ihrem Schuldner allgemeiner als bisher so gestalten, daß nicht erst die Zahlungseinstellung Veranlassung gibt, dem Schicksal ihrer Ware und der etwa an deren Stelle getretenen Sicherungen nachzugehen.

Nachschrift.

Nachträglich wird eine interessante Entscheidung des Oberlandesgerichts Stuttgart vom 8. April 1930 (Höchstrichterl. Rechtspr. 1930 Nr. 1916) zu folgendem Sachverhalt bekannt: A liefert dem Möbelhändler B Möbel unter Eigentumsvorbehalt zur Weiterveräußerung in dessen Geschäftsbetrieb; B verkauft die Möbel unter Eigentumsvorbehalt an C; C fällt in Konkurs; weder A noch B haben bisher den Kaufpreis erhalten. Hat A ein Aussonderungsrecht, oder ist sein Eigentumsvorbehalt infolge befugter Weiterveräußerung durch B erledigt? Zwei Möglichkeiten dürften gegeben sein: entweder ist infolge der befugten Weiterveräußerung die Bedingung für die Eigentumsübertragung des A an B ebenso eingetreten wie im Falle der Bezahlung des Kaufpreises; dann wurde B Eigentümer und konnte das Eigentum sich selbst vorbehalten; oder es ist diese Bedingung für den Eigentumsübergang an B durch die Weiterveräußerung nicht eingetreten; dann konnte B nur das Eigentum dem A vorenthalten. Das Oberlandesgericht Stuttgart ist in seinem Urteil zur Annahme der erstgenannten Möglichkeit gelangt. Eine Stellungnahme zu diesem Urteil ist mangels Kenntnis der näheren Einzelheiten des Sachverhalts nicht möglich.

Schalfejew.

Der Eigentumsvorbehalt im internationalen Verkehr.

Von Dr. Paul Gieseke,
Professor an der Handels-Hochschule Berlin.

I.

Der Eigentumsvorbehalt ist im internationalen Verkehr Deutschlands ein Problem für die exportierende Industrie, nicht für den Handel. Dohrendorf hat S. 49 ff. näher ausgeführt, weshalb er für den deutschen Exporthandel nicht in Frage kommt; das braucht hier nicht wiederholt zu werden. Er hat auch darauf hingewiesen, daß der Eigentumsvorbehalt gegenüber dem deutschen Importhandel nicht üblich ist; will der ausländische Exporteur einem deutschen Importeur nicht das Eigentum übertragen, so wird er keinen Verkauf, sondern eine Kommission oder dergleichen abschließen. Ganz anders ist die Bedeutung des Eigentumsvorbehalts für die Industrie. Vor allem pflegt die Maschinenindustrie ihn auch bei Auslandslieferungen in ihre Verträge aufzunehmen. Die Lieferung von Maschinen für dauernde Zwecke eines Unternehmens ist aber durchaus nicht sein einziges Anwendungsgebiet. Er wird auch sonst vereinbart, auch im Verhältnis zwischen Fabrikant und Großhändler und sogar an weiter zu verarbeitenden Waren zwischen Fabrikant und Fabrikant. Natürlich verbietet er sich im internationalen Verkehr aus Konkurrenzgründen manchmal, wo er im Inland durchaus die Regel bildet. Daß die Exportkreditversicherung auf das Vorhandensein eines Eigentumsvorbehalts Wert legen muß, sei nur kurz bemerkt. Zur Bedingung für die Versicherung kann er aber schon deshalb nicht allgemein gemacht werden, weil die rechtlichen und Konkurrenz-Verhältnisse zu verschiedenartig sind. — Ob der Eigentumsvorbehalt auch bei Lieferungen n a c h Deutschland ausgesprochen wird, lasse ich im folgenden unerörtert. Vom Standpunkt der deutschen Industrie aus ist die Frage, ob sie bei Lieferungen ins Ausland durch einen Eigentumsvorbehalt genügend gesichert ist, weitaus wichtiger als die andere, ob sich einmal beim Konkurs des ausländischen Lieferanten oder in sonstigen Ausnahmefällen aus einem Eigentumsvorbehalt Schwierigkeiten ergeben können.

Der Fabrikant, der sich bei einer Lieferung ins Ausland das Eigentum vorbehält (nur diesen eigentlichen Eigentumsvorbehalt behandle ich hier), wird bald die Erfahrung machen, daß die Stellung, die Gesetzgebung und Rechtsprechung in anderen Ländern zu den Fragen der Zulässigkeit des Vorbehalts und seiner Wirkungen einnehmen, vom deutschen Rechtszustand zum Teil recht erheblich abweicht. Es liegt gerade beim Eigentumsvorbehalt auf der Hand, daß bei der Abwägung des Für und Wider bewußt oder unbewußt bald auf den einen, bald auf den andern rechtspolitischen Gedanken größeres Gewicht gelegt wird. Es gibt beispielsweise Länder, in denen der Gesetzgeber gerade darauf ausgegangen ist, durch die Zulassung und Ausgestaltung des Eigentumsvorbehalts Auslandslieferungen ins Land zu bekommen und dadurch die inländische V o l k s - w i r t s c h a f t zu fördern. Anderen Rechtsordnungen ist dieser Gedanke durchaus fremd. Wenn der Verkäufer, der die Ware nur in Erwartung der Bezahlung aus der Hand gegeben hat, durch die Anerkennung des Eigentumsvorbehalts geschützt wird, so bedeutet das im allgemeinen nur die Anerkennung eines berechtigten p r i v a t w i r t s c h a f t l i c h e n

Interesses. Entsprechendes gilt auch auf der anderen Seite, wenn im Interesse sonstiger Kreditgeber die Offenkundigkeit der Eigentumsverhältnisse gefordert und deswegen die Gültigkeit des Eigentumsvorbehalts von der Eintragung in ein Register abhängig gemacht wird, oder wenn der Gedanke der Gleichbehandlung aller Kreditgeber dazu führt, daß der Eigentumsvorbehalt im Konkurs des Käufers keine Anerkennung findet. Privatwirtschaftliche und volkswirtschaftliche Gedanken gehen hier freilich ineinander über. Damit hängt es zusammen, daß manchmal die Frage aufgeworfen wird, was denn durch die „öffentliche Ordnung" gefordert werde, und daß Vereinbarungen, die dagegen verstoßen, für unwirksam erklärt werden. — Dagegen spielt bei der Zulassung des Eigentumsvorbehalts die Durchbildung des Rechtsdenkens zu größerer oder geringerer Abstraktion keine entscheidende Rolle. Man könnte auf den Gedanken kommen, daß eine Rechtsordnung, die nicht wie die deutsche die schuldrechtliche und die sachenrechtliche Seite des Veräußerungsgeschäfts, Kauf und Übereignung, scharf voneinander trennt, sondern den Eigentumsübergang unmittelbar an den Vertragsschluß anschließt, sich ablehnend gegenüber dem Gedanken verhalten müßte, daß zwar ein Kauf abgeschlossen wird, aber das Eigentum noch nicht übergehen soll. Das ist aber keineswegs der Fall. Das englische Recht beispielsweise, dem die abstrakte Auffassung des deutschen Rechts fremd ist, kennt den Eigentumsvorbehalt durchaus, und wenn er in der französischen Rechtsprechung ganz oder hinsichtlich bestimmter Wirkungen abgelehnt wird (vgl. unten), so beruht das auf anderen Erwägungen.

Angesichts der Verschiedenheiten, die die ausländischen Rechtsordnungen gegenüber dem deutschen Recht aufweisen, und über die ich unter II eine Übersicht gebe, muß die erste Frage sein, welches Recht bei einer Lieferung deutscher Waren ins Ausland zur Anwendung kommt. Ist der Eigentumsvorbehalt, den der deutsche Verkäufer einem französischen Käufer auferlegt, in dessen Konkurs wirksam? Das ist zu bejahen, wenn das deutsche Recht maßgebend ist, zu verneinen, wenn das französische angewendet werden muß. Bedarf der Eigentumsvorbehalt an deutschen Waren, die nach der Schweiz geliefert werden, der Registrierung, wie das schweizerische Recht sie vorschreibt, oder ist er nach Maßgabe des deutschen Rechts ohne solche Offenkundigmachung rechtsgültig? Gelangen Maschinen, die unter Eigentumsvorbehalt nach Dänemark geliefert sind, schon dadurch, daß sie als Zubehör für ein Erwerbsunternehmen in ein Haus eingebracht werden, aus dem Eigentum des Verkäufers in das des Grundstückseigentümers (so das dänische Recht), oder bedarf es einer Verbindung mit dem Haus im Sinne von § 94 des deutschen Bürgerlichen Gesetzbuches? Jede dieser Fragen zeigt, wie wichtig die Entscheidung über das anzuwendende Recht ist. Es ist dafür notwendig, verschiedene Tatbestände zu unterscheiden[1]).

1. Die Frage, welches Recht maßgebend ist, läßt sich einfach beantworten, wenn der deutsche Verkäufer im Ausland eine Niederlassung hat, von der aus er die Geschäfte abschließt, also nicht bloß eine Vertretung, die ihm die Aufträge der ausländischen Kundschaft nach Deutschland übermittelt. Hier ist grundsätzlich anzunehmen, daß die Parteien die Anwendung des ausländischen Rechts wollen. Denn

---

[1]) Vgl. zum Folgenden außer der in der nächsten Fußnote zitierten Schrift von Stulz: Frankenstein, Internationales Privatrecht, Bd. 2 S. 65 f.

dieses ist ja nicht nur das des Sitzes des Käufers, sondern auch das der ausländischen Niederlassung des Verkäufers, das des Ortes, an dem der Vertrag abgeschlossen wird, ebenso wie desjenigen, an dem er zu erfüllen ist. Zulässigkeit und Wirkungen des Eigentumsvorbehalts richten sich daher in diesem Falle ausschließlich nach dem ausländischen Recht. Allerdings ist theoretisch der Fall denkbar, daß die Parteien die Anwendung des deutschen Rechts besonders vereinbaren. Er ist bei der hier vorausgesetzten Sachlage aber so unwahrscheinlich, daß ich nicht näher darauf einzugehen brauche. (Übrigens würde dann das unter 2c Gesagte gelten.) Hervorzuheben ist, daß es nur auf den A b s c h l u ß des Vertrages ankommt. Es ist also unerheblich, wenn die ausländische Niederlassung die Waren nicht am Lager hat und sie erst von der deutschen Hauptniederlassung kommen oder direkt an den Käufer schicken läßt. Daß nur das ausländische Recht gelten soll, wird man bei den geschilderten Verhältnissen selbst dann annehmen müssen, wenn unmittelbare Lieferung aus Deutschland von vornherein vereinbart war. Übersendet daher in solchem Falle die deutsche Zentrale dem Käufer eine Faktura, auf der sich eine Klausel über den Eigentumsvorbehalt befindet, so kann es keinem Zweifel unterliegen, daß diese einseitige Erklärung überall dort unwirksam ist, wo der Eigentumsvorbehalt nur durch Vertrag begründet werden kann. (Das scheint in den meisten Ländern die herrschende Auffassung zu sein.)

2. Komplizierter gestaltet sich die Rechtslage, wenn der Lieferungsvertrag unmittelbar zwischen Deutschland und dem Ausland abgeschlossen wird, sei es, daß der Ausländer die Ware unmittelbar bei dem deutschen Fabrikanten bestellt und dieser ihm den Verkauf bestätigt, sei es, daß ein Agent oder

sonstiger Vertreter (nicht, wie unter 1 behandelt, eine besondere ausländische Niederlassung) eingeschaltet ist. Ich sehe hier zunächst von der Möglichkeit ab, daß die Parteien die Geltung des deutschen Rechts für den Eigentumsvorbehalt vereinbaren (darüber unten). Welches Recht beim Fehlen einer besonderen Abrede maßgebend ist, muß nach den allgemeinen Grundsätzen des internationalen Privatrechts geprüft werden. An sich ist es nötig, beim Kauf unter Eigentumsvorbehalt den Verpflichtungsvertrag und die dinglichen Wirkungen getrennt zu behandeln. Da aber in ersterer Beziehung nicht so leicht Schwierigkeiten auftreten, will ich mich auf die Erörterung der letzteren beschränken.

a) Das Bestehen des Eigentumvorbehalts, also der Verbleib des Eigentums beim Verkäufer, steht dann außer Zweifel, wenn die Rechtsordnung des Landes, in das die Ware aus Deutschland gelangt, den Eigentumsvorbehalt ebenso wie das deutsche Recht anerkennt. Dann handelt es sich nur darum, welche Wirkungen der Eigentumsvorbehalt hat. Anders, wenn das Bestimmungsland der Ware den Eigentumsvorbehalt nicht oder nur dann anerkennt, wenn er registriert ist. Dann ist die Rechtslage bis zur Grenzüberschreitung der Ware allerdings die, daß das deutsche Recht maßgebend ist, nach dem der Eigentumsvorbehalt gültig ist, ohne daß er einer besonderen Form bedarf. Wie aber nach der Ablieferung? (Die Rechtsverhältnisse der Ware auf dem Transport, die sich insbesondere dann kompliziert gestalten, wenn die Ware noch andere Länder passieren muß, lasse ich unerörtert.) Fast alle Rechtsordnungen unterwerfen die beweglichen Sachen dem Gesetz des Ortes, wo sie sich befinden. Damit das Eigentum des Verkäufers fortbesteht, ist daher erforderlich, daß dieses Gesetz es anerkennt.

Die Gesetze, die den Eigentumsvorbehalt zulassen, aber dafür eine Registrierung vorschreiben, sind mindestens mittelbar auf alle in dem betreffenden Lande auf Grund eines Kaufvertrages übergebenen Sachen zu beziehen, gleichgültig, in welcher Art der Besitzübergang erfolgt ist. Der formlose Eigentumsvorbehalt erlischt also in einem Lande, wo solche Vorschriften bestehen, trotzdem er in Deutschland gültig war. Das gleiche muß auch gelten, wenn der Eigentumsvorbehalt in einem Lande überhaupt nicht anerkannt wird (vgl. darüber unten II 1 c).

b) Auch bezüglich der Wirkungen des Eigentumsvorbehalts entscheidet das Recht des Ortes, wo die Ware sich befindet. Ist er von diesem Recht zugelassen, so hat das Eigentum, das dem deutschen Verkäufer verblieben ist, doch nicht den Inhalt und die Kraft zum Fortbestand wie nach dem deutschen Recht, unter dem es begründet ist, sondern diejenige der Rechtsordnung, durch die es jetzt anerkannt wird. Nach ihr richtet es sich also, ob ein Dritter gutgläubig das Eigentum von dem nichtberechtigten Käufer erwerben kann, und ob dieser ihm die Ware verpfänden kann. Nach ihr bestimmt sich, ob gesetzliche Pfand- oder Vorzugsrechte (z. B. das des Vermieters oder Verpächters) die Ware ergreifen. Sie allein regelt, wann das Eigentum an Maschinen durch Einbringung oder Einbau in eine Fabrik erlischt (vgl. das oben erwähnte Beispiel aus dem dänischen Recht), und wann eine Verarbeitung Eigentumserwerb bewirkt. Vor allem sind die Fragen, ob eine Pfändung der noch im Eigentum des Verkäufers stehenden Sache zugunsten von Gläubigern des Käufers zulässig ist, und ob der Eigentumsvorbehalt auch im Konkurs des Käufers anerkannt wird, nur nach ihr zu beantworten, nicht nach dem deutschen Recht.

c) Ist es angesichts dieser Rechtslage für den deutschen Verkäufer möglich, mit dem ausländischen Käufer die Anwendung des deutschen Rechts zu vereinbaren und dadurch die Bestimmungen zu verhindern, die ungünstiger für ihn als die deutschen sind? Das ist gelegentlich behauptet worden, aber mit Unrecht. Es beruht auf einer unzulässigen Vermengung der Gedanken, die auf dem Gebiet des Schuldrechts im allgemeinen zutreffen, mit dem, was für das Sachenrecht gilt. Soweit es sich ausschließlich um Ansprüche und Verpflichtungen zwischen zwei Personen handelt, ist es diesen meist überlassen, ihre Beziehungen nach ihrem Belieben zu regeln. Das können sie auch in der Weise, daß sie dafür eine Rechtsordnung gelten lassen, die sonst nicht maßgebend sein würde. Ganz anders, wenn es sich um die unmittelbaren rechtlichen Schicksale der Ware handelt, an denen nicht nur die Vertragsparteien, sondern auch die Allgemeinheit interessiert ist. Daß man durch den Vertrag die unter Eigentumsvorbehalt stehende Ware nicht vom gutgläubigen Erwerb eines Dritten ausschließen kann, daß man dem Eigentumsvorbehalt nicht für jeden Fall des Einbaues von Maschinen in eine Fabrik Wirkung verleihen kann, ist uns schon aus dem deutschen Recht geläufig. Entsprechendes gilt aber auch im internationalen Recht. Auch bei Vertragsbeziehungen im Verkehr zwischen zwei Ländern bestehen Beschränkungen der Vertragswillkür, soweit es sich um die dingliche Situation der Sachen handelt. Es sind nur verschiedene Ausdrucksformen für denselben Gedanken, wenn man sagt, daß eine bestimmte sachenrechtliche Regelung zwingendes Recht sei, daß eine Abrede gegen die öffentliche Ordnung verstoße, daß gewisse Fragen (Zugehörigkeit zur Konkursmasse, Zulässigkeit der Pfändung) dem öffentlichen Recht angehören:

Immer handelt es sich darum, daß die Privatwillkür insoweit beschränkt ist. Das ist bei den hier erörterten Dingen im weitesten Umfang der Fall. Die Vereinbarung der Anwendung des deutschen Rechts ist nur e i n e der damit ausgeschlossenen Möglichkeiten.

3. Ganz kurz will ich noch eine dritte Möglichkeit erwähnen. Es kann sein, daß der Vertrag in Deutschland abgeschlossen und die Ware in Deutschland geliefert wird. Wie steht es dann bei einer Verbringung der Ware ins Ausland mit dem bestehenden Eigentumsvorbehalt? In diesem Falle läßt sich die Anwendung des ausländischen Rechts nicht so ohne weiteres begründen, vor allem dann nicht, wenn die Ware ohne Zustimmung des Verkäufers ins Ausland verbracht wird. Letzterer Fall hat für den Großverkehr allerdings nicht viel praktische Bedeutung. Ist von vorherein mit der späteren Verbringung ins Ausland gerechnet worden, so wird meist angenommen, daß dann das unter 2 Gesagte gleichfalls zu gelten hat. Man kann also die Anwendung des ausländischen Rechts nicht dadurch umgehen, daß man zu diesem Zweck den Vertrag in Deutschland erfüllt.

II.

Ich kann im Rahmen dieses kurzen Aufsatzes keine eingehende rechtsvergleichende Darstellung des Eigentumsvorbehalts geben. Ein praktisches Bedürfnis nach einer solchen besteht im Augenblick auch nicht, da in der letzten Zeit mehrere wertvolle Abhandlungen erschienen sind, in denen die Rechte der wichtigsten Länder unter Heranziehung der ausländischen Literatur verglichen und für die übrigen Länder die notwendigsten Hinweise gegeben sind. Ich muß denjenigen, der sich eingehend über den ganzen Fragenkompler unterrichten will, auf diese Schriften verweisen[2]). Es kommt mir hier lediglich darauf an, einige leitende Gesichtspunkte herauszuarbeiten, teils um das früher Gesagte näher zu illustrieren, teils um Vergleichsmaterial für die kritische Beurteilung des gegenwärtigen deutschen Rechtszustandes zu geben. Selbst auf die Gefahr einer gewissen Oberflächlichkeit hin muß ich auf die Anführung mancher Einzelheiten verzichten.

Für eine wirtschaftlich orientierte Betrachtung darf die Frage nach der Rechtsform der Sicherung des Verkäufers nicht das Hauptproblem bilden. Man muß sich beim Vergleich der verschiedenen Rechtsordnungen von der deutschen Denkweise freimachen können, die nur mit der Sicherung durch Eigentum operiert. Ihr kann an sich eine Sicherung durch ein Pfandrecht oder ein anderes Vorzugsrecht in einem anderen Lande gleichwertig, vielleicht sogar überlegen sein. Es kommt dafür auch weniger auf die Unterschiede an, die sich aus den verschiedenen juristischen Formen für die Durchführung der Sicherung ergeben (z. B. Interventionsklage oder Anspruch auf abgesonderte Befriedigung im Konkurs), als vielmehr auf die Voraussetzungen für die Entstehung auf der einen Seite, die Grenzen für die Anerkennung der Sicherung (im Konkurs des Käufers, bei Verarbeitung der Ware oder bei ihrer Verbindung mit einem Fabrikgebäude) auf der anderen Seite.

1. Voraussetzungen für die Entstehung der Sicherung. Drei Systeme

[2]) Vgl. insbesondere Rühl, Eigentumsvorbehalt und Abzahlungsfinanzierung, Berlin 1930; Stulz, Der Eigentumsvorbehalt im in- und ausländischen Recht (Veröffentlichungen des Reichsverbandes der deutschen Industrie, Nr. 51), Berlin 1930; Neuner und Stulz, Art. Eigentumsvorbehalt im Rechtsvergleichenden Handwörterbuch, Bd. II S. 796/97.

lassen sich unterscheiden. Die Sicherung des Verkäufers entsteht entweder unmittelbar kraft Gesetzes, oder es bedarf einer Vereinbarung, um sie zu schaffen; schließlich ist manchmal außerdem Registrierung notwendig. In einer Reihe von Ländern kommen verschiedene dieser Entstehungsformen nebeneinander vor.

a) Die kraft Gesetzes vorhandene Sicherung des Verkäufers geht in allen Ländern, wo sie besteht (z. B. in Belgien, den Niederlanden, Spanien), auf das Vorbild des französischen Code civil zurück. Sie zerfällt in ein Rückforderungsrecht und ein Vorausbefriedigungsrecht. Das Rückforderungsrecht ist in der Regel nur bei Verkäufen ohne Kaufpreisstundung gegeben und kann nur innerhalb kurzer Fristen ausgeübt werden. Nur in den Niederlanden besteht es auch bei Kreditkäufen, soweit sie Handelsgeschäfte sind; hier ist die Ausübungsfrist am längsten, sie beträgt 30 Tage. Das Vorausbefriedigungsrecht greift Platz, wenn ein anderer Gläubiger des Käufers die Ware pfändet und zur Zwangsversteigerung bringt. Es besteht in allen in Frage kommenden Ländern sowohl bei Bar- wie bei Kreditkäufen. Hervorzuheben ist, daß im romanischen Recht die dem Rücktritt nach § 326 BGB. vergleichbare Auflösungsklage dingliche Wirkung hat, also das Eigentum der verkauften Sache zurückfallen läßt. Auch daraus ergibt sich eine gewisse dingliche Sicherung des Verkäufers.

b) Die Abhängigmachung der Gültigkeit des Eigentumsvorbehalts oder eines Vorrechts von einer Registrierung kann als die modernste Form der Regelung bezeichnet werden. Sie gilt zum Teil für alle Eigentumsvorbehalte (in der Schweiz, der Türkei, Kanada, den meisten Staaten der nordamerikanischen Union, Mexiko, Australien), zum Teil bezieht sie sich nur auf bestimmte Waren. Es sind drei Tatbestände gewesen, die solche Sonderregelungen herbeigeführt haben, die Maschinenlieferung für industrielle und meist auch für landwirtschaftliche Zwecke, die Rohstofflieferung in der Wiederaufbauzeit nach dem Kriege, schließlich der Kraftwagenverkauf. Für die Verkäufersicherung bei der Maschinenlieferung ist eine Vorschrift im belgischen Code de commerce auch für andere Länder das Vorbild gewesen, an dem freilich manches geändert ist. In Belgien, Italien, Bulgarien erscheint die Sicherung als Privileg, in Österreich und Rumänien als Eigentumsvorbehalt, in südamerikanischen Ländern als Pfandrecht. Für Rohstoffe (und Halbfabrikate) besteht nur in Österreich eine Sonderregelung; sie bezieht sich nur auf aus dem Ausland bezogene Rohstoffe. Der Kraftwagenverkauf ist in Rumänien der Maschinenlieferung gleichgestellt, in Italien Gegenstand einer besonderen Regelung.

c) Die Sicherung des Verkäufers durch v e r e i n b a r t e n, nicht registrierten Eigentumsvorbehalt ist die allgemeinste Form. Sie beruht fast überall nur auf der Vertragsfreiheit, nicht auf besonderer gesetzlicher Zulassung. Neben dem bloßen Vorbehalt erscheint die Form des Mietvertrages mit Erwerbsmöglichkeit des Mieters. Die Zulässigkeit ist in den Ländern, die keine der bisher erwähnten Regelungen haben, wohl überall unbestritten. Wo allgemein die Registrierung vorgeschrieben ist, kann sich daneben natürlich kein formfreier Eigentumsvorbehalt entwickeln. Anders dort, wo dies Erfordernis nur für bestimmte Fälle aufgestellt ist; hier pflegt der vereinbarte Eigentumsvorbehalt für andere Waren anerkannt zu werden. Ob er neben der kraft Gesetzes gegebenen Sicherung zulässig ist, wird in den einzelnen Ländern verschieden beurteilt. In

Belgien und Frankreich steht die Rechtsprechung auf einem ablehnenden Standpunkt. Es ist freilich nicht ganz klar, ob sie den vereinbarten Eigentumsvorbehalt überhaupt nicht anerkennen will, oder ob sie ihm nur im Konkurs des Käufers und in anderen Beziehungen die Wirkungen versagt, die auch dem gesetzlichen Privileg nicht zukommen. Im Gegensatz zu diesen beiden Ländern wird der vereinbarte Eigentumsvorbehalt im übrigen Ausland auch anerkannt, wenn gesetzliche Sicherungen für den Verkäufer bestehen.

2. Wirkungen der Sicherung. Für die Frage, wie weit die Sicherungen sich erstrecken, empfiehlt es sich, diejenigen gesondert zu betrachten, die in einzelnen Ländern durch Spezialvorschriften, insbesondere für Maschinen, geschaffen sind. Bei ihnen hat man einzelnen Interessenlagen in bestimmter Weise gerecht zu werden gesucht; eine Verallgemeinerung dieser Gedanken ist nicht zulässig. Dagegen handelt es sich bei den allgemein möglichen Sicherungen umgekehrt gerade darum, inwiefern sie sich in ihrer praktischen Anwendung gegenüber den wirtschaftlichen Bedürfnissen der Gegenwart als ausreichend erwiesen haben. — Nur eine Beschränkung ist allen Sicherungen gemeinsam. Gegenüber dem gutgläubigen Erwerb eines Dritten versagen sie; das gilt nicht nur für den Eigentumserwerb, sondern auch für die Pfandbestellung. Allerdings besteht in dieser Richtung — wenn man davon absieht, daß der gutgläubige Erwerb in den einzelnen Ländern verschiedene Voraussetzungen hat — ein Unterschied, der mit der Form der Entstehung der Sicherung zusammenhängt. Bei den registrierten Sicherungen taucht die Frage auf, ob schon die Eintragung als solche den guten Glauben ausschließt. Sie hat bekanntlich auch in Deutschland bei den Erörterungen

über die Einführung eines Registerpfandrechts eine Rolle gespielt. Eine einheitliche Antwort läßt sich für die fremden Rechte nicht geben, in vielen Fällen auch keine sichere. In der Schweiz beispielsweise ist die Frage streitig; verneint wird sie in der österreichischen Verordnung über den Eigentumsvorbehalt an Rohstoffen. Die zukünftige Entwicklung dürfte zu einer Unterscheidung zwischen verschiedenen Arten von Sachen führen, in der Weise, daß bei Sachen, die durch Fabriknummern usw. leicht identifiziert werden können und bei denen dem Erwerber mit Rücksicht auf ihren Wert Erkundigungen bei der registerführenden Stelle zugemutet werden können, höhere Anforderungen an den guten Glauben gestellt werden als sonst. Ansätze dazu sind in manchen Rechten schon vorhanden.

a) Allgemeine Sicherungen. Die Sicherungen kraft Gesetzes sind fast überall schwach; eine Ausnahme macht auch hier die niederländische Regelung. Die Schwäche hängt wohl damit zusammen, daß das Privileg generell, nicht nur bei vertraglicher Begründung, zugebilligt wird, daß also nur die typische, nicht eine konkrete Interessenlage berücksichtigt wird. Im Gegensatz dazu sind die Eigentumsvorbehalte, die eine Registrierung zu ihrer Entstehung erfordern, in weitem Umfang befähigt, sich gegenüber Rechten Dritter durchzusetzen. Auch bei den Eigentumsvorbehalten, die durch bloße Vereinbarung entstehen, bringt das Ausgehen vom Eigentumsbegriff eine Höherbewertung gegenüber den Rechten Dritter mit sich. Daß sie nicht auf ausdrücklicher Gesetzesbestimmung beruhen, hat aber andererseits Unsicherheiten und Ungleichmäßigkeiten zur Folge.

Die Einzelprobleme, die sich in den ausländischen Rechten ergeben, sind in vielen Beziehungen dieselben wie im deutschen Recht; ich greife nur einige heraus. Von besonderer Wichtigkeit ist überall die Frage der Sicherung an Maschinen, die zum Einbau in eine Fabrik oder dergleichen oder zum dauernden Betrieb eines Unternehmens bestimmt sind. Gerade in dieser Hinsicht stößt aber ein Vergleich der einzelnen Rechte auf besondere Schwierigkeiten. Mit Recht stellt Stulz fest, daß die Entscheidung nicht nur von der ausdrücklichen Gesetzesbestimmung abhängt, sondern notwendig in einem besonderen Maße auf die Umstände des einzelnen Falles abgestellt werden muß. Ich beschränke mich hier auf die Feststellung, daß der Eigentumsverlust des Verkäufers oder die Unterwerfung unter die Haftung für Hypotheken in manchen Ländern erheblich leichter eintritt als in Deutschland. — Gegenüber der Pfändung kann sich sowohl die Sicherung durch Vorrecht wie die durch Eigentumsvorbehalt in der Regel durchsetzen. Doch bestehen einige Ausnahmen; sie versagt manchmal gegenüber Steuerforderungen (so in Ungarn, anscheinend auch in gewissem Maße in England). Erhebliche Unterschiede bestehen im Konkurs des Käufers. Hier verlieren die kraft Gesetzes bestehenden Vorrechte des Verkäufers überall mit Ausnahme der Niederlande ihre Kraft. Und dieser Gedanke wird in Frankreich und Belgien auch auf vereinbarte Eigentumsvorbehalte ausgedehnt. Wenn sich also überhaupt sagen läßt, daß sie in diesen Ländern von der Rechtsprechung anerkannt werden, so bezieht sich die Anerkennung doch nicht auf den Konkurs. Hier sind sie wirkungslos. — Was die Erstreckung des Eigentumsvorbehalts auf die aus den verkauften Waren hergestellten Fabrikate und auf die Kaufpreisforderungen aus dem Verkauf der Waren betrifft, so tappt man bezüglich ihrer Zulässigkeit in vielen Ländern im Dunkeln. Augenscheinlich hat sich ein Bedürfnis nach so ausgedehnter Sicherung bisher außerhalb Deutschlands nur gelegentlich gezeigt. Deutsche Erörterungen über ihre Möglichkeit haben daher notwendigerweise einen etwas theoretischen und hypothetischen Charakter. Nur aus Nordamerika und Kanada sind Entscheidungen bekannt, die die Zulässigkeit solcher erweiterter Eigentumsvorbehalte ergeben oder zu ergeben scheinen. Zu beachten ist, daß die Registrierung bei der Erstreckung auf die Forderungen versagt, bei der auf Fabrikate aber auf Schwierigkeiten stößt. Rechtspolitisch betrachtet ist sie der formlosen Begründung also in diesen Beziehungen nicht überlegen. Das ändert nichts daran, daß sie sonst wohl in jeder Beziehung erhebliche Vorzüge aufweist.

b) Sicherungen durch Spezialvorschriften. Bemerkenswert ist, daß sie (mit Ausnahme des österreichischen Eigentumsvorbehalts an Rohstoffen) in allen Rechten zeitlich beschränkt sind. Freilich bestehen erhebliche Unterschiede in der Dauer (2, 3, 5 Jahre). Die streitigen Fragen sind hier weniger zahlreich, teils infolge der ausdrücklichen gesetzlichen Regelung, teils wegen der Natur der Gegenstände, um die es sich handelt. Immer ist der Sinn der Sonderregelungen die Besserstellung des Verkäufers gegenüber den allgemein geltenden Vorschriften, die Aufrechterhaltung seines Eigentums oder seiner sonstigen Sicherung trotz Verbindung der Maschinen mit einem Grundstück oder sogar die Erstreckung des vorbehaltenen Eigentums von Rohstoffen auf Fabrikate. Die Frage nach einer Ausdehnung auf den Erlös oder die Erlösforderung im Falle eines Verkaufs taucht hier nicht auf, da es sich immer nur um Gegenstände zum dauernden Gebrauch eines Unternehmens oder zur Verarbeitung handelt. Aus der Absicht der Besserstellung des Verkäufers müßte sich auch dort, wo nichts ausdrücklich darüber gesagt ist, ergeben, daß seine Sicherung auch im übrigen, bei einer Pfändung und im Konkurs des Käufers, unangreifbar ist. Trotzdem tauchen hier manchmal Zweifel auf. Das erklärt sich aber wohl nur aus gesetzestechnischen Mängeln der einzelnen Regelung; es spricht jedenfalls nichts gegen den hohen Wert, den das System der Registrierung besitzt.

Der Eigentumsvorbehalt in Interventionsprozessen.

Von Dr. Orgler, Senatspräsident beim Kammergericht.

Zu den schwersten Schäden der Nachkriegszeit gehört die starke Drosselung der ungedeckten Kredite, eine Maßnahme, die wohl mit auf die Kapitalarmut Deutschlands zurückzuführen ist. Aber auch der Kreis der Vermögensstücke, die als Unterlage für Kredit geeignet sind, ist erheblich enger geworden: Grundstückswerte sind während der Zwangswirtschaft nur schwer realisierbar, und Ansammlungen beweglichen Guts hat der Währungsverfall größtenteils vernichtet. Andererseits kann der Gewerbetreibende bei der Steigerung der Produktionskosten, der sozialen Lasten und — nicht zum wenigsten — der Kosten der Rationalisierung ohne Kredit nicht auskommen. Für die dingliche Sicherung stehen im wesentlichen drei Wege offen: die Überlassung der Ware als Kommissionsgut, unter Eigentumsvorbehalt und die Sicherungsübereignung. Die Wahl der Sicherungsart bestimmen Erwägungen wirtschaftlicher und rechtlicher Natur. Die Richtigkeit der vom Verkäufer getroffenen Entscheidung ergibt sich regelmäßig nicht aus den Beziehungen der Vertragsparteien selbst; hier sind die Verhältnisse klar, und wenn der Käufer nicht geradezu auf Betrug ausgeht, so kann dem Verkäufer ein Schaden nicht entstehen. Einen Prüfstein bildet vielmehr der leider so häufige Fall, daß andere Gläubiger des Käufers im Wege der Zwangsvollstreckung Beschlag auf das legen, was dem Verkäufer gebührt. Hier setzt der Interventionsprozeß ein. Seine Häufigkeit hat sich mit der Kreditnot außerordentlich gesteigert. Die Zeiten, in denen angesehene Firmen grundsätzlich keinen Interventionsprozeß führten, sind längst vorbei; heut sind auf dem Terminszettel die Namen von Großindustrie und Hochfinanz nicht selten. Die Rechtsprechung bei diesen „Widerspruchsklagen“ zeigt Besonderheiten, die einige kurze Vorbemerkungen erforderlich machen.

Wenn der Verkäufer den Käufer, der Vermieter den Mieter, selbst der Hypothekengläubiger den Grundstückseigentümer verklagt, so bildet den Klagegrund regelmäßig ein zwischen den Parteien oder ihren Rechtsvorgängern geschlossener Vertrag. Die Parteien kennen einander; jeder weiß,- was er von seinem Gegner zu halten hat. Überraschungen sind kaum zu gewärtigen. Ganz anders der Interventionsprozeß: Hier ist ein völlig Unbekannter plötzlich mit einem Angriff (Zwangsvollstreckung) in eine auch ihm fremde Rechtssphäre eingedrungen. Keiner der Gegner weiß, mit wem er es zu tun hat, insbesondere ob der Feind ehrlich ist oder lügt. Die Interessenkollision ist die denkbar schärfste. Die Entscheidung ist deshalb besonders schwierig. Die Schwierigkeit liegt aber nicht sowohl in der Anwendung der Rechtsnormen, deren Bedeutung durch jahrzehntelange Praxis des Reichsgerichts im wesentlichen feststeht, sondern vielmehr in der Sammlung und Sichtung des Tatsachenmaterials und der Beweiswürdigung. Nach § 1006 BGB. gilt die Vermutung, daß der Besitzer einer beweglichen Sache auch deren Eigentümer ist. Wird beim Käufer gepfändet, so muß daher der intervenierende Verkäufer beweisen, daß die Pfandstücke sein Eigentum sind. An diesen Beweis stellen die Gerichte die strengsten Anforderungen, und gerade der ehrliche Handel hat dieser

Strenge stets zugestimmt. So wird regelmäßig das Zeugnis des stark interessierten Schuldners nicht ausreichen. Es genügt aber wohl auch noch nicht, wenn der Kläger den eigenen Erwerb der Ware nachweist, vielmehr hat er auch darzulegen, auf Grund welcher Abmachungen die Ware in den Besitz des Schuldners gelangt ist. Daß unter diesen Bedingungen der weitaus größte Teil aller Interventionsklagen abgewiesen wird, ist nicht zu verwundern. — Wenden wir nun die Rechtssätze des Widerspruchsverfahrens auf die drei Arten der Sicherung an!

Kommissionsware bleibt im Eigentum des Verkäufers. Der Inhalt des Kommissionsvertrages wird sich unschwer durch den Schriftwechsel der Vertragsgegner beweisen lassen. Die Identifizierung der Ware mit den Pfandstücken dürfte sich aus dem Datum der Rechnung, den Frachtbriefen, dem Lagerbestand des Schuldners usw. ergeben. Einwendungen sind nur insoweit zu erwarten, als etwa auf seiten des Schuldners Firmeninhaber und Gewerbetreibender zweifelhaft sind, also vielleicht der Ehemann Gewerbetreibender ist, die Firma aber auf den Namen der Ehefrau eingetragen ist. Selbst dann könnte es aber zu einer Abweisung der Klage nur kommen, wenn dem Kläger vorsätzliche Täuschung anderer Gläubiger bewiesen würde. — Die Sachlage ändert sich von Grund auf, wenn der Käufer die Ware veräußert und übereignet hat. Das Eigentum des Kommittenten ist dadurch untergegangen. Ein unmittelbarer Zugriff an der Kaufgeldforderung des Käufers besteht zunächst nicht. Durch Sondervereinbarung tritt allerdings häufig der Kommissionär schon seine zukünftige Kaufpreisforderung an den Kommittenten ab. Die Rechtswirksamkeit derartiger Abmachungen ist aber rechtlich nicht zweifelsfrei: Allerdings können nach der stark angefochtenen

Ansicht des Reichsgerichts auch zukünftige Forderungen abgetreten werden. Immerhin muß aber die zukünftige Forderung wenigstens einigermaßen bestimmt sein. Ob diese Grenze lediglich durch die Bezeichnung der Ware erreicht ist, erscheint fraglich. Auch die Zahlung des Dritten geht grundsätzlich in das Eigentum des Kommissionärs über. Dinglicher Erwerb des Kommittenten tritt erst ein, wenn der Kommissionär durch äußerlich erkennbare Verfügung (gesonderte Kassenführung, Sonderkonto) die Übereignung an den Kommittenten vornimmt. Bis dahin entbehrt der Kommittent des Interventionsschutzes vollständig. Tatsächlich sind auch Interventionsprozesse auf Grund eines Kommissionsvertrages selten.

Auch bei Verkauf unter Eigentumsvorbehalt bleibt der Verkäufer Eigentümer. Ergänzend sei hier bemerkt, daß seine Sicherung nicht etwa zugrunde geht, wenn seine Ware mit der Ware des Verkäufers vermischt wird. Er gewinnt alsdann das Miteigentum an den vermischten Waren nach dem Verhältnis des Werts, den seine Ware zu den übrigen Waren besaß (§§ 947 ff. BGB.) Auch hier wird der Interventionskläger den Beweis seines Eigentums und des mit dem Käufer geschlossenen Vertrages, ebenso wie der Identität der Waren mit den Pfandstücken unschwer in einwandfreier Weise erbringen können. Seine Rechtsstellung ist sogar noch stärker als die des Kommittenten: Während der Kommissionär weiterverkaufen darf, ist dem Käufer, der unter Eigentumsvorbehalt gekauft hat, der Weiterverkauf verboten, er begeht dadurch sogar eine Unterschlagung, und der Erwerber wird nicht nur nicht Eigentümer, sondern auch darüber hinaus schadensersatzpflichtig, wenn ihm der Eigentumsvorbehalt bekannt war. Ergänzend sei noch folgendes bemerkt:

1. Der Interventionskläger soll schon vor Erhebung der Klage den die Zwangsvollstreckung betreibenden Gläubiger zur Freigabe auffordern und in diesem Zusammenhang seine Beziehungen zum Schuldner darlegen, erforderlichenfalls sogar die Einsicht in die den Vertrag enthaltenden Urkunden gewähren, sonst läuft er Gefahr, in die Kosten des Rechtsstreits verurteilt zu werden.

2. Konnte der Verkäufer die Durchführung der Zwangsvollstreckung nicht verhindern, so darf er gegen den betreibenden Gläubiger doch noch auf Herausgabe des Erlöses klagen, natürlich nur insoweit, als ihm noch eine Forderung an den Schuldner zusteht. Es liegt an sich nahe, daß ein Gläubiger seine Befriedigung aus Gegenständen sucht, die unter Eigentumsvorbehalt verkauft sind, und sich bereit erklärt, den rückständigen Kaufpreis selbst zu entrichten. Ob diese Möglichkeit auch besteht, wenn der Schuldner widerspricht und der Verkäufer die Entgegennahme des Kaufpreises ablehnt (§ 267 BGB.), ist mindestens zweifelhaft.

Mit Weiterveräußerung und Übergabe der unter Eigentumsvorbehalt verkauften Ware fällt die dingliche Sicherung des Verkäufers fort, es sei denn, wie erwähnt, daß dem Erwerber die Sachlage bekannt ist. Alsdann ist gegen ihn auch ein dinglicher Anspruch gegeben. Die Kaufgeldforderung tritt, ebenso wie beim Kommissionsvertrag, nicht etwa unter die dingliche Haftung. Selbst im Konkurs ist, wenn der Schuldner — vor Eröffnung des Verfahrens — sich der Unterschlagung schuldig gemacht hat, kein Anspruch auf vorzugsweise Befriedigung gegeben.

Noch ein Wort über das Beweisverfahren: Obgleich im Handelsverkehr grundsätzlich Formfreiheit herrscht, ist es allgemein üblich, Vereinbarungen schriftlich zu bestätigen. Es macht den schlechtesten

Eindruck und kann zu Rechtsnachteilen aller Art führen, wenn die klagende Firma nicht von Anfang an den gesamten Schriftwechsel dem Gericht unterbreitet. Selbst Auszüge dürften nicht immer genügen. Je offener die Beziehungen zwischen Verkäufer und Käufer, und zwar möglichst seit Beginn der Geschäftsverbindung, dargelegt werden, desto leichter werden Mißverständnisse ausgeschlossen und Einwendungen des Beklagten gegen die Beweismittel selbst und die Ernstlichkeit der Abmachungen verhindert. Zeugenbeweis ist immer mißlich: Der Schuldner selbst erscheint, besonders wenn er gegen die vertraglichen Abmachungen verstoßen hat, wenig glaubwürdig, und Angestellte des Klägers werden häufig als von ihrem Brotgeber beeinflußt angegriffen. Diese Regeln sollten schon in dem Verfahren befolgt werden, das die vorläufige Einstellung der Zwangsvollstreckung zum Gegenstande hat. Alsdann würde regelmäßig die doch recht unangenehme Auflage einer erheblichen Sicherheit vermieden werden.

Findet beim Verkauf von Kommissionsgut oder unter Eigentumsvorbehalt der Verkäufer seine Sicherung in der von ihm gelieferten Ware, so erstreckt sich bei der Sicherungsübereignung die Deckung des Kredits auf andere oder richtiger gesagt noch andere Gegenstände. Hier ist der Schutz des Kreditgebers ein stärkerer, denn er wird auch vor Verlusten bewahrt, die sich aus einer Wertminderung der Ware selbst ergeben. Offenbar erfreut sich diese Form der Sicherung steigender Beliebtheit, denn die Zahl der daraus entstehenden Interventionsprozesse überwiegt jetzt bei weitem. Mitbestimmend ist wohl der Umstand, daß hier dem Kreditbedürfnis Werte nutzbar gemacht werden, die sonst zur Veräußerung oder zum Verbrauch nicht bestimmt sind (Inventar, Wohnungseinrichtung usw.). Die Sicherungsübereignung darf, wenn man von der etwas anders gearteten Regelung im römischen Recht absieht, als die modernste Form der Mobiliarkreditsicherung bezeichnet werden. Vieles ist noch im Fluß: Die Verträge, auch die Formularverträge, unterliegen fortgesetzter Wandlung. Dazu kommt, daß die Rechtsprechung eine Reihe von Problemen noch nicht befriedigend gelöst hat. Im Rahmen dieser Abhandlung soll aber auf die Sicherungsübereignung nur insoweit eingegangen werden, als sie Berührungspunkte mit den anderen Arten der Kreditsicherung besitzt.

Vorweg sei betont, daß bei der Sicherungsübereignung die Stellung des Interventionsklägers eine bei weitem schwierigere ist: Kommissionsvertrag und Kauf unter Eigentumsvorbehalt finden ihre natürliche Grundlage im Handelsverkehr. Schon das Vorhandensein der Ware, um die gestritten wird, läßt einen gewissen Schluß auf die grundsätzliche Natur der Abmachungen zwischen Kläger und Schuldner zu. Dagegen fällt die Sicherungsübereignung prima facie völlig aus dem Rahmen des Handelsverkehrs heraus; sie ist ein Bankiergeschäft (§ 1 Abs. 2 Ziff. 4 HGB.), das von Nichtbankiers getätigt wird. Hier erfordert also schon die Frage des Vertragsschlusses selbst strengste Prüfung. Dazu kommt die Notwendigkeit einer Übergabe oder Ersatzübergabe der zur Sicherung bestimmten Werte, eine Maßnahme, deren Erfüllung erfahrungsgemäß nicht immer genügend klargestellt ist. Wenn endlich der Sicherungsübereignung Gegenstände unterworfen werden, die der Schuldner bei der Fortsetzung seines Gewerbebetriebes nicht entbehren kann, und die nicht einmal pfändbar sind, so liegt für den Interventionsbeklagten der Einwand nahe, daß die Abmachungen zwischen Kreditgeber und Schuldner nur zum Schein getroffen sind und den Schuldner lediglich vor Angriffen anderer Gläubiger sichern sollen. Der Eindruck verstärkt sich, falls zwischen Gläubiger und Schuldner Beziehungen verwandtschaftlicher oder freundschaftlicher Natur bestehen. Neben der Einrede des Scheins wird gegen die Sicherungsübereignung auch die Anfechtung wegen Gläubigerbenachteiligung geltend gemacht. Sie stützt sich im wesentlichen darauf, daß der Kläger vom Schuldner eine Sicherung (nicht Befriedigung!) erlangt hat, die er entweder überhaupt nicht oder nicht in dem Umfange zu beanspruchen hatte, und daß durch diese Transaktion dem Schuldner Werte entzogen worden sind, die anderen Gläubigern Befriedigung hätten gewähren können. Es soll auf die Fragen der inkongruenten Deckung aber nicht näher eingegangen werden, weil sie gegenüber dem Eigentumsvorbehalt kaum eine Rolle spielen. Beiden Sicherungsarten gemeinschaftlich ist aber die „sich steigender Beliebtheit erfreuende" Einrede der Arglist, die aus § 826 BGB. folgendermaßen begründet wird: Bei einem Gewerbetreibenden, der auf Kredit kauft, darf angenommen werden, daß die gekaufte Ware und deren Erlös in die unbeschränkte Verfügungsgewalt des Käufers fallen, und ferner, daß Warenlager und Inventar im wesentlichen unbeschränktes Eigentum des Käufers sind. Liegen diese Voraussetzungen nicht vor, so hat sich der Gewerbetreibende des Kreditbetruges schuldig gemacht. Wer aber dadurch, daß er dem Schuldner gegen dingliche Sicherung, deren Gegenstand eben Warenlager und Inventar bildet, die Fortführung des Betriebes ermöglicht, hat ihm zum Kreditbetrug Beihilfe geleistet. Das Reichsgericht hat sogar den Gläubiger für schadensersatzpflichtig erklärt, der in einer Auskunft zu erwähnen unterließ, daß ihm selbst ein wesentlicher Teil der Rohstoffe sicherheitshalber übereignet war. Diese Rechtsprechung erschwert die Lage des dinglichen Gläubigers außerordentlich, denn sie legt ihm die Verpflichtung auf, zu prüfen, ob durch seine Kreditgewährung, mag sie unter Eigentumsvorbehalt oder unter Sicherungsübereignung erfolgen, künftige Gläubiger zu Schaden kommen können. Wird Kredit in einem für den Gewerbebetrieb des Schuldners erheblichen Umfange gewährt, so ist daher auch die Lebensfähigkeit des Betriebes von Bedeutung. — Über die Einrede der Arglist hinaus geht dann noch der sogenannte Knebelungseinwand, dessen tatsächliche Begründung dahin zusammengefaßt werden kann, daß der Schuldner infolge der ihm vom Gläubiger auferlegten Beschränkungen nicht eigentlich mehr als Herr seines Gewerbebetriebes anzusehen ist.

Erwähnt sei ferner, daß die Sicherungsübereignung denselben strafrechtlichen Schutz genießt wie das Vorbehaltseigentum, und daß bei widerrechtlicher Veräußerung des Schuldners an einen gutgläubigen Erwerber bei allen drei Arten der Sicherung der Interventionsanspruch untergeht. Es ist wohl denkbar, daß eine Sicherungsübereignung in Kenntnis und unter Berücksichtigung der Vorbehaltseigenschaft der „Pfandstücke" vereinbart wird; für einen Interventionsprozeß ist aber dann kein Raum, weil der Anspruch aus dem vorbehaltenen Eigentum zweifelsfrei den Vorrang genießt.

Besondere Schwierigkeiten macht erfahrungsgemäß der Wechsel in der Person des dinglich Berechtigten. Nach §§ 401, 1250 BGB. gehen mit der abgetretenen Forderung auch die für sie bestehenden Pfandrechte auf den neuen Gläubiger über. Diese Bestimmungen können jedoch weder auf das vorbehaltene Eigentum noch auf die Sicherungsübereignung angewandt werden. Allerdings ist die Abtretung der schuldrechtlichen Forderung keinem

Formzwange unterworfen, aber die dingliche Sicherheit bedarf neben der Einigung der Übergabe oder Ersatzübergabe im Sinne der §§ 929 ff. BGB. Das wird in vielen Verträgen nicht beachtet und hat zur Folge, daß der Interventionskläger einer dinglichen Beziehung zum Pfandstück entbehrt und seine Klage daher abgewiesen wird. Gewiß pflegen die Gerichte dem unzureichenden Vertragswortlaut nach Möglichkeit die von den Vertragsgegnern gewollte Rechtswirkung zugrunde zu legen, aber diese Auslegungsfreiheit hat ihre Grenze in dem Schutz unbeteiligter Dritter. Wenigstens die Andeutung einer die dingliche Übertragung betreffenden Willenserklärung kann nicht entbehrt werden. Wie die Übertragung, ist auch die Verpfändung möglich und denselben Formen unterworfen. Hier ergibt sich jedoch zwischen den beiden Arten der Sicherung ein tiefgreifender Unterschied: Das zur Sicherung übertragene Eigentum ist nach außen hin frei, der Eigentümer dem Schuldner gegenüber nur schuldrechtlich zur Rückgabe verpflichtet. Der Eigentumsvorbehalt steht nach § 455 BGB. unter der aufschiebenden Bedingung der Kaufpreiszahlung. Die Erfüllung dieser Bedingung hat aber nach § 158 BGB. d i n g l i c h e Wirkung, d. h. das Eigentum geht ohne weiteres auf den Käufer über, der Vorbehalt erlischt und damit auch jedes vom Verkäufer bestellte Pfandrecht.

Überblickt man die drei Arten der Sicherung, so gewährt zweifellos die Sicherungsübereignung dem Gläubiger den stärksten Schutz: Die Hingabe von Kommissionsware sichert überhaupt nicht vor Weiterveräußerung und hat demnach vertragsmäßig ein Ende des Interventionsrechts v o r Befriedigung des Verkäufers zur Folge. Der Eigentumsvorbehalt deckt grundsätzlich die Kaufgeldforderung bis zur vollständigen Zahlung des Kaufpreises, aber nur mit dem

Werte der Ware selbst. Die Sicherungsübereignung kann zur Deckung auch andere Werte des Schuldners heranziehen; sie deckt nicht nur die Kaufgeldforderung, sondern auch andere Forderungen des Gläubigers aus beiderseitigen Handelsgeschäften (§ 369 HGB.). Alles das sind Vorteile, die bei der heutigen Kreditnot von größter Bedeutung sind. Demgegenüber steht aber die Schwierigkeit bei der Durchführung des Interventionsprozesses, die bei Kommissionsware am geringsten, bei Sicherungsübereignung am größten ist. Die Sicherungsübereignung, wenigstens insoweit sie erhebliche Bruchteile des Schuldenvermögens umfaßt, sollte daher nicht getätigt werden, wenn der Gläubiger nicht vollständige Klarheit über die Vermögensverhältnisse des Schuldners besitzt (etwa zu Zwecken der Sanierung!). Ein nicht ganz so strenger Maßstab ist an den Verkauf unter Eigentumsvorbehalt zu legen; hier wird es sich danach richten, welchen Wert die Ware im Verhältnis zu dem sonstigen Vermögen des Schuldners besitzt. Schließlich darf nicht übersehen werden, daß die beiden letzten Arten der Sicherung durch verschiedenartige Abreden dinglicher und persönlicher Art einander stark genähert werden. Ein einwandfreier Vertragstypus ist aber meines Wissens noch nicht gefunden; der Interventionsprozeß bringt selbst den erfahrensten Parteien und Rechtsanwälten immer noch unangenehme Überraschungen.

Es kann zweifelhaft sein, ob die Formen, die der Verkehr zur Mobiliarkreditsicherung eingeschlagen hat, eine glückliche Lösung des Problems darstellen. Dagegen spricht der Umstand, daß die getroffenen Abreden nicht selten der Rechtswirksamkeit entbehren, und ferner, daß sie vielfach eine für den Handelsverkehr unerträgliche Verschleierung der Vermögenslage des Schuldners gegenüber Dritten bedeuten. In Verbindung damit steht die ständig wachsende Zahl der Interventionsprozesse und die Häufigkeit abweisender Erkenntnisse. Letzten Endes fußen die Schwierigkeiten auf der Unmöglichkeit einer Pfandbestellung, denn nach § 1253 BGB. erlischt das Pfandrecht, wenn das Pfand mit Willen des Gläubigers in den Besitz des Schuldners gelangt. Diese Vorschrift ist aber für größere in sich geschlossene Vermögenswerte schon vielfach durchbrochen. Es kann deshalb immerhin in Frage kommen, ob nicht auch bei den im Handelsverkehr üblichen Sicherungen größeren Umfanges eine Registrierung eingeführt werden soll. Für Rechtsgeschäfte des täglichen Lebens dürfte eine solche Einrichtung aber schon wegen ihrer Schwerfälligkeit ungeeignet sein.

Der Eigentumsvorbehalt im Konkurs- und Vergleichsverfahren.

Von Amtsgerichtsrat Leopold L e v y , Berlin.

Der Eigentumsvorbehalt ist das harmloseste und anständigste Kreditsicherungsmittel. Er beeinträchtigt nicht die übrigen Gläubiger des Käufers, erschwert ihnen nicht den Zugriff auf das Schuldnervermögen, sondern sichert dem Verkäufer den gewährten Kredit durch Schutz des eigenen Eigentums. Er begünstigt sogar die übrigen Gläubiger, denn er hilft dem Schuldner, sein beschlagsfähiges Vermögen durch Zahlung des gestundeten Kaufpreises zu vergrößern.

Der Eigentumsvorbehalt ermöglicht oder erleichtert großen Volksschichten die Anschaffung von Sachgütern. Er hebt den Volkswohlstand, fördert die Gütererzeugung, vermindert die Arbeitslosigkeit; er ist also eine volkswirtschaftlich und sozial wohltätig wirkende Einrichtung. Freilich ist er auch dem M i ß b r a u c h ausgesetzt. Sobald im Einvernehmen des Verkäufers mit dem Käufer der Eigentumsvorbehalt dazu benutzt wird, den Eigentumsübergang auf den Käufer zum Nachteil seiner Gläubiger zu verhindern, indem der letzte Teil des Kaufpreises absichtlich zurückgehalten wird, sind Gegenmaßnahmen zum Schutze der Gläubiger und zur Hebung der Moral erforderlich. Schwere wirtschaftliche Schäden entstehen auch dann, wenn weite Volkskreise verleitet werden, entbehrliche oder dem Luxus dienende Gegenstände anzuschaffen. Auf diese Gefahren hat Meyerstein S. 7 ff. aufmerksam gemacht.

In diesem Aufsatz soll jedoch nicht geprüft werden, durch welche wirtschaftlichen Maßnahmen die Wohltaten des Eigentumsvorbehalts der Gesamtwirtschaft zugute gebracht sowie den Mißbräuchen und Ausschreitungen entgegengetreten werden kann. Zu meiner Aufgabe gehört die Darstellung und Beurteilung des Eigentumsvorbehalts vom Standpunkte des Rechts aus, und auch nur mit einer Einschränkung. Nicht ein Gesamtbild soll gegeben werden, sondern ein Ausschnitt aus ihm. Der Eigentumsvorbehalt wird nur für die Fälle des wirtschaftlichen Zusammenbruchs des Verkäufers und des Käufers zur Darstellung gebracht. Die rechtliche Behandlung des Stoffes kann jedoch den wirtschaftlichen Hintergrund nicht entbehren. Die wirtschaftlichen Verhältnisse müssen Ausgangspunkt sein, auf sie muß der Blick ständig gerichtet bleiben. Denn das Recht ist nicht ein Ding „an sich" oder „für sich", sondern eine Regelung des Verkehrs unter den Menschen auf sittlichem, sozialem, geistigem und wirtschaftlichem Gebiet. Darum sind an die Spitze des Aufsatzes einige wirtschaftliche Erwägungen gestellt worden, die für die nachfolgenden Ausführungen richtunggebend sind.

I. Der Eigentumsvorbehalt im Konkurs- und Vergleichsverfahren des Verkäufers.

Der Verkäufer hat nach reichsdeutschem Recht seine Verpflichtungen aus dem Kaufvertrage erfüllt, sobald er dem Käufer die Kaufsache übergeben und ihm das Eigentum an der verkauften Sache verschafft hat (§ 433 BGB.). Bezeichnend für den Verkauf unter Eigentumsvorbehalt ist, daß der Verkäufer den verkauften Gegenstand dem Käufer übergibt, also die Handlung vornimmt, die zur Eigentumsübertragung erforderlich ist, daß aber die Übereignungshandlung nicht sofort zum Eigentumserwerb durch den Käufer führt. Der erstrebte Erfolg, die Übereignung, tritt erst ein, wenn der Käufer erfüllt, d. h. den Kaufpreis vollständig gezahlt hat (§ 455 BGB.). Für das Konkursverfahren ist nun die Streitfrage entstanden, ob der Verkauf unter Eigentumsvorbehalt ein gegenseitiger Vertrag ist, der trotz der Übergabe des Kaufgegenstandes an den Käufer vom Verkäufer noch nicht vollständig erfüllt ist und unter die Regelung des § 17 KO. fällt. Der § 17 KO. gibt dem Konkursverwalter die Wahl, ob er die vollständige Erfüllung eines solchen noch nicht vollständig erfüllten Vertrages verlangen oder ob er die Erfüllung ablehnen will. Nach der herrschenden Ansicht ist ein gegenseitiger Vertrag nicht schon dann erfüllt, wenn die Vertragschließenden alle ihnen obliegenden Erfüllungshandlungen vorgenommen haben, sondern erst dann, wenn der durch den Vertrag erstrebte Rechtserfolg eingetreten ist (vgl. insbesondere Jaeger, KO. 7, Anm. 10, 11 zu § 17). Nach dieser Ansicht hat der Verkäufer eines unter Eigentumsvorbehalt verkauften Gegenstandes, auch nachdem er den Gegenstand dem Käufer übergeben hat, noch nicht vollständig erfüllt, obwohl er alle ihm obliegenden Erfüllungshandlungen vorgenommen hat, da der Erfolg, nämlich der Eigentumsübergang, noch nicht eingetreten ist. Neuestens ist diese Ansicht bekämpft worden von Rühl in seiner Abhandlung „Eigentumsvorbehalt und Abzahlungsgeschäft". Sein Kampf erscheint aber aussichtslos. Für das österreichische Recht wird in der Rechtslehre die für das deutsche Recht herrschend gewordene Ansicht anerkannt.

Wenn im Konkurs des Verkäufers der Konkursverwalter die vollständige Erfüllung wählt, so bleibt die Rechtslage die gleiche, wie sie vor der Konkurseröffnung war. Der Käufer muß den Kaufpreis zur Konkursmasse zahlen, der Konkursverwalter hat für den Fall der Nichtzahlung oder nicht pünktlichen Zahlung das Rücktrittsrecht aus § 455 BGB. Ist die verkaufte Sache mit einem Mangel behaftet, dann bilden die Gewährleistungsansprüche des Käufers Masseansprüche (Jaeger in Konkurs- und Treuhandwesen 1927 S. 3 und KO. 7 Anm. 23 zu § 17).

Lehnt der Konkursverwalter die weitere Erfüllung des Kaufvertrages ab, so kann er den Kaufgegenstand zurückverlangen, der Käufer kann aber den ihm hierdurch entstandenen Schaden nur als gewöhnliche Konkursforderung geltend machen. Diese Regelung kann, wie Meyerstein S. 12/13 an einem Beispiel zeigt, zu großen Härten gegenüber dem Käufer führen. Schwartz stimmt („Mitteilungen der Industrie- und Handelskammer zu Berlin" 1930, Heft 7 S. 378 [hier nicht veröffentlicht]) Meyerstein hierin nicht bei, kann aber die Folgerichtigkeit der vorstehenden Lösung nicht in Abrede stellen. Zu einem anderen Ergebnis müßte man allerdings kommen, wenn man mit Rühl dem Konkursverwalter das Wahlrecht des § 17 KO. absprechen würde.

Im Vergleichsverfahren des Verkäufers eines unter Eigentumsvorbehalt verkauften Gegenstandes findet der § 4 VerglO. Anwendung. Der Käufer ist also wegen aller seiner Ansprüche aus dem Kaufvertrage, z. B. wegen mangelhafter Erfüllung, an dem Vergleichsverfahren nicht beteiligt. Der Käufer und der Verkäufer haben aber nach § 28 VerglO. das Recht, mit Ermächtigung des Vergleichsgerichts die weitere Erfüllung des Vertrages abzulehnen. Lehnt der Vergleichsschuldner (Verkäufer) die weitere Erfüllung des Kaufvertrages ab, so muß der Käufer die Kaufsache zurückgeben. Die Ablehnung der Erfüllung bringt zwar den aus dem Vertrage fließenden Erfüllungsanspruch nur für die Zukunft zum Erlöschen; sie hat nicht die Wirkung eines Rücktritts vom Vertrage. Deshalb können die bereits erfolgten Leistungen nicht zurückgefordert werden (vgl. Kiesow, VerglO. 3 Anm. X zu § 28; Mayer, Anm. 6, 18 zu § 30). Durch die Ablehnung der weiteren Erfüllung des Kaufvertrages über die unter Eigentumsvorbehalt verkaufte Sache wird aber der Käufer gehindert, den Kaufpreisrest an den Verkäufer zu zahlen. Die aufschiebende Bedingung, an die der Übergang des Eigentums an der Kaufsache auf den Käufer geknüpft ist, kann mithin nicht mehr eintreten; die Anwartschaft des Käufers auf das Eigentum zerfällt. Als Ersatz erhält der Käufer nur eine Schadensersatzforderung, mit der er am Vergleichsverfahren teilnimmt.

Lehnt der Käufer mit Ermächtigung des Gerichts die weitere Erfüllung des Kaufvertrages ab, so muß der Vergleichsschuldner (Verkäufer) die Vergleichssache zurücknehmen; er erhält für den ihm hierdurch etwa entstehenden Schaden vom Käufer keine Vergütung, während der Käufer einen ihm durch die Nichtweitererfüllung des Vertrages entstandenen Schaden geltend machen kann, mit dem er am Vergleichsverfahren des Verkäufers teilnimmt (§ 30 VerglO.).

II. Der Eigentumsvorbehalt im Konkurs- und Vergleichsverfahren des Käufers.

Für das Konkursverfahren des Käufers gilt wie für das Konkursverfahren des Verkäufers der § 17 KO. Der Konkursverwalter hat also die Wahl, ob er den Vertrag weiter erfüllen will oder nicht. Entschließt er sich für die Erfüllung des Vertrages, dann muß er den Kaufpreisrest zahlen, auch etwaige Rückstände; der Verkäufer ist Massegläubiger. Der unter Eigentumsvorbehalt gekaufte Gegenstand fällt in die Konkursmasse. Lehnt der Konkursverwalter die Erfüllung ab, so entsteht nach der herrschenden Ansicht für den Verkäufer ein Anspruch auf Aussonderung des Gegenstandes und eine Schadensersatzforderung wegen Nichterfüllung als gewöhnliche Konkursforderung. Der Schaden des Verkäufers mindert sich aber um den Wert der zurückerhaltenen Kaufsache (vgl. Jaeger, KO. 77, Anmerkung 45 zu § 17). Übersteigt der Wert der Kaufsache den Schadensersatzanspruch, so kann der Konkursverwalter gegen den Verkäufer einen Bereicherungsanspruch aus § 812 Absatz 2 BGB. erheben (vgl. Jaeger, Anmerkung 46 zu § 17).

Der Aussonderungsanspruch wird dem Verkäufer vom Reichsfinanzhof für den Fall abgesprochen, daß der Steuerfiskus Gegenstände, die unter Eigentumsvorbehalt gekauft sind, bei dem Käufer wegen Steuerforderungen gepfändet hat. In seinem berühmten Gutachten vom 8. Juni 1926 hat der Reichsfinanzhof ausgeführt, daß der Eigentumsvorbehalt (gleich der Sicherungsübereignung) wie ein nicht mit Besitz verbundenes Pfandrecht wirke. Deshalb könne der Sicherungsgläubiger einer Pfändung wegen Steuern nicht widersprechen, sondern nur Anspruch auf vorzugsweise Befriedigung erheben. Der Dritte Senat des Reichsgerichts ist dieser Auffassung im Urteil vom 9. April 1929 entgegengetreten und hat bei Sicherungsübereignung auch gegenüber dem Steuerfiskus dem Gläubiger die Widerspruchsklage zugebilligt. Für den

Eigentumsvorbehalt ist eine reichsgerichtliche Entscheidung nicht ergangen; sie könnte nicht anders ausfallen.

Noch weiter als der Reichsfinanzhof geht Rühl. Er stellt allgemein, nicht bloß wie der Reichsfinanzhof für die Steuerforderungen, den Eigentumsvorbehalt und die Sicherungsübereignung auf eine Stufe, weil beiden die „wirtschaftliche Zugehörigkeit" zum Vermögen des Gemeinschuldners gemeinsam sei (Seite 158). Er will deshalb den § 64 KO., der dem absonderungsberechtigten Gläubiger einen Anspruch auf Befriedigung aus der Konkursmasse in der Höhe seines bei der abgesonderten Befriedigung erlittenen Ausfalls zubilligt, auf den Eigentumsvorbehalt sinnentsprechend anwenden. Der durch den Eigentumsvorbehalt Geschützte sei zwar berechtigt, den Kaufgegenstand „auszusondern", müsse sich aber auf seine Forderung den Wert des zurückgenommenen Gegenstandes anrechnen lassen. Diese Ansicht ist mit dem geltenden Recht nicht vereinbar. Aber auch der Gesetzgeber wird sich ihr gegenüber ablehnend zu verhalten haben. Es ist nicht zu verkennen, daß die von Rühl befürwortete Regelung die Rechte des Verkäufers genügend wahrt. Aber sie würde das Abzahlungsgeschäft völlig zerschlagen. Denn der Kauf unter Eigentumsvorbehalt würde jeden Reiz verlieren, wenn der Käufer nicht gegen den Zugriff seiner Gläubiger geschützt wird. Solange das deutsche Volk Hausrat, Arbeitsgerät, Kleidung und Verkehrsmittel auf Abzahlung anzuschaffen genötigt ist, so lange wird das Eigentum des Verkäufers rechtlich als wahres Eigentum behandelt und geschützt werden müssen.

Wenn auf Grund eines einheitlichen Lieferungsvertrages eine bestimmte Menge von Waren unter Eigentumsvorbehalt geliefert wird,

z. B. 100 Paar Schuhe zu 10 RM das Paar, und bei Eröffnung des Konkurses über das Vermögen des Käufers 50 Paar verkauft, aber erst 5 Paar bezahlt waren, so ist die Rechtslage folgende:

a) Der Konkursverwalter lehnt die Erfüllung ab. Der Lieferant erhält die nicht verkauften 50 Paar Schuhe zurück, meldet seine Restkaufgeldforderung von 450 RM und seinen Schadenersatz in Höhe von 20 v. H. von 500 RM = 100 RM als Konkursforderung an.

b) Der Konkursverwalter wählt die Erfüllung. Dann behält er die 50 Paar Schuhe, muß aber dem Lieferanten nicht nur diese 50 Paar, sondern auch die vor Konkurseröffnung verkauften, aber noch nicht bezahlten 45 Paar voll, also mit 450 RM, bezahlen. In diesem Sinne hat sich auch Jaeger in Konk.-Treuh. 1929 Seite 17 ausgesprochen.

Für das Vergleichsverfahren findet § 4 VerglO. Anwendung, wonach Gläubiger, deren Ansprüche auf einem von beiden Vertragsstellen noch nicht vollständig erfüllten gegenseitigen Vertrag beruhen, an dem Vergleichsverfahren nicht beteiligt und von ihm nicht betroffen sind. Daraus ergibt sich, daß der Verkäufer den noch nicht berichtigten Teil des Kaufpreises in voller Höhe zu beanspruchen hat. Diese günstige Rechtslage des Verkäufers bleibt bestehen, auch wenn der Eigentumsvorbehalt dadurch hinfällig wird, daß während des Vergleichsverfahrens vom Käufer (Vergleichsschuldner) die Waren oder Warenreste weiterveräußert, daß sie verarbeitet, eingebaut oder zerstört werden.

Erklärt der Verkäufer nach Eröffnung des Vergleichsverfahrens auf Grund des § 455 BGB. seinen Rücktritt vom Vertrag, weil der Schuldner mit der Zahlung in Verzug gekommen ist, so kann er die Kaufsache zurückfordern und bleibt wegen seines

Geldanspruchs unberührt vom Vergleichsverfahren. Hatte der Verkäufer schon vor Eröffnung des Vergleichsverfahrens den Rücktritt erklärt, oder waren auf Grund einer vor Eröffnung des Verfahrens vollzogenen Wandlung die beiderseitigen Leistungen zurückzugewähren, oder hatte sich vor Eröffnung die Forderung in eine Schadenersatzforderung verwandelt, so wird die Forderung nicht vom Verfahren betroffen (Reichsgericht Bd. 112 S. 54; Mayer, Anmerkung 7 zu § 4 VerglO.).

Anders gestaltet sich die Rechtslage, wenn der Verkäufer von dem Vertrag loskommen möchte, ohne daß ihm der Käufer einen Anlaß zum Rücktritt gegeben hat, und auf Grund des § 28 VerglO. die Ermächtigung des Vergleichsgerichts erwirkt, sich von dem Vertrag loszusagen. Alsdann kann zwar der Verkäufer gleichfalls die Kaufsache zurückverlangen, sein Geldanspruch aus dem Vertrag verwandelt sich aber in einen Entschädigungsanspruch, mit dem er am Vergleichsverfahren beteiligt ist. Dieselbe Rechtsfolge erzeugt eine von dem Käufer mit Ermächtigung des Vergleichsgerichts erklärte Lossagung vom Vertrag.

Jaeger behandelt in dem vorerwähnten Aufsatz den Fall, daß der Verkäufer nach Eröffnung des Vergleichsverfahrens mit dem Schuldner dahin übereinkommt, daß der noch unverkaufte, unter dem Eigentumsvorbehalt stehende Warenbestand zur Entlastung des Schuldners an den Verkäufer zurückgewährt werde. Jaeger kommt zu dem Ergebnis, daß dieses Übereinkommen weder auf eine Erfüllungsablehnung noch auf einen Rücktritt vom Schuldvertrag hinzielt. Vielmehr wollen die Parteien das Schuldverhältnis im ganzen aufrechterhalten, es aber inhaltlich einschränken, indem sie ein Stück davon lösen und fallen lassen. Sie wollen das Schuldverhältnis nicht mit rückwirkender Kraft auflösen, sondern für die Zukunft im beiderseitigen Interesse durch gütliche Einigung teilweise zum Erlöschen bringen. Die durch dieses Abkommen nicht berührte Restkaufpreisforderung bleibt also dem § 4 VerglO. unterworfen, sie ist also in voller Höhe zu bezahlen. Der gleichen rechtlichen Beurteilung unterliegt der Fall, daß der Verkäufer einen Teil der unter Eigentumsvorbehalt verkauften Ware noch nicht geliefert hat und die Parteien nach der Eröffnung des Vergleichsverfahrens vereinbaren, daß dieser Rest nicht mehr geliefert werden soll. Hier wird „das Schlußstück des noch beiderseits unerfüllten Schuldverhältnisses verselbständigt und für die Zukunft aufgehoben". Diesen Ausführungen ist durchweg zuzustimmen.

Im österreichischen Recht ist die Frage umstritten, ob der Eigentumsvorbehalt erlischt, wenn der Verkäufer seine eigene Sache pfändet. Der Oberste Gerichtshof in Wien hat die Frage bejaht mit der Begründung, daß der pfändende Verkäufer stillschweigend auf den Eigentumsvorbehalt verzichtet. Ein Verzicht auf den Eigentumsvorbehalt wird sogar schon dann angenommen, wenn die Zwangsvollstreckung nur versucht und ergebnislos gewesen ist. Für das deutsche Recht läßt sich eine solche Entscheidung nicht rechtfertigen. Das Reichsgericht geht davon aus, daß die Pfändung der eigenen Sache zwar kein Pfandrecht für den pfändenden Eigentümer erzeuge, daß aber trotz des Nichtbestehens eines Pfändungspfandrechts das Verfahren zulässig und wirksam ist. Es hat sich auch gegen die Annahme ausgesprochen, daß in der Pfändung und in der Versteigerung einer unter Eigentumsvorbehalt verkauften und übergebenen Sache ein Verzicht auf den Eigentumsvorbehalt liege. Ob der Verkäufer einen solchen Verzicht erklärt hat, hängt immer nur von den Umständen des einzelnen Falles ab (vgl. RG. Bd. 66 S. 348 f., Bd. 79 S. 245).

Der Gläubiger, der seine eigene Sache pfändet, wird aber regelmäßig seine durch den Eigentumsvorbehalt erlangte Sicherung nicht aufgeben, sondern verstärken wollen. Er will sich dagegen schützen, daß der Schuldner die Kaufsache anderweitig veräußert. Aus dem deutschen Schrifttum sei nur die Ansicht von Rühl hervorgehoben, der nach eingehender Besprechung der bisher in Deutschland, Österreich und der Schweiz geäußerten Meinungen zu dem Ergebnis kommt (S. 183), daß es unvereinbar mit der Eigentümerstellung des Verkäufers sei, wenn er die eigene Sache endgültig verwertet, also versteigern läßt und der Erlös zu seiner eigenen Befriedigung dient, wogegen die bloße Pfändung, da sie wieder aufgehoben werden könne, sich mit der Stellung des Verkäufers als Eigentümer der Pfandsache wohl vereinigen lasse.

Die vorstehenden Erörterungen über das Aussonderungsrecht des Verkäufers gingen davon aus, daß sich der unter Eigentumsvorbehalt gekaufte Gegenstand bei Eröffnung des Konkursverfahrens über das Vermögen des Käufers noch in seinem bisherigen rechtlichen Zustande befindet. Es ist jetzt zu prüfen, inwieweit sich die rechtliche Lage des Verkäufers verändert, wenn der Kaufgegenstand eine rechtliche Wandlung, insbesondere durch Verbindung, Vermischung, Verarbeitung, Veräußerung, erfahren hat.

A. Verbindung durch Einbau.

Baustoffe und Maschinen, die unter Eigentumsvorbehalt geliefert sind, werden durch Einbau in ein Grundstück dem Eigentum des Verkäufers unwiderruflich entzogen. (§ 946 BGB.) Damit ist die Erfüllung des Kaufvertrages von seiten des Verkäufers, wenn auch gegen seinen Willen, vollendet und die Anwendung des § 17 KO. mit dem Wahlrecht des Verwalters ausgeschaltet. Der Verkäufer kann also im Konkurse des Käufers den Einbau nicht aussondern. Als dürftigen Ersatz gewährt ihm das Bürgerliche Gesetzbuch einen Bereicherungs- und einen Schadenersatzanspruch, der als gewöhnliche Konkursforderung geltend zu machen ist. Nur wenn die Verbindung der Baustoffe und Maschinen mit dem Grundstücke nach ihrer Zweckbestimmung nicht dazu führt, daß sie als dessen wesentliche Bestandteile angesehen werden können, sondern als Zubehör, bleibt der Aussonderungsanspruch des Verkäufers unangetastet[1]).

Die Maschinenindustrie hat wiederholt versucht, durch Vereinbarungen mit ihren Abnehmern den Eigentumsvorbehalt trotz Einbau der Maschinen in das Gebäude wirksam zu erhalten. Diese Versuche konnten aber keinen Erfolg haben; der Abnehmer kann weder zum Mieter noch zum Dienstbarkeitsverpflichteten noch zum Erbbauverpflichteten gestempelt werden (vgl. Rühl, Eigentumsvorbehalt, S. 143).

B. Vermischung, Vermengung.

Hat ein Bäcker von mehreren Mühlen Mehl, ein Weingroßhändler von mehreren Winzern Weine, ein Milchhändler von mehreren Molkereien Milch bezogen; vermengt der Bäcker die Mehle und vermischt der Weinhändler die Weine, der Milchhändler

[1]) Wegen der Rechtslage in den fremden Staaten vgl. Stulz, Eigentumsvorbehalt im in- und ausländischen Recht, S. 27 ff.

die Milchmengen, so werden die Lieferanten, wenn sie sich in allen diesen Fällen das Eigentum vorbehalten haben, nach §§ 948 und 949 BGB. Miteigentümer. Sie können also gemeinschaftlich im Konkursverfahren ihrer Abnehmer das vermengte Mehl, den vermischten Wein, die vermischte Milch aussondern und dann die Auseinandersetzung untereinander vornehmen. Aber auch jeder Lieferant kann das Aussonderungsrecht für sich allein geltend machen, indem er den auf ihn entfallenden Anteil an dem Mehl, dem Wein, der Milch herausverlangt (§ 420 BGB.). Die Anteile bestimmen sich nach dem Verhältnisse des Wertes, den die Sachen zur Zeit der Vermengung und Vermischung hatten (§ 497 BGB.). Die Bestimmung der Anteile stößt in der Praxis auf erhebliche Schwierigkeiten, weil die tatsächlichen Feststellungen nicht oder nur unvollkommen getroffen werden können.

Die Rechtslage[2]) wird noch verwickelter, wenn der Schuldner Ware, die in seinem freien Eigentum steht, mit Waren, die er von anderen Lieferanten unter Eigentumsvorbehalt bezogen hat, vermengt oder vermischt. Dann wird auch der Schuldner Miteigentümer, und es findet § 51 KO. Anwendung, wonach die im Miteigentum stehenden Lieferanten wegen ihrer Kaufpreisforderungen abgesonderte Befriedigung aus dem bei der Teilung oder sonstigen Auseinandersetzung ermittelten Anteil des Schuldners verlangen können. Diese Rechtsfolgen durch Vereinbarungen auszuschließen, ist kaum möglich.

Wie bei dem Einbau ist auch bei der Vermischung oder Vermengung die Anwendung des § 17 KO. ausgeschlossen. Im Vergleichsverfah-

[2]) Über die Rechtslage im Auslande vgl. Rühl S. 127 ff.

ren des Käufers haben die Lieferanten dieselben Rechte wie im Konkursverfahren; sie sind aussonderungsberechtigt und deshalb am Verfahren nicht beteiligt.

C. Verarbeitung.

Ein Tuchfabrikant liefert einem Konfektionshause Tuche unter Eigentumsvorbehalt. Der Käufer stellt aus ihnen Damenmäntel her und gerät dann in Konkurs. Nach § 950 BGB. ist durch die Verarbeitung das Eigentum an dem Tuche untergegangen, und der Inhaber ist durch die Verarbeitung Eigentümer der Damenmäntel geworden. Der Fabrikant kann also nicht aussondern, ist in Höhe seiner Kaufpreisforderung nicht vollberechtigter Konkursgläubiger und hat nur Anspruch auf die Konkursdividende. Dieses unbefriedigende Ergebnis hat die beteiligten Wirtschaftskreise zur Selbsthilfe veranlaßt. Sie haben sich bemüht, durch das Mittel der Vereinbarung mit den Abnehmerkreisen das Eigentum an dem durch die Verarbeitung des Stoffes hergestellten Erzeugnis zu erlangen. Ungeeignet hierfür war die früher beliebte Klausel, daß der Lieferant sich das Eigentum an dem gelieferten Stoff vorbehält und sich ausbedingt, daß das Eigentum an dem Fabrikat mit seiner Herstellung auf ihn übergehen solle, oder daß die Ware, auch in verarbeitetem Zustande, bis zur vollständigen Bezahlung Eigentum des Lieferanten bleibe. Hierbei wurde nicht beachtet, daß mit der Herstellung der Hersteller kraft Gesetzes Eigentümer des Fabrikates wird, und daß es einer ordnungsmäßigen Übereignung des Fabrikates nach seiner Entstehung seitens des Herstellers an den Lieferanten bedarf. Jetzt sucht man sich damit zu helfen, daß der Fabrikant zu der Erklärung veranlaßt wird, daß er die Verarbeitung für den Lieferanten, als dessen „Gehilfe“ oder als dessen „Vertreter“, vornehmen werde. Man geht davon aus, daß durch die Verarbeitung nicht der Arbeiter, sondern der Unternehmer Eigentümer des Erzeugnisses wird. Der Verarbeiter muß aber dann durch einen Dienst- oder Werkvertrag dem Unternehmer gegenüber verpflichtet sein; er ist dann nur das Werkzeug, der Mittler, der Gehilfe des Unternehmers. Theoretisch ist wohl die Begründung eines Dienstvertrages oder eines Werkvertrages zwischen dem Lieferanten und dem Fabrikanten möglich. Ein solches Rechtsverhältnis wird aber nicht schon durch die bloße Erklärung, daß der Fabrikant als „Gehilfe“ oder als „Vertreter“ des Lieferanten den Stoff verarbeiten werde, begründet. Die tatsächlichen Verhältnisse müssen vielmehr, wie Rühl (S. 137) mit Recht hervorhebt, die Annahme eines Arbeitsverhältnisses rechtfertigen. Nur dann, und es werden nur Ausnahmefälle sein, wird dem Lieferanten nach geltendem deutschen Recht ein Aussonderungsrecht an dem Arbeitserzeugnis zuerkannt werden können[3]). Eine schematische Anwendung dieser Klausel auf alle Verkäufe an die verarbeitende Industrie würde die allgemeinen Interessen der Industrie schädigen (vgl. Meyerstein a. a. O.).

D. Weiterveräußerung. Gesetzliche und vereinbarte Ersatzaussonderung.

Der Zweck des Eigentumsvorbehaltes ist, dem Verkäufer das Eigentum an der Kaufsache so lange zu sichern, bis der Käufer den Kaufpreis vollständig bezahlt hat. Dieser Zweck wird vereitelt, wenn der Käufer gegen den Willen des Verkäufers die Kauf-

[3]) Vgl. für das ausländische Recht Stulz S. 25.

sache vorzeitig weiterveräußert. Veräußert der Käufer dennoch die unter Eigentumsvorbehalt erworbene Sache an einen gutgläubigen Dritten, so erwirbt dieser das Eigentum an ihr, und der Eigentumsvorbehalt ist vernichtet (§ 932 BGB.). Es gibt keine gesetzliche Bestimmung, wonach der Kaufpreis, den der gutgläubige Dritte zahlt oder zu zahlen schuldig ist, dem Vorbehaltsverkäufer zukommt. Anders ist die gesetzliche Regelung bei dem Kommissionsgeschäft. Nach § 392 HGB. gelten Forderungen aus einem Geschäft, das der Kommissionär abgeschlossen hat, im Verhältnis zwischen dem Kommittenten und dem Kommissionär als Forderungen des Kommittenten. Die Folge ist, daß der Kommittent im Konkurse des Kommissionärs die Forderungen des Kommissionärs gegen seinen Käufer aussondern kann. Dieser Rechtssatz läßt sich aber nach dem bestehenden Recht nicht auf den Verkauf unter Eigentumsvorbehalt anwenden. Denn Kommissionsvertrag und Verkauf unter Eigentumsvorbehalt sind wesentlich voneinander verschieden. Der Verkauf unter Eigentumsvorbehalt ist darauf gerichtet, das Eigentum an der Kaufsache auf den Käufer zu übertragen. Beim Kommissionsgeschäft ist der Kommissionär nicht Eigentumsanwärter; die Kommissionsware ist für ihn eine fremde Ware, die er zwar im eigenen Namen, aber für Rechnung des Kommittenten zu verkaufen und, wenn er sie nicht verkaufen kann, dem Kommittenten zurückzugeben hat. Da der Kommittent der eigentliche Verkäufer ist, so hielt es der Gesetzgeber für angebracht, ihn auch als den Forderungsberechtigten zu bezeichnen.

Der Vorbehaltskäufer kann demnach kein Aussonderungsrecht im Konkurse des Käufers ausüben, aber die Konkursordnung gewährt ihm im § 46 als Ersatz für das verlorene Eigentum, das ihn zur

Aussonderung berechtigt hätte, den Anspruch auf Abtretung der ausstehenden Forderung des Vorbehaltskäufers gegen seinen Abnehmer. Diesen Anspruch auf Abtretung des Außenstandes kann der Vorbehaltseigentümer aussondern. Hatte der Vorbehaltskäufer aber den Kaufpreis bereits vor der Konkurseröffnung erhalten, dann ist der Vorbehaltsverkäufer gewöhnlicher, nicht bevorrechtigter Konkursgläubiger.

Diese sogenannte Ersatzaussonderung steht aber nach der von Jaeger begründeten Lehre, der sich das Reichsgericht angeschlossen hat, dem Vorbehaltsverkäufer nicht zu, wenn er seinem Käufer die Weiterveräußerung gestattet hat. Die Vereinbarung einer Weiterveräußerung der Ware schränkt den Anspruch auf Aussonderung des Verkäufers ein und folgerichtig auch die Ersatzaussonderung aus § 46 KO. Die Billigkeitserwägungen, die den Gesetzgeber bestimmt haben, die Ersatzaussonderung einzuführen, sind nur auf den Fall abgestellt, daß die Veräußerung durch den Gemeinschuldner unrechtmäßig war (so Entscheid. des Reichsgerichts Bd. 115 S. 264 unter Berufung auf Jaeger, Anm. 3 zu § 46 KO.).

Es leuchtet ein, daß die Anwendung dieser Lehre zu Unbilligkeiten und Härten führen muß. Industrie- und Handelskreise haben sich bemüht, im Wege der Vereinbarung sie zu beseitigen oder wenigstens abzuschwächen. Das Problem lautet: Wie kann die Vereinbarung gefaßt werden, damit erreicht wird, daß zugleich mit dem Verkauf der Ware der Verkäufer die Rechte des Käufers aus einer Weiterveräußerung erwirbt? Bekannt ist der Versuch der Süddeutschen Mühlenvereinigung G. m. b. H. in Mannheim, ein Kommissionsverhältnis zwischen dem Verkäufer der Vorbehaltsware und dem Käufer zu begründen, in dem Sinne, daß die aus der Weiterveräußerung entstehenden Forderungen als Forderungen des Verkäufers im Sinne des § 293 HGB. zu gelten haben. Der Wortlaut der Klausel ist im Aufsatz von Meyerstein, S. 9/10, abgedruckt. Das Landgericht Stuttgart hat dieser Klausel mit Recht die Wirkung versagt. Die Begründung geht insoweit fehl, als hierin ein Verstoß gegen die guten Sitten gefunden wird, wie bereits Jaeger in Konk. Treuh. 1930 S. 18 hervorgehoben hat. Es kann aber den Vertragschließenden nicht die Befugnis eingeräumt werden, Verkäufe, die einer von ihnen für eigene Rechnung betätigen wird, der gesetzlichen Behandlung des Verkaufs für fremde Rechnung zu unterstellen, worauf Jaeger gleichfalls hingewiesen hat. Man wird auch Jaeger weiter dahin folgen müssen, daß eine im voraus vereinbarte Abtretung der Forderungen, die aus dem Weiterverkauf der Vorbehaltsware entstehen werden, statthaft ist. Nach der herrschenden Ansicht ist die Abtretung zukünftiger Forderungen wirksam, sofern sie nur ihrem Rechtsgrunde nach schon jetzt genau bestimmbar sind; daß sie auch ihrer Höhe nach bereits feststehen, wird nicht gefordert. Die Rechtslage bei der Abtretung zukünftiger Forderungen ist die, daß im Falle des Weiterverkaufs der Ware zunächst der Käufer die Forderung erwirbt, in seinem Konkurse aber nicht mit Wirksamkeit gegenüber den Konkursgläubigern weiter zedieren kann (§ 15 KO.). Solange aber dieses Hemmnis nicht besteht, vollzieht sich der Forderungsübergang auf den Verkäufer von selbst und sofort nach der Entstehung der Forderung (Jaeger, Konk. Treuh. 1930 S. 18). Trotzdem führt die im voraus vereinbarte Abtretung der Forderung nicht ganz zu dem erstrebten Erfolge.

Denn die Abtretung geschieht nur zum Zwecke der Sicherung des Verkäufers; und es ist jetzt anerkannten Rechtes, daß eine Sicherheitsübereignung, auch wenn es sich um Forderungen handelt, dem Erwerber kein Aussonderungsrecht, sondern nur ein Absonderungsrecht gewährt.

Es ist zu verstehen, daß Meyerstein die formularmäßige Anwendung des Eigentumsvorbehalts bei dem Verkauf von Waren, die ihrer Natur nach zum Verbrauch, zur Verarbeitung oder zur Weiterveräußerung bestimmt sind, verurteilt und bekämpft, und daß er die Vereinbarung eines Eigentumsvorbehalts nur da für statthaft erklärt, wo durch gesonderte Lagerung oder Buchführung der Nachweis des Eigentümers jederzeit zu führen ist. Es ist aber auch verständlich, daß die Industrie nicht gewillt ist, sich den Eigentumsvorbehalt, den Schwartz mit Recht „die legitime Waffe des Lieferanten im Kampf gegen die von seinem Käufer zu befürchtende Weiterveräußerung“ nennt, sich aus der Hand schlagen zu lassen (vgl. S. 34).

Ein Ausgleich der widerstreitenden Interessen wird sich auf Grund des bestehenden Rechts nicht finden lassen. Die formularmäßige Verwendung der Eigentumsvorbehaltsklausel wird erst verschwinden, wenn der Gesetzgeber dem Vorbehaltsverkäufer den ihm gebührenden Eigentumsschutz gewähren wird. Dieser Schutz wird darin bestehen müssen, daß, in Anlehnung an die Bestimmung über das Kommissionsgeschäft, dem Vorbehaltsverkäufer die Forderung des Käufers aus der Weiterveräußerung zugesprochen wird mit der Maßgabe, daß diese Forderung erst nach völliger Zahlung des Kaufpreises auf den Vorbehaltskäufer übergeht.

Der Eigentumsvorbehalt vom Standpunkt der Staatsanwaltschaft.

Von Generalstaatsanwalt Dr. Wilde, Berlin.

Der Eigentumsvorbehalt ist als geeignetes Kreditsicherungsmittel erst in der Zeit nach der Inflation hervorgetreten. Vorher wurde er im Einzelhandel, von Ausnahmen abgesehen, nur von reinen Abzahlungsgeschäften angewandt. Wenn andere Einzelhändler nach der Inflationszeit ihre Waren auf Wunsch des Käufers auf Abzahlung gegen Eigentumsvorbehalt liefern, so geschieht dies in dem Kampf um die Erhaltung des alten Kundenkreises, der meist infolge der Inflation die Hauptsubstanz seines Vermögens verloren hat und die Ware nur ratenweise bezahlen kann. Vor Abschluß eines Kaufes auf Abzahlung zieht der Einzelhändler Erkundigungen über den Kunden ein, wobei er sich der aufgegebenen Referenzen und meist noch einer Auskunftei bedient. Ergeben diese die Bonität des Käufers, so wird der bis dahin bedingte Kaufvertrag perfekt und die Ware unter Eigentumsvorbehalt geliefert. Ist der Kaufpreis nicht mit Rücksicht auf die Bewilligung von Teilzahlungen erhöht — Abzahlungsgeschäfte pflegen auf die Gestehungspreise handelsüblich 100 v. H. aufzuschlagen (vgl. „Mitteilungen der Industrie- und Handelskammer“ 1929 Heft 6 S. 284) —, so kommt in der Regel ein Zuschlag von 1 v. H. monatlich zu dem Kaufpreis hinzu.

Nachdem im Großhandel in der Nachinflationszeit der Personalkredit durch den Realkredit verdrängt worden war, machte man hier von der sogenannten Sicherungsübereignung als Kreditsicherungsmittel häufigen Gebrauch. Durch Besitzkonstitut gemäß § 930 BGB. (d. h. Eigentumsübergang ohne Besitzwechsel) wurde schnell verwertbares Mobiliar, z. B. ein Warenlager, auch Hausstand, dem Verkäufer zu Sicherungseigentum übertragen, eine Kreditmaßnahme, die nach außen hin nicht in die Erscheinung tritt, und die sich, wegen der Heimlichkeit, vielfach als schwere Gefahr für die übrigen Gläubiger des Schuldners ergeben hat. Dies ist wohl der Grund, daß auch der Großhandel sich immer mehr dem Eigentumsvorbehalt als Sicherungsmittel gegen Kreditgefährdung bei Stundung des Kaufpreises zugewandt hat. Sowohl im Einzelhandel als auch im Großhandel sehen wir daher heute in recht umfangreicher Weise den Eigentumsvorbehalt als Sicherungsmittel für gewährten Kredit.

Der Eigentumsvorbehalt gewährt dem Verkäufer, der gegen Böswilligkeit und ungewollte Zahlungsunfähigkeit geschützt werden muß, einen doppelten Schutz: zivilrechtlich insbesondere durch die Aussonderung im Konkurse und die Intervention bei Zwangsvollstreckungen anderer Gläubiger des Käufers in die noch nicht bezahlte Sache, ferner strafrechtlich gegen böswillige Verletzung der Rechte des Verkäufers durch mehrere strafrechtliche Bestimmungen.

Nach der Struktur des Wirtschaftskörpers gelangt eine Ware nur in Ausnahmefällen unmittelbar vom Erzeuger zum Verbraucher. Im allgemeinen führt der Weg über ein oder mehrere Glieder des Zwischenhandels. Die Warenlieferungsverträge zwischen Fabrikant und Händler (bzw. Großhändler und Einzelhändler) sind grundsätzlich verschieden von den Lieferungsverträgen zwischen dem Händler und dem Verbraucher. Denn während der Händler die Ware lediglich zum Zwecke der Weiterveräußerung erwirbt, will der Verbraucher den wirtschaftlichen

Nutzungswert der Sache erlangen. Diese Verschiedenheit erfordert in strafrechtlicher Hinsicht eine getrennte Behandlung beider Vertragsgruppen.

Einfach liegt die Sache bei Kreditkaufverträgen zwischen dem Händler und dem Verbraucher (Einzelhandel). Der Eigentumsvorbehalt bezweckt, daß das Eigentum der Ware bis zur völligen Bezahlung des Kaufpreises beim Verkäufer verbleibt und der Verkäufer die Möglichkeit hat, im Falle der Nichterfüllung des Vertrages sich an die verkaufte Ware zu halten. Veräußert der Käufer die Ware ohne Zustimmung des Verkäufers, so begeht er eine rechtswidrige Zueignung einer fremden, ihm anvertrauten Sache und damit eine nach § 246 StGB. strafbare, sogenannte qualifizierte Unterschlagung. In der strafrechtlichen Praxis ergeben sich manchmal bei diesem einfachen Falle Schwierigkeiten. Handelt es sich zum Beispiel um den Kauf einer goldenen Uhr oder eines Schmuckgegenstandes, und der Käufer, welcher in Wirklichkeit den Gegenstand unbefugt weiterveräußert hat, wendet gegenüber der Beschuldigung der Unterschlagung ein, daß er die Uhr verloren habe, oder daß sie ihm gestohlen sei, so werden die Strafverfolgungsbehörden dem Beschuldigten nicht immer nachweisen können, daß er die Unwahrheit gesagt und die Uhr in Wirklichkeit verkauft und sich zugeeignet hat. Auch der Begriff der Zueignung, des notwendigen Tatbestandsmerkmals jeder Unterschlagung, gibt manchmal zu Zweifeln Anlaß. — Unter „Zueignung" versteht man die Anmaßung einer eigentumsgleichen Herrschaft über die Sache. Der Täter muß nach außen hin erkennbar wie ein Eigentümer über die Sache verfügen. Verpfändet z. B. der Käufer die noch im Eigentum des Verkäufers stehende Sache, so kann darin, muß aber nicht eine Zueignung und damit eine Unterschlagung liegen. Die Zueignungsabsicht wird zu verneinen sein, wenn der Täter den Willen zur Wiedereinlösung hatte. Der Richter hat den Willen des Täters aus den Umständen zu erforschen. War der Täter zur Zeit der Verpfändung in einer solchen Vermögenslage, daß er nicht mit der Möglichkeit der Wiedereinlösung rechnen konnte, so ist die Verpfändungshandlung als Unterschlagung anzusehen, anderenfalls dürfte nur ein vertragswidriger, aber nicht strafbarer Gebrauch vorliegen. Eine strafrechtlich zu verfolgende Zueignung würde auch darin liegen, daß der zahlungsunfähige Käufer, dem der Verkäufer die Ware wieder wegnehmen will, diese aus Rache zerstört. Dagegen würde eine Zueignung nicht in Frage kommen, wenn der Käufer nur aus Fahrlässigkeit die Sache beschädigt. Eine Unterschlagung kann schon darin liegen, daß der Täter die unter Eigentumsvorbehalt erlangte Ware zum Kaufe anbietet oder einen Vermittler mit dem Weiterverkauf beauftragt (RGSt. 17, 59; 55, 145). Eine strafrechtliche Unterschlagung dürfte dann nicht vorliegen, wenn es sich um den Kauf von Sachen handelt, die ihrer Natur nach zum Verbrauch bestimmt sind. Zum Beispiel der Käufer kauft zehn Pfund Kaffee für seinen Haushalt unter Eigentumsvorbehalt. Im Verbrauch des Kaffees liegt zwar eine Zueignung, diese ist aber nicht rechtswidrig; denn der Verkäufer hat den Kaffee zum Verbrauch geliefert. Der Eigentumsvorbehalt hat in diesem Falle nur zivilrechtliche Bedeutung. Eine strafrechtlich zu verfolgende Unterschlagung würde jedoch vorliegen, wenn der Käufer den Kaffee, statt ihn zu verbrauchen, an einen Dritten veräußert, da diese Form der Zueignung eine rechtswidrige ist. Verbindet oder vermischt der Käufer die Vorbehaltssache mit anderen Sachen gleicher Art, oder verarbeitet er sie zu einem neuen Werk, so ergibt sich folgendes: Bei der Verbindung von Sachen, die im Eigentum verschiedener Personen stehen, werden die bisherigen Eigentümer Miteigentümer an der verbundenen Gesamtsache in der Weise, daß die Anteile sich nach dem Verhältnisse des Wertes bestimmen, den die Sachen zur Zeit der Verbindung haben. (§ 947 BGB.) Das gleiche gilt gemäß § 948 BGB., wenn bewegliche Sachen gleicher Gattung, z. B. Getreide oder Kaffee, untrennbar miteinander vermischt werden. Bei der Verarbeitung eines Rohstoffes zu einem neuen Werk wird der Verarbeiter nach § 950 BGB. unbeschränkter Eigentümer der neu entstandenen Sache, sofern nicht der Wert des Stoffes den Wert der Arbeit erheblich übersteigt. Diese zivilrechtlichen Vorschriften können nur insofern strafrechtliche Bedeutung gewinnen, als durch sie ein etwa vereinbarter Eigentumsvorbehalt des Verkäufers ganz oder teilweise zunichte gemacht wird. Der Käufer, der unter Eigentumsvorbehalt gelieferte Sachen mit anderen verbindet, vermischt oder sie verarbeitet, eignet sie sich zu, indem er sich ein Miteigentum an der verbundenen oder vermischten Gesamtsache oder an der durch Verarbeitung neu hergestellten Sache verschafft. Für die strafrechtliche Beurteilung kommt es darauf an, ob diese Zueignung rechtmäßig oder in rechtswidriger Absicht erfolgt. Die Rechtswidrigkeit wird zu verneinen sein bei Lieferungen von Rohstoffen an Handwerker, die solche Rohstoffe verarbeiten, z. B. der Verkäufer liefert Anzugstoffe an einen Schneider. Hier dürfte es selbstverständlich sein, daß der Schneider befugt sein soll, den Stoff zu einem Anzug zu verarbeiten. Die in der Verarbeitung liegende Zueignung ist also hier nicht rechtswidrig, eine Unterschlagung daher zu verneinen. Zweifel können sich aber ergeben bei der Vermischung von Gattungssachen, z. B. der Verkäufer liefert Kohlen unter Eigentumsvorbehalt. Werden diese Kohlen auf die im Keller des Käufers liegenden geschüttet, so würde eine strafrechtliche Unterschlagung dann vorliegen, wenn der Käufer nach den ausdrücklichen Bestimmungen des Kaufvertrages die unter Eigentumsvorbehalt gelieferten Kohlen getrennt lagern mußte. In allen Fällen ist Voraussetzung für die Strafbarkeit, daß der Täter den Eigentumsvorbehalt kannte. Ein Irrtum des Käufers hierüber würde seine Strafbarkeit gemäß § 59 StGB. ausschließen. Es liegt daher im Interesse des Verkäufers, den Käufer bereits beim Vertragsschluß in klarer Weise auf den Eigentumsvorbehalt hinzuweisen.

Es mag noch auf die eigenartige Entwicklung des Eigentumsvorbehalts im Automobilhandel (Einzelhandel) hingewiesen werden. Hier finden wir jetzt vielfach, daß der Käufer zwei Verträge abschließt, und zwar einen Kaufvertrag unter Eigentumsvorbehalt mit dem Händler und einen Darlehnsvertrag mit der Finanzierungsgesellschaft. Das Finanzierungsinstitut diskontiert die vom Käufer an den Händler gegebenen Wechsel, deren Höhe so bemessen ist, daß der Händler bei Diskontierung nach Abzug der Zinsen und Spesen den vollen Rest der mit dem Käufer vereinbarten Kaufsumme erhält. Nach dem Vertrage zwischen Käufer und Händler geht nun das Eigentum auf den Käufer über; denn der Händler ist wegen seiner Ansprüche aus dem Kaufvertrage durch das Finanzierungsinstitut befriedigt. Die Finanzierungsgesellschaft, welche den Restkaufpreis ausgelegt hat, bedarf aber ebenfalls einer Sicherung bis zur ordnungsmäßigen Einlösung der vom Käufer gegebenen Wechsel. Zu diesem Zwecke vereinbart sie mit dem Käufer, daß von dem Zeitpunkt ab, in dem sie dem Händler die Wechsel diskontiert, das Eigentum an dem Wagen auf die Finanzierungsgesellschaft übergehen soll. Die Finanzierungsgesellschaft, die durch Sicherungsübereignung Eigentümer des Wagens geworden ist, bleibt dies, bis die Wechsel eingelöst sind. Der Käufer, welcher den Wagen vor Einlösung der Wechsel unbefugt weiter verkauft, macht sich also der Unterschlagung schuldig, und zwar entweder zum Nachteil des Händlers, wenn die Wechsel noch nicht diskontiert sind, oder gegenüber der Finanzierungsgesellschaft, wenn diese den Betrag bereits verauslagt hat. In der Praxis wird bei diesem Verfahren eine Unterschlagung zum Nachteil des Automobilhändlers nur selten vorkommen; es wird in diesem Falle meist ein Betrug vorliegen, da die Diskontierung wenige Tage nach der Hingabe der Wechsel erfolgt. In dieser kurzen Zeitspanne können sich die wirtschaftlichen Verhältnisse des Käufers kaum so grundlegend ändern, daß anzunehmen ist, er habe den Entschluß, den Wagen zu verkaufen, erst nach Abschluß des Kaufvertrages gefaßt. In diesem Falle wird vielmehr anzunehmen sein, daß der Käufer des Wagens zu den in der strafrechtlichen Praxis leider sehr häufigen, das Wirtschaftsleben schwer schädigenden Betrügern gehört, die von vornherein darauf ausgehen, Waren (meist Fahrräder, Nähmaschinen usw.), die ihnen nach geleisteter Anzahlung unter Eigentumsvorbehalt übergeben sind, sofort weiter zu veräußern, ohne die Absicht zu haben, dem Verkäufer außer der geleisteten Anzahlung weitere Zahlungen zukommen zu lassen. In solchen Fällen liegt Betrug vor, indem der Verkäufer auf Grund der Vorspiegelung, der Käufer werde die vereinbarten Zahlungen leisten, zur Herausgabe des gekauften Gegenstandes veranlaßt worden ist. Die Weiterveräußerung der Sache durch den betrügerischen Käufer ist dann keine selbständige Unterschlagung mehr, sondern eine straflose Verwertungshandlung zu dem bereits vollendeten Vergehen des Betruges.

Der mildere § 248 a StGB., der denjenigen mit Strafe bedroht, der aus Not geringwertige Gegenstände unterschlägt, kommt in der Praxis deshalb wenig zur Anwendung, da es sich bei Abzahlungsgeschäften meist nicht um geringwertige Waren handelt. Auch die Bestimmung des § 153 Abs. 2 StPO., wonach die Staatsanwaltschaft, wenn die Schuld des Täters gering ist und die Folgen der Tat unbedeutend sind, mit Genehmigung des Amtsrichters von der Erhebung der Anklage absehen kann, greift bei Unterschlagungen, die Vorbehaltsware betreffen, nur ganz selten Platz. Seine Anwendung dürfte etwa in folgenden Fällen angezeigt sein: Der Käufer hat den Kaufpreis bis auf wenige Raten gezahlt und verkauft die unter Eigentumsvorbehalt gelieferte Sache. Nachdem gegen ihn wegen Unterschlagung Anzeige erstattet ist, zahlt der Käufer die letzten Raten, wonach der Verkäufer, der jetzt kein Interesse mehr an der strafrechtlichen Verfolgung hat, seine Anzeige bei der Staatsanwaltschaft zurücknimmt. Nur durch die neue Vorschrift des § 153 StPO. ist es der Staatsanwaltschaft möglich, von der Weiterverfolgung der Sache abzusehen. Früher hätte sie trotzdem die öffentliche Klage erheben müssen.

Abweichungen ergeben sich bei der Beurteilung des Eigentumsvorbehalts, der bei Lieferungsverträgen zwischen Fabrikant und Händler bzw. zwischen Großhändler und Einzelhändler vereinbart wird (Großhandel). Die Bezeichnung „Lieferungsverträge" ist hier gewählt im Gegensatz zu dem vorhergehenden Abschnitt, in dem Kaufverträge im

Einzelhandel zugrunde gelegt sind. Der Händler ist nicht immer in der Lage — namentlich wenn es sich um hochwertige Waren handelt, die noch dazu der Mode oder Konjunktur stark unterworfen sind —, sich ein größeres Lager fest gekaufter Waren anzulegen. Dies ist wohl der Hauptgrund, daß häufig im Großhandel zwischen Lieferant und Händler die Vereinbarung getroffen wird, daß der Händler als Bevollmächtigter des Lieferanten beim Weiterverkauf der Ware auftreten soll. Derartige Vereinbarungen finden sich namentlich im Handel mit hochwertigen Objekten, z. B. im Automobil- und Möbelhandel, sofern nicht dort die später zu erörternde Form des Kommissionsgeschäfts vorgezogen wird. Ist zwischen Händler und Lieferant vereinbart, daß der Händler die Vorbehaltsware als „Bevollmächtigter" des Lieferanten weiterverkaufen soll, und veräußert der Händler die Ware statt für fremde für eigene Rechnung, d. h. verkauft er im eigenen Namen und zieht den Kaufpreis für sich ein und verwendet ihn für sich, so begeht er eine nach § 266 Abs. 1 Nr. 2, Abs. 2 StGB. strafbare Untreue. Das gleiche ist der Fall, wenn er beim Verkauf der Ware als Bevollmächtigter des Lieferanten sichtbar in die Erscheinung tritt und den Kaufpreis für sich verwendet.

Nicht selten vereinbaren die Lieferanten mit dem Händler außer dem Eigentumsvorbehalt ein dahin gehendes Vollmachtsverhältnis, daß der Händler verpflichtet wird, das Eigentum an dem von ihm für die Ware erzielten Kaufpreis unmittelbar für den Lieferanten als dessen Vertreter zu erwerben. Das Reichsgericht bejaht die Möglichkeit solcher Vereinbarungen (RGSt. 62, 31). Der Händler, welcher sich an dem für seinen Vollmachtgeber empfangenen Gelde vergreift, macht sich der Untreue in Tateinheit mit Unterschlagung schuldig. Schwierig wird der

Fall jedoch, wenn die Begleichung des Kaufpreises vom Verbraucher nicht durch Hingabe der baren Kaufgeldsumme, sondern durch Überweisung oder durch Einwechseln eines größeren Geldscheines erfolgt. Man kann sich praktisch nicht vorstellen, daß der die Forderung des Lieferanten übersteigende Geldschein ebenfalls unmittelbar in dessen Eigentum fallen sollte. Die vorgenannte Entscheidung ist deshalb auch in der Literatur mit Recht auf Bedenken gestoßen. In der Strafrechtspraxis wird man jedoch ohne diese Konstruktion auskommen. Nachdem in der Reichsgerichtsentscheidung (Bd. 64 S. 86) der Tatbestand der Untreue erheblich erweitert ist, ist in der Strafpraxis in derartigen Fällen zum Schutze des Lieferanten der § 266 Nr. 2 StGB. zur Anwendung zu bringen, da der Händler, welcher über das dem Lieferanten zukommende Geld anderweitig verfügt, das zwischen ihm und dem Lieferanten bestehende „Treueverhältnis" verletzt und damit eine Untreue begeht, gleichgültig, ob er rechtlich Eigentum an dem abzuführenden Kaufpreise erlangt hat oder nicht.

Wie liegt aber der Fall, wenn zwischen Lieferant und Händler ein ausdrückliches Vollmachtsverhältnis nicht vereinbart ist, die Abreden vielmehr lediglich lauten, der Händler solle berechtigt sein, die Ware zu veräußern, jedoch verpflichtet sein, den Kaufpreis der — noch im Eigentum des Lieferanten stehenden — Vorbehaltsware sofort nach Empfang an den Lieferanten abzuführen? Nach der früheren Rechtsprechung hatte eine solche Abrede lediglich zivilrechtliche Bedeutung. Nach der neueren Rechtsprechung des Reichsgerichts ist sie aber auch strafrechtlich geschützt. Wohl mit Rücksicht darauf, daß bei der Zunahme des Kreditverkehrs das Bedürfnis nach einem stärkeren strafrechtlichen Schutz zivilrechtlicher Abreden immer mehr hervorgetreten ist, zeigt sich neuerdings in der Rechtsprechung das Bestreben, auf dem strafrechtlichen Gebiete der Untreue zivilrechtliche Abreden immer mehr gegen böswillige Schuldner zu schützen. Die Rechtsprechung (RG. 63, 407; 64, 86) trägt dieser Notwendigkeit dadurch Rechnung, daß sie zwischen Händler und Lieferant ein Treueverhältnis nach § 266 Abs. I Nr. 2 StGB. annimmt. Unerheblich ist dabei, ob der Händler hierbei ermächtigt, ersucht oder beauftragt worden ist, den Kaufpreis einzuziehen. In allen drei Fällen ist er als „Bevollmächtigter" anzusehen. In der Vereinbarung zwischen Händler und Lieferant, daß der Händler den Kaufpreis der Vorbehaltsware sofort an den Lieferanten abführen solle, liegt die „Ermächtigung", für den Lieferanten den Kaufpreis der Vorbehaltsware von dem Käufer einzuziehen, so daß der Händler Bevollmächtigter im Sinne des § 266 Abs. 1 Nr. 2 (nicht Bote) ist, denn der Begriff der Vollmacht ist hier lediglich strafrechtlicher Natur (RG. Bd. 63 S. 407) und daher weiter als im Zivilrecht auszulegen. Die Rechtsprechung geht mit Recht davon aus, daß der Schuldner in denjenigen Fällen, in denen ihm die sofortige Ablieferung des Kaufpreises zur Pflicht gemacht ist, zwar nach außen hin Eigentümer des erlangten Geldes ist, und daß er bei Zahlung auf Bank- oder Postscheckkonto der Bank bzw. Post gegenüber verfügungsberechtigt über das betreffende Konto ist. Im Innenverhältnnis zwischen Lieferant und Händler handelt es sich aber um solche Forderungen, die wirtschaftlich dem Lieferanten zustehen, die also „wirtschaftlich zu seinem Vermögen" gehören. Der Händler darf daher nur insoweit über die aus seinem Bankkonto gegen die Bank bestehende Forderung — bzw. bei Barkäufen über den, in seiner Ladenkasse liegenden, Kaufpreis — verfügen, als er imstande bleibt, dem Anspruch des Lieferanten auf Weiterüberweisung des Kaufpreises nach Abzug etwa zustehender Provisionen und Spesen gerecht zu werden. Schöpft der Händler sein Konto weiter aus, indem er die „wirtschaftlich" zum Vermögen des Lieferanten gehörenden Forderungen zum eigenen Nutzen verwendet, so verstößt er gegen das zwischen ihm und seinem Lieferanten begründete Treueverhältnis und macht sich der Untreue schuldig. Es mag noch erwähnt werden, daß das S. 13 erwähnte Urteil der Stuttgarter Zivilkammer, soweit seine Gründe mir bekannt geworden sind, für die strafrechtliche Beurteilung der obigen Fälle ohne Bedeutung sein dürfte, da der Strafrichter denjenigen bestraft, der das Treueverhältnis im Sinne der Entscheidung des Reichsgerichts „dolos" verletzt.

Sind aber die oben erörterten Abreden hinsichtlich des Erlöses der Vorbehaltsware nicht getroffen, hat vielmehr der Händler die Ware lediglich unter Eigentumsvorbehalt ohne weitere Einschränkungen fest gekauft, so hat der Eigentumsvorbehalt in der Hauptsache lediglich zivilrechtliche Bedeutung. Hier liefert der Erzeuger an den Händler zum Zwecke der handelsüblichen Weiterveräußerung. Die Weiterveräußerung im ordnungsmäßigen Geschäftsverkehr ist demnach hier nicht rechtswidrig. Nur dann würde der Käufer der Vorbehaltsware sich strafbar machen, wenn er die Ware verschleudert, verpfändet oder verschenkt. In dem Falle würde eine Unterschlagung vorliegen.

Weiter tritt der Händler im geschäftlichen Leben häufig als Verkaufskommissionär des Lieferanten auf. Das Wesen des Kommissionsvertrages besteht darin, daß der Kommissionär gewerbsmäßig nach außen hin dem Käufer gegenüber in eigenem Namen auftritt, im Innenverhältnis aber nicht für eigene Rechnung, sondern für die seines Auftraggebers, des sogenannten Kommittenten, handelt. Wenn nun der Verkaufskommissionär das Kommissionsgut rechtswidrig nicht für Rechnung des Kommittenten, sondern für eigene Rechnung verkauft, in der Absicht, den Erlös nicht abzuliefern, so liegt eine Unterschlagung des Kommissionsgutes in Tateinheit mit Untreue vor, da der Verkaufskommissionär, abgesehen vom Falle des Selbsteintritts (§ 400 HGB.), niemals Eigentümer des Kommissionsgutes ist. Die etwaige besondere Verabredung des Eigentumsvorbehalts ist daher bei der Verkaufskommission überflüssig und für die strafrechtliche Beurteilung ohne Bedeutung. Wenn der Verkaufskommissionär in dem obigen Falle den Erlös später nicht an den Kommittenten abliefert, so liegt darin nur eine straflose Verwertungshandlung, da er schon vor dem strafbaren Verkauf der Kommissionsware die Absicht hatte, ihn zu behalten. In gleicher Weise macht sich der Verkaufskommissionär strafbar, wenn er rechtswidrig das Kommissionsgut in der Weise zu einer neuen Sache verarbeitet, daß er nach § 950 BGB. deren Eigentümer wird. Verkauft der Verkaufskommissionär für fremde Rechnung und faßt dann den Entschluß, den für die Ware erzielten Erlös zu behalten, und verwendet ihn für sich, so liegt darin der Tatbestand der Untreue (§ 266 Abs. 1 Nr. 2 StGB.). Hierbei ist es vom strafrechtlichen Standpunkt unerheblich, ob das Innenverhältnis zwischen Verkaufskommissionär und Kommittent durch vertragliche Abreden besonders gestaltet worden ist. So kann etwa vereinbart sein, daß das Eigentum des für die Kommissionsware erzielten Erlöses sofort auf den Kommittenten übergehen soll. In diesem Falle wird der Kommittent Eigentümer des Geldes, sobald der

Kunde es dem Kommissionär auszahlt. Auch die vorherige Abtretung der für das Kommissionsgut zu erwerbenden Kaufpreisforderung kann gleichfalls vereinbart werden. Ob diese rechtswirksamen Abreden getroffen sind oder nicht, ist für die strafrechtliche Beurteilung nicht entscheidend, da der Kommissionär in allen Fällen das in der neueren Rechtsprechung geschützte „Treueverhältnis" verletzt. Nach der Rechtsprechung des Reichsgerichts ist aber in allen diesen Fällen die Strafe nicht aus § 266 Abs. 1 Nr. 2, Abs. 2 des Strafgesetzbuches (Untreue) zu finden, es ist vielmehr in den oben erörterten Fällen lediglich die strafrechtliche Bestimmung des § 95 Nr. 2 des Börsengesetzes (Kommissionsuntreue) als lex specialis zur Anwendung zu bringen. Diese Bestimmung setzt voraus, daß der Kommissionär in der Absicht gehandelt hat, sich oder einem Dritten einen Vermögensvorteil zu verschaffen, eine Voraussetzung, die in der Regel zutrifft. Die Bestimmung des § 95 des Börsengesetzes ist nicht nur auf den Börsenkommissionär, sondern auf Kommissionäre aller Art (§ 383 HGB.), insbesondere auch auf den kaufmännischen Gelegenheitskommissionär (§ 406 Abs. 1 des Handelsgesetzbuches) anzuwenden (RGSt. 61, 345). Es muß sich aber immer um einen kaufmännischen Kommissionär handeln, auf den die Voraussetzungen des § 383 HGB. zutreffen; andernfalls würde eine Bestrafung nach den allgemeinen Vorschriften der §§ 246, 266 StGB. erfolgen. Handelt der Kommissionär nicht in der Absicht, sich oder einem anderen einen Vermögensvorteil zu verschaffen (vgl. den bereits oben erörterten Fall der Zerstörung der Sache aus Rache gegen den Auftraggeber), so kommt die Vorschrift des § 95 des Börsengesetzes nicht zur Anwendung. Die Bestrafung erfolgt vielmehr wegen Untreue nach § 266 Abs. 1

Nr. 2 StGB., eventuell in Tateinheit mit Sachbeschädigung, falls dieserhalb Strafantrag gestellt ist. Dieses Ergebnis ist, wie Stenglein, Strafrechtliche Nebengesetze (Anm. 15 zu § 95 BörsGes.), mit Recht bemerkt, unbefriedigend, weil in diesem Falle der ohne Bereicherungsabsicht handelnde Kommissionär nach § 266 Abs. 1 Ziff. 2 StGB. unter schwererer Strafandrohung (ausschließlich Gefängnis) steht als der in Bereicherungsabsicht Handelnde, wenn mildernde Umstände angenommen werden (statt Gefängnis Geldstrafe). In der Praxis wird die sich hieraus ergebende Härte durch die Anwendung des § 27 b StGB. zu vermeiden sein, indem die an sich verwirkte Gefängnisstrafe in eine Geldstrafe umgewandelt wird.

Eine Besonderheit möchte ich noch anführen. Der gesetzliche Vertreter einer juristischen Person (Aktiengesellschaft, G. m. b. H., Genossenschaft und andere), die gewerbsmäßig Kommissionsgeschäfte betreibt, kann aus § 95 des Börsengesetzes nicht strafrechtlich verantwortlich gemacht werden, da die Aktiengesellschaft und nicht ihr gesetzlicher Vertreter als Kommissionär gilt. Auch dieses Ergebnis ist an sich unbefriedigend; eine ausdehnende Auslegung ist jedoch angesichts der klaren Strafvorschrift des § 95 des Börsengesetzes nicht möglich. Es hätte sonst im Gesetz eine dem § 12 des Depotgesetzes entsprechende ausdrückliche Bestimmung enthalten sein müssen (Stenglein, Anm. 2 letzter Absatz zu § 95 BörsGes.).

Schließlich ist noch auf einen von Dr. Peschke (S. 207) mit Recht hervorgehobenen Gesichtspunkt hinzuweisen. Es ist im Geschäftsleben häufig der Fall, daß die tatsächliche Übung in der Abwicklung der Kommissionsgeschäfte von den fixierten Vertragsbedingungen abweicht. Es kann z. B. im Kommissionsvertrage vereinbart sein, daß der Kommissionär den Erlös für die verkaufte Ware gesondert aufzubewahren oder sofort abzuführen hat. In Wirklichkeit wird dann aber bei der Abwicklung mehrerer Geschäfte die Abrechnung stillschweigend monatlich vorgenommen, das Geld wird nicht getrennt gehalten, sondern auf das Bankkonto des Kommissionärs eingezahlt und von dort im Verrechnungswege auf das Konto des Kommittenten überwiesen. In solchen Fällen würde im Falle plötzlich eintretender Zahlungsunfähigkeit des Kommissionärs dieser nicht strafrechtlich verfolgt werden können, da der Kommittent durch sein Stillschweigen sich mit der, von den ursprünglichen Bedingungen abweichenden, Abwicklung einverstanden erklärt hat. Will man aber auch das Stillschweigen des Kommittenten nicht in diesem Sinne auslegen, so wird man jedenfalls dem Kommissionär zugute halten müssen, daß er das Einverständnis des Kommittenten angenommen hat, so daß ihm das Bewußtsein der Rechtswidrigkeit fehlt.

Was die obenerwähnte Sicherungsübereignung anbetrifft, so ist auch sie strafrechtlich geschützt, indem der Sicherungsgeber sich des Betruges schuldig macht, wenn das durch constitutum possessorium übereignete Mobiliar nicht sein Eigentum oder bereits verpfändet ist. Wenn ein Kaufmann sein Warenlager als Sicherung übereignet, sagt er damit, daß die in dem Lager befindlichen Waren sein Eigentum sind, so daß er sich durch Vorspiegelung der falschen Tatsache, das Warenlager sei sein unbeschränktes Eigentum, Kredit verschafft. Der Sicherungsnehmer, dem die Waren zur Sicherung übereignet werden, an denen die Eigentumsvorbehaltsklausel der Verkäufer haftet, erwirbt nicht das Eigentum dieser Waren, selbst wenn er gutgläubig ist (§ 930, 933 BGB.). Wer also ein Warenlager, das aus Vorbehaltswaren besteht, einem anderen zur Sicherheit übereignet und dafür Kredit nimmt, macht sich des Kreditbetruges schuldig, zu dem ihm derjenige Beihilfe leistet, der eine wissentlich falsche Auskunft über das Eigentum der im Warenlager befindlichen Ware erteilt. Bei dem Steigen der wirtschaftlichen Not ist auch die Sicherungsübereignung von Hausstandssachen recht häufig, an denen dem Vermieter ein gesetzliches Pfandrecht zusteht. Dieses gesetzliche Pfandrecht erlischt nicht durch die später erfolgte Sicherheitsübertragung, da bei dem Erwerb nach § 930 BGB. Rechte Dritter erst dann erlöschen, wenn der gutgläubige Erwerber den Besitz der Sache erlangt (§ 936 Abs. 1 Satz 3). Der Sicherungsnehmer hat also eine Sache erworben, die mit dem Pfandrecht des Vermieters belastet ist. Verschweigt dies der kreditnehmende Sicherungsgeber und erklärt, an den Sachen bestehe kein Pfandrecht, das Haus, in dem das Mobiliar steht, sei sein Eigentum, so macht er sich des Kreditbetruges schuldig, da sich der Vermieter, dem der Sicherungsgeber die Miete schuldig bleibt, auf Grund seines gesetzlichen Pfandrechts einen vollstreckbaren Titel gegen den Sicherungsnehmer als Eigentümer des Mobiliars verschaffen kann (§ 1233 Abs. 2 BGB.). Allerdings wird in dem Falle aus subjektiven Gründen ein strafbarer Betrug nicht vorliegen, wenn feststeht, daß der kreditnehmende Sicherungsgeber die Absicht hatte, seinen Verpflichtungen aus dem Mietsvertrage nachzukommen, so daß er bei Lage der Dinge mit Recht damit rechnen konnte, der Vermieter brauche aus seinem gesetzlichen Pfandrecht keine Rechte herzuleiten.

Aus der Kriminalstatistik der Jahre 1924 bis 1927 geht hervor, daß sich die Zahl der wegen

Unterschlagung verurteilten Personen, die im Jahre 1924 die Zahl von 29 988 erreichte, im Jahre 1925 um 4,4 v. H. auf 31 302 und im Jahre 1926 sogar um 9 v. H. auf 34 061 erhöht hat und im Jahre 1927 um weitere 1,8 v. H. auf 34 660 gestiegen ist. Die gleiche Kurve nach oben ergibt sich bei den Verurteilungen wegen Betruges, die im Jahre 1924 = 37 120, im Jahre 1925 = 44 677 betrugen und im Jahre 1926 sogar um 20,2 v. H. auf 53 718 und im Jahre 1927 um weitere 1,4 v. H. auf 54 473 gestiegen sind. Auch die Verurteilungen wegen Untreue, die im Jahre 1925 = 2052 betrugen, sind in den folgenden Jahren erheblich gestiegen. Im Jahre 1927 betrug die Zahl dieser Verurteilungen 3025, also rund 50 v. H. mehr als im Jahre 1925. Die noch nicht erschienene Kriminalstatistik der folgenden Jahre wird sicher ein weiteres Steigen der gegen das Vermögen gerichteten strafbaren Handlungen zeigen. Die erhebliche Zunahme der Verurteilungen wegen Unterschlagung und Untreue gibt zu denken. Sie sind zum großen Teil auf die bei Verträgen immer mehr üblich gewordene Eigentumsklausel zurückzuführen, so daß festzustellen ist, daß die Einführung des Eigentumvorbehalts in der Wirtschaft zahlreiche Straftaten zur Folge gehabt hat. Auch unter den Verurteilungen wegen Betruges finden sich viele Urteile, aus denen sich der betrügerische Charakter einer erfolgten Sicherungsübereignung ergibt.

Die strafrechtlichen Verurteilungen, die in neuerer Zeit immer mehr das Bestreben zeigen, zivilrechtliche Abreden gegen „böswillige“ Schuldner zu schützen, mögen sicherlich abschreckend wirken. Der Wirtschaft dürfte aber mit den Erkenntnissen des Strafrichters wenig geholfen sein, zumal durch die Strafverfahren ihre Geschäftsverluste nicht wieder eingeholt werden. Die Anzeige bei der Staatsanwaltschaft erfolgt meist erst, nachdem der böswillige Schuldner im Zivilprozeß verklagt und fruchtlos gepfändet ist, so daß der Gläubiger schon im Zivilprozeß neben seinen Geschäftsverlusten meist noch Kosten gehabt hat. Das Strafverfahren ist zwar für den Gläubiger kostenlos, bewirkt aber in der Regel, daß der Verurteilte noch mehr in wirtschaftliche Not gerät. Dazu kommt, daß der Schuldner, wenn er wirklich einmal die Absicht gehabt hat, die Ansprüche des Gläubigers zu einer Zeit zu befriedigen, wo es ihm wirtschaftlich besser geht, diesen Vorsatz meist dann fallen lassen wird, wenn er auf die Anzeige des Gläubigers zu Geld- oder Freiheitsstrafe verurteilt wird. Dies ist auch wohl der Grund, warum so manche Fälle der Unterschlagung und Untreue beim Eigentumsvorbehalt überhaupt nicht zur Anzeige gelangen. Würde in allen Fällen Anzeige erstattet, so würde die Kriminalstatistik noch höhere Zahlen der Verurteilungen wegen Vergehens gegen das Vermögen aufweisen.

Meist erkennen die Gerichte bei Verurteilung wegen Unterschlagung beim Eigentumsvorbehalt auf Geldstrafen, was nicht immer richtig erscheinen dürfte. Höhere Geldstrafen bringen den Schuldner in noch größere wirtschaftliche Not. Wenn auch die Strafrechtspflege nicht dazu dienen darf, dem Gläubiger sein Geld zurückzuschaffen, so sind doch manche Fälle bei einschlägig bereits vorbestraften Beschuldigten so gelagert, daß das Gericht auf eine Gefängnisstrafe erkennen sollte, deren Vollstreckung unter anderem auch von der Bedingung abhängig gemacht werden sollte, daß der Schuldner dem Gläubiger den Schaden oder einen Teil des Schadens ersetzt. Eine solche Maßnahme, selbstverständlich nur in hierzu geeigneten Fällen angewandt, würde einen erzieherischen Einfluß nicht verfehlen. Was den Wirtschaftsbezirk Groß-Berlin anbetrifft, so gelingt es vereinzelt auch nicht, dem erkennenden Gericht ein Gesamtbild von der Persönlichkeit des „böswilligen Schuldners“ zu machen. Unterschlägt beispielsweise ein böswilliger Schuldner im Bezirk des Landgerichts I eine Vorbehaltsware, sodann vor der rechtskräftigen Verurteilung und vor deren Eintragung in das Strafregister eine Vorbehaltsware bei einem Einzelhändler im Bezirk des Landgerichts II, bald darauf weiter eine solche in einem Geschäft im Bezirk des Landgerichts III, so werden in der Regel infolge der Dreiteilung der Berliner Staatsanwaltschaft, da der Tatort entscheidet, gegen ihn drei einzelne Anklagen erhoben, die vor drei verschiedenen Gerichten verhandelt werden. Diese Gerichte haben meist von den bei den anderen Landgerichten schwebenden Strafverfahren keine Kenntnis und erhalten somit kein Gesamtbild von der Persönlichkeit des Angeklagten. Letzteres wirkt sich dann bei der Strafzumessung zugunsten des Angeklagten aus. Vielleicht würde ein solches Gesamtbild auch ergeben, daß der böswillige Schuldner nicht drei selbständige Unterschlagungen begangen hat, sondern daß er sich in allen drei Fällen auf betrügerische Weise in den Besitz der Vorbehaltsware gesetzt hat, daß also Betrug vorliegt, begangen durch eine fortgesetzte Handlung. Wie die Erfahrung gezeigt hat, verstehen es betrügerische Elemente nur zu gut, von solchen Vorteilen Nutzen zu ziehen. Dieser allerdings nur vereinzelt aufgetretene Nachteil wird durch die Zusammenlegung der drei Berliner Staatsanwaltschaften zu einer Einheitsstaatsanwaltschaft für Groß-Berlin beseitigt werden, die bereits für später in Aussicht genommen ist.

Rechtsanwalt Meyerstein bemängelt in seinem Aufsatze (S. 10) die formularmäßige Anwendung des Eigentumsvorbehalts im Wirtschaftsverkehr beim Verkauf von Waren, die ihrer Natur nach zum Verbrauch, zur Bearbeitung oder zur Weiterveräußerung bestimmt sind, und wünscht, daß der Eigentumsvorbehalt grundsätzlich nur vereinbart werden möge, wenn — abgesehen von den in der Person des Käufers liegenden Gründen — eine Ware veräußert wird, die in ihrer Einheit einen besonderen Wert darstellt und in Fällen der Wiederveräußerung der Regel nach in dieser Einheit weiterveräußert wird. Diese von einem Kenner der Wirtschaft, dem Syndikus der Berliner Industrie- und Handelskammer, ausgesprochene Ansicht verdient große Beachtung. Sie läßt die erheblichen Schwierigkeiten erkennen, die wohl hauptsächlich infolge der „schematischen" Einführung des Eigentumsvorbehalts in wirtschaftlicher Beziehung entstanden sind, und zielt mit Recht auf manche Unsicherheiten im Rechtsverkehr hin, die auf die Einführung des Eigentumsvorbehalts zurückzuführen sind. Ich glaube nicht, daß man die weitere Entwicklung des Eigentumsvorbehalts wird aufhalten können. Es ist wohl sicher anzunehmen, daß Kapitalknappheit und wirtschaftliche Depression noch längere Zeit andauern, so daß das Bedürfnis nach mehr oder weniger langfristigem Kredit seitens des Käufers noch lange hervortreten wird. Meiner Ansicht nach wird von dem Eigentumsvorbehalt als Kreditsicherungsmittel so lange weitgehender Gebrauch gemacht werden, als die Zeiten wirtschaftlicher Depression und wirtschaftlicher Not anhalten, indem Großhändler und Einzelhändler in dieser schweren Zeit mit Recht bestrebt sein werden, ihre durch Inflation dezimierte Substanz mit allen nur möglichen Mitteln zu erhalten und zu sichern. Immerhin muß auch für den Einzelhandel festgestellt werden, daß dort die Einführung des

Eigentumsvorbehalts als Kreditsicherungsmittel, verbunden mit Ratenzahlung, als soziale Einrichtung insoweit zu werten ist, als dadurch manchem die Anschaffung von notwendigen Gebrauchsgegenständen ermöglicht wird, der ohne Ratenzahlung zur Anschaffung dieser Gegenstände nicht imstande wäre. Im Einzelhandel kann daher die Einrichtung dieses Kreditsicherungsmittels auch im Interesse der Gütererzeugung nur begrüßt werden.

Was die strafrechtliche Seite anbetrifft, so ist der Eigentumsvorbehalt bei Sachen, die ihrer Natur nach zum Verbrauch bestimmt sind, strafrechtlich, wie oben ausgeführt, im allgemeinen ohne Bedeutung, soweit der Verkauf im Einzelhandel an den Verbraucher erfolgt. Anders ist es im Großhandel ohne Unterschied der Waren. Vereinbart hier der Verkäufer der Ware außer dem Eigentumsvorbehalt, daß der Erlös der weiterveräußerten Ware an die Stelle der Ware treten solle, den er im eigenen Namen oder für Rechnung des Verkäufers einzuziehen hat, so entsteht hier zwischen Verkäufer und Käufer der Vorbehaltsware jenes Treueverhältnis, das nach der Entscheidung des Reichsgerichts strafrechtlich geschützt wird. Ich glaube daher, daß auf den Eigentumsvorbehalt mit der obigen Modifikation auch bei Waren, die zur Weiterveräußerung und Verarbeitung bestimmt sind, zum Schutze gegen böswillige Schuldner nicht verzichtet werden kann.

Man wird aber in einer anderen Richtung Abhilfe schaffen können. Aus der strafrechtlichen Praxis habe ich den Eindruck bekommen, daß man in einer Reihe von Fällen kreditunwürdigen Personen Vorbehaltsware verkauft hat, die bei ordnungsmäßiger Prüfung sich als böswillige Käufer ergeben hätten. Die Einsicht in das Strafregister von Groß-Berlin ergibt, daß die Bestrafungen wegen Unterschlagung gerade in diesem Bezirk recht häufig sind. Durchschnittlich jedes zwölfte Kartenblatt dieses äußerst umfangreichen Strafregisters weist eine Verurteilung wegen Unterschlagung auf. Zahlreiche Personen dieses Bezirks sind zwei-, auch viermal in kurz hintereinander liegender Zeit wegen dieses Delikts verurteilt worden. Die meisten dieser Verurteilungen beziehen sich auf Unterschlagung von Vorbehaltsware im Einzelhandel. Es mag sein, daß es für einen „böswilligen" Käufer nicht schwer ist, einmal Vorbehaltsware beim Einzelhändler gegen Kredit zu erhalten. Gelingt ihm dies aber das zweite, dritte oder sogar das vierte Mal, und wird dem Käufer, trotzdem er bereits in drei früheren Fällen sich als böswillig erwiesen hat, auch zum vierten Male Vorbehaltsware anvertraut, so muß doch die Auskunft über diesen kreditsuchenden Schuldner günstig gewesen sein, oder es müssen die von ihm angegebenen Referenzen — vielleicht waren es Helfershelfer — sich in günstigem Sinne über ihn geäußert haben. Sonst würde der Einzelhändler doch auf das Geschäft verzichtet haben, das ihm nur Schaden bringen konnte. Ich glaube daher, daß sich eine große Zahl derjenigen Unterschlagungen vermeiden ließe, die sich auf Vorbehaltsware im Einzelhandel beziehen, wenn über diejenigen Käufer sorgsam Buch geführt würde, die sich in früheren Fällen als böswillige Schuldner erwiesen haben. Bei der großen Zahl der sich auf Vorbehaltsware beziehenden Geschäfte und der immerhin noch weiter zu erwartenden Ausdehnung dieses Instituts könnte daran gedacht werden, die Handelskammer, der gemäß § 32 der Strafregisterordnung bisher kein Recht zusteht, vom Strafregister Auskunft zu erhalten, für solche Verurteilungen für auskunftsberechtigt zu erklären, die sich auf Vorbehaltsware beziehen. Diesem Gedanken kann aber deshalb nicht gefolgt werden, da Verurteilungen im Strafverfahren der Öffentlichkeit nicht zugängig gemacht werden dürfen und eine solche Mitteilung an die Handelskammer nur Zweck hätte, wenn sie diese den Interessenten weitergeben könnte. Nach meiner Ansicht würde es sich empfehlen, etwa bei der Zentralstelle des Einzelhandels, der Hauptgemeinschaft des Deutschen Einzelhandels, eine Liste derjenigen Schuldner zu führen, die sich beim Kauf von Vorbehaltsware als böswillig erwiesen haben[1]). Ein Teil der böswilligen Schuldner wird sich bereits aus der bei den Amtsgerichten geführten Schuldnerliste ergeben, die über diejenigen Personen geführt wird, die den Offenbarungseid geleistet haben, oder bei denen die Eröffnung des Konkurses mangels Masse abgelehnt ist. Diese öffentliche Liste, die zentral für Groß-Berlin beim Amtsgericht Berlin-Mitte in Form einer Kartothek geführt wird, wird für die Zentralstelle von großem Werte sein. Neben der Zentralstelle könnten die bei einzelnen Gruppen der Einzelhändler bereits eingerichteten Auskunftsstellen bestehen bleiben. So gehört ein Teil der Berliner Einzelhändler der Kreditgemeinschaft Berliner Spezialgeschäfte an. Dieser Kreditgemeinschaft ist der Schutzverband für Abzahlungsgeschäfte (Schufa) angeschlossen, der eine Kartothek unterhält, aus der schlechte Zahler ersichtlich sind. Alle derartigen Auskunftsstellen würden von einer Zentralauskunftsstelle für Groß-Berlin nur Vorteile haben, eine von einer Zentralstelle sorgsam geführte Liste würde den

[1]) In diesem Zusammenhange sei auch auf die Wünsche des Deutschen Industrie- und Handelstags hingewiesen, der eine Publikation aller fruchtlos Gepfändeten verlangt (vgl. Verhandlungen des Deutschen Industrie- und Handelstags 1930 Heft 4 S. 14).

Einzelhandel vor manchem wirtschaftlichen Schaden schützen und die Zahl der Strafverfahren, die dem Einzelhändler den erlittenen Verlust nicht wieder einbringen, ganz erheblich verringern.

Beim Großhandel liegen die Verhältnisse anders. Hier kennt der Großhändler seine Kommissionäre oder Zwischenhändler meist lange Zeit, während der Einzelhändler den Käufer des Vorbehaltsguts meist zum ersten Mal sieht. Die Straftaten des Kommissionärs oder Zwischenhändlers, die im Großhandel anhängig geworden sind, sind nach meinen Beobachtungen vielfach darauf zurückzuführen, daß Kommissionär oder Zwischenhändler erst nach dem Abschluß des Geschäfts sich wirtschaftlich verschlechterten und sich dann an dem Erlös der Vorbehaltsware vergriffen.

Was das Institut der Sicherungsübertragung durch constitutum possessorium anbetrifft, so häufen sich in der strafrechtlichen Praxis die Fälle, wo behufs Erlangung von Kredit Warenlager und Möbelstücke sicherungsübereignet werden, von denen dem Sicherungsgeber infolge des Eigentumsvorbehalts eines Dritten nicht ein Nagel oder ein Stuhl gehört. Dazu besteht an dem übertragenen Mobiliar meist noch das Pfandrecht des Vermieters. Nicht selten sind auch die Fälle, wo ein Warenlager zum zweiten Male als Sicherungseigentum übereignet wird. Gerade in der strafrechtlichen Praxis tritt die Heimlichkeit dieses Rechtsinstituts so recht hervor. Wer ein Warenlager in Besitz hat, gilt als sein Eigentümer. Bei Grundstücken ist es wegen des Grundbuchrechts nicht möglich, den Wechsel des Eigentums zu verbergen. Bei Warenlagern mit erheblichem Wert bleibt der Eigentumswechsel durch constitutum possessorium verborgen. Daß hier Kreditbetrügereien Tür und Tor geöffnet wird, brauche ich nicht auszuführen. Gewiß kann man diese betrügerischen

Elemente, die wir vielfach in der Strafpraxis sehen, und die sich zu Unrecht den Ehrennamen eines Kaufmanns beilegen, nicht als Kreise der Wirtschaft ansehen. Aber da nicht selten Kreise der Wirtschaft, bei denen Treu und Glauben gilt, durch solche Betrügereien erheblich geschädigt werden, sollte man daran denken, das auf die wirtschaftliche Not zurückzuführende Institut der Sicherungsübereignung seines heimlichen Charakters möglichst zu entkleiden. Es wäre zu erwägen, ob für die Sicherungsübereignung durch constitutum possessorium die gerichtliche oder notarielle Form einzuführen wäre. Der Richter oder Notar würde alsdann die Verpflichtung haben, die Eigentumsverhältnisse an dem zu übertragenden Sicherungseigentum wenigstens durch Fragen an die Vertragschließenden zu klären. Gewiß kann eingewendet werden, daß Kreditschwindler sich von ihrem Vorhaben auch dann nicht abhalten lassen, wenn der Vertrag gerichtlich oder notariell beurkundet werden muß. Es mögen auch die Kosten des gerichtlichen oder notariellen Vertrages eine gewisse Rolle spielen. Auf der anderen Seite würden aber auch die Interventionsklagen auf Grund privatschriftlicher Übereignungsverträge mit ihren Streitigkeiten über die Richtigkeit des Ausstellungsdatums, die wiederum in vielen Fällen eine Reihe von Meineidsverfahren heraufbeschwören, erheblich an Zahl nachlassen.

Die gerichtliche oder notarielle Form für die Sicherungsübereignung wäre um so mehr zu erwägen, als ja der Antrag Keinath, der das Registerpfandrecht einführen wollte, infolge des Widerstandes beachtlicher Wirtschaftskreise nicht Gesetz geworden ist. Wäre das Registerpfandrecht gesetzlich eingeführt worden, so würden manche Kreditbetrügereien, die heute auf Grund der Sicherungsübertragung begangen werden, vermieden.

Der Eigentumsvorbehalt in der strafrechtlichen Praxis.

Von Rechtsanwalt Dr. Kurt Peschke, Berlin.

Der Kaufmann sieht in erster Linie auf das bürgerliche Recht, wenn er den Eigentumsvorbehalt für seine wirtschaftlichen Zwecke verwenden will. Er denkt dabei aber auch an das Strafrecht. Denn er fühlt sich in seinen Rechten dadurch besonders geschützt, daß der Staat von sich aus ein vertragswidriges Verhalten des Schuldners mit Strafe verfolgt. Das trifft in der Regel zu, wenn auch nicht in dem Umfange, wie in kaufmännischen Kreisen viele meinen.

Betrachtet man den Eigentumsvorbehalt vom kriminalistischen Standpunkt aus, so trägt er zweifellos erheblich zu einer Belastung der Strafjustiz bei. Trotz des Sinkens der Kriminalität in den Jahren 1924—1926 sind die gerichtlichen Strafsachen wegen Unterschlagung in diesen Jahren ständig gestiegen; sie betrugen 1924 annähernd 36 000 (davon etwa 30 000 Verurteilungen), 1925 über 37 800 (31 500), 1926 41 700 (34 000). Die Annahme ist begründet, daß in einem großen Prozentsatz dieser Fälle nur der Eigentumsvorbehalt die unterschlagenen Sachen zu „fremden" für den Täter machte. Ein nicht unbeträchtlicher Teil der Strafsachen, die aus dieser Sachlage entstehen, fällt weiter unter die Rubriken „Betrug" und „Untreue". Berücksichtigt man schließlich, daß die Kriminalstatistik nur die Sachen zählt, die bis zu den Gerichten gelangen, daß aber gerade auf diesem Gebiete eine Menge von Strafanzeigen bei der Staatsanwaltschaft durch Einstellung erledigt wird, so ist zu konstatieren, daß die gesamte Strafpraxis ebenfalls in ihrer Weise an den Fortschritten des Eigentumsvorbehalts beteiligt ist. Ob auch hieraus nachteilige Schlüsse gegen dieses moderne Institut des kaufmännischen Verkehrs zu ziehen sind, kann hier dahingestellt bleiben. Diese Erwägungen liegen im wesentlichen auf anderem Felde. Zu zeigen aber bleibt, daß auch auf strafrechtlichem Gebiete die Menge der zweifelhaften Fragen, die der Eigentumsvorbehalt aufwirft, der Fülle der von anderen Autoren behandelten zivilrechtlichen Streitfragen nicht nachsteht.

I.

Der Eigentumsvorbehalt ist seit langem üblich bei Verkäufen von Haushaltungs- und Gebrauchsgegenständen an Konsumenten, wenn der Preis gestundet und in Raten abzuzahlen ist. Der Käufer gerät in Bedrängnis, er verkauft die Sachen, um für den Unterhalt Geld zu gewinnen. Das ist der typische Fall der Unterschlagung, wie er täglich Amts- und Schöffengerichte beschäftigt. Wenn auch regelmäßig Not das Motiv der Straftat ist, kommt die sogenannte Notunterschlagung (§ 248 a StGB.) fast niemals in Betracht, da es sich durchgängig nicht um „geringwertige" Gegenstände handelt. Im Gegenteil wird, wenn die Strafen auch milde zu sein pflegen, qualifizierte Unterschlagung („Veruntreuung") angenommen, da die Sachen vom Verkäufer dem Käufer „anvertraut" sind. Hierfür genügt es, wenn die Sache dem Täter in dem Vertrauen übergeben ist, daß er die Verfügungsgewalt im Sinne des Anvertrauenden ausübt.

Gegen eine solche rechtswidrige Veräußerung ist also der Lieferant durch die Strafvorschrift des § 246 StGB. geschützt. Aber gegen andere vertragswidrige Gefährdungen gibt es keine strafrechtliche Sicherung. Mag der Käufer auch ausdrücklich die Pflicht übernommen haben, die Sache pfleglich zu behandeln, strafbar macht er sich erst, wenn er sie vorsätzlich beschädigt oder zerstört, nicht, wenn er sie aus Nachlässigkeit verderben oder abhanden kommen läßt. Zu sehr schwierigen Unterscheidungen führt es, wenn der Käufer einen vertragswidrigen Gebrauch von der Sache macht. Das ist nicht strafbar. Es kann aber unter Umständen in solchen Handlungen mehr liegen, nämlich eine Kundgabe des Willens, sich die Sache zuzueignen. Selterwasser- und Bierflaschen werden z. B. regelmäßig mit dem eingeblasenen Namenszuge der Fabriken unter Eigentumsvorbehalt an die Kleinhändler geliefert, die durch Vertragsstrafen verpflichtet sind, die Flaschen nicht anderweit zu verwenden. Tun sie es doch, so wird zwar in der Regel nur eine rechtswidrige, aber nicht strafbare Verwendung vorliegen. Aus besonders bedenkenloser Benutzung der Flaschen aber kann das Gericht den Willen feststellen, die Flaschen dem Eigentümer dauernd zu entziehen und mit dieser Betätigung des Zueignungswillens eine Unterschlagung begründen (vgl. KG. vom 10. Oktober 1929, JW. 1930 S. 1754). Auf der Grenze liegt der Fall der Verpfändung, der in der Praxis häufig ist. Es ist keineswegs so, daß jede Verpfändung einer unter Eigentumsvorbehalt erworbenen Sache durch den Besitzer eine Unterschlagung ist. Die Gerichte begründen dies bisweilen mit der nicht genauen Formulierung, der Angeklagte habe über die Sache „wie ein Eigentümer" verfügt. Entscheidend ist aber, ob der Wille des Täters dahin ging, die Sache sich anzueignen, das Eigentum des Verkäufers auszuschließen. Das braucht bei einer Verpfändung durchaus nicht der Fall zu sein; der Besitzer kann den Willen haben, die Sache wieder einzulösen, und macht unter dieser Voraussetzung nur einen unerlaubten Gebrauch von der Sache, begeht aber keine Unterschlagung. Wie der III. Strafsenat im Urteil vom 12. November 1894 (RGSt. 26 S. 230) bei der grundsätzlichen Entscheidung dieses Falles ausführt, muß der Wille des Täters aus den Umständen geschlossen werden. Befindet er sich in solcher Vermögenslage, daß er gar nicht ernstlich mit der Möglichkeit rechnete, die Sache dem Eigentümer wieder zur Verfügung stellen zu können, so wird die Verpfändung allerdings als Zueignung, die Tat als Unterschlagung zu charakterisieren sein. — Noch bedenklicher ist es, wenn der Besitzer die fremde Sache zur Sicherheit übereignet. Doch wird man auch dann nicht allgemein von Unterschlagung sprechen können. Es ist denkbar, daß hierin ein zwar unbefugter, aber nur vorübergehender Gebrauch der Sache liegt.

Der Täter muß die Sache *sich* zueignen. Wer eine fremde Sache veräußert, aber nicht für sich, sondern für einen anderen, begeht keine Unterschlagung. Strafbar machen sich beide nur, wenn sie vorsätzlich zusammenwirken. Verkaufen z. B. Angestellte eines Betriebes, ohne Wissen des Inhabers, rechtswidrig fremde Waren für die Firma, so ist für ein strafrechtliches Einschreiten kein Raum (vgl. II. StrS. vom 19. Januar 1928, RGSt. 62 S. 15). Der gleiche Grundsatz ist anzuwenden, wenn der Mann die Sachen unter Eigentumsvorbehalt gekauft hat, hinter seinem Rücken seine Ehefrau oder Kinder die Sachen für ihn verkaufen. Doch wird hier der Einwand, daß der Mann nichts davon gewußt und daß die Täter nichts von dem Erlöse gehabt haben, naturgemäß schwieriger zu erbringen sein. In einem Urteil des II. Strafsenats vom 22. April 1929 (JW. 1929 S. 2729) kommt das Reichsgericht zu einer

Verurteilung des Sohnes, der als Angestellter im Geschäft des Vaters derartiges begangen hat, indem es — sehr weitgehend — die wirtschaftliche Verbundenheit des Sohnes mit dem väterlichen Betriebe („Seele des Geschäfts") für maßgebend erklärt.

Im Publikum ist vielfach der Irrtum verbreitet, daß mit jeder Ratenzahlung gewissermaßen ein Stück Eigentum vom Abzahlungsgegenstand auf den Käufer übergehe, so daß man sich nicht mehr strafbar mache, wenn man über eine Sache verfüge, die man „zum größten Teile" erworben habe. Das ist falsch. Die Sache bleibt so lange eine fremde, bis sie nach dem Vertrage auf den Käufer übergeht. Sogar dann, wenn sämtliche Zahlungen geleistet sind, ist unter Umständen die Sache noch nicht Eigentum des Käufers geworden, sondern es kann nach den Vereinbarungen noch eines besonderen Übertragungsaktes bedürfen (vgl. II. StrS. vom 20. Dezember 1926, RGSt. Bd. 61 S. 65). So ist dieses Tatbestandsmerkmal der „fremden" Sache objektiv zu beurteilen. Für den subjektiven Tatbestand, den Vorsatz, sind aber solche Einwendungen keineswegs unerheblich. Ein Irrtum über das Zivilrecht, mag er auch sehr fahrlässig sein, schließt den Vorsatz aus; wer die Rechtswidrigkeit verkennt, weil er seine Veräußerungsbefugnis annimmt, kann nicht wegen Unterschlagung verurteilt werden (vgl. III. StrS. vom 21. November 1927, JW. 1928 S. 409 Nr. 14).

Deshalb muß der Täter vor allem von vornherein den Eigentumsvorbehalt kennen. Das ist hervorzuheben, weil gerade hierüber im Strafprozeß oft gestritten wird. Die Kaufleute sind vielfach der Ansicht, daß bei einem Kreditverkauf sich der Eigentumsvorbehalt von selbst verstehe. Das ist durchaus nicht der Fall. Die Strafgerichte verlangen jedenfalls den Nachweis, daß der Käufer bei der Übergabe der Sache den Vorbehalt des Eigentums seitens des Verkäufers positiv anerkannt hat. Es mag für das Zivilrecht genügen, daß der Käufer große Formulare unterschreibt, in denen der Eigentumsvorbehalt als eine der Klauseln enthalten ist. Verteidigt sich im Strafverfahren der Beschuldigte damit, daß er die Kaufbedingungen weder gelesen habe noch vom Verkäufer auf diese Klausel hingewiesen sei, so muß ihm diese Behauptung widerlegt, im Zweifel nach dem Grundsatz „In dubio pro reo“ geglaubt werden. Ein Fall wie der von einem Zivilsenat des Kammergerichts entschiedene (Urteil vom 9. April 1929, JW. 1929 S. 2164), in dem der Verkäufer sich wirksam Eigentum vorbehielt durch Aufdruck auf einer Rechnung, würde im Strafverfahren wahrscheinlich nicht zu einer Schuldigsprechung des Käufers führen.

Einen besonderen kriminalistischen Typ, demgegenüber die besten Vertragsbestimmungen nichts nützen, bilden die Schwindler, die von vornherein Käufe auf Kredit zu dem Zwecke abschließen, die Waren sofort wieder zu verschleudern Das stellt sich strafrechtlich als B e t r u g dar. Die Vermögensschädigung des betrogenen Lieferanten ist schon mit dem Verkauf vollendet; die nachfolgende Veräußerung der unter Eigentumsvorbehalt übergebenen Sache ist keine selbständige Unterschlagung mehr, sondern sogenannte straflose Nachtat.

II.

Der Eigentumsvorbehalt, wie er im Verkehr zwischen Kaufmann und Konsumenten sich eingebürgert hat, genießt zwar in der Regel strafrechtlichen Schutz, aber — das dürfte aus der Erörterung über diese Art des Instituts hervorgehen — es gibt eine ganze Reihe von Möglichkeiten, die die strafrechtliche Ahndung ausschließen. Auf ein noch unsicheres

Gebiet des Strafrechts begibt man sich, wenn diejenige Art des Eigentumsvorbehalts jetzt besprochen wird, die als die eigentlich moderne eine nähere Prüfung veranlaßt hat, den Eigentumsvorbehalt im Verkehr zwischen Kaufleuten, zwischen Fabrikanten und Händlern, Grossisten und Detaillisten. Die Rechtsprechung hat die Tendenz — das ist deutlich zu erkennen —, die Vereinbarungen nach Möglichkeit strafrechtlich zu schützen. Aber sie ist noch keineswegs geklärt und abgeschlossen und macht ihre Entscheidungen noch ganz von der jeweiligen Formulierung der Vertragsbedingungen abhängig.

Bei diesen Geschäften wird die Ware vom Lieferanten dem Händler auf Kredit zur Weiterveräußerung übergeben; das Eigentum behält sich der Verkäufer bis zum Weiterverkauf durch den Händler vor. Das ist nach dem Gesetz (§ 455 BGB.) zulässig und wird auch von der Rechtsprechung anerkannt. Der Zweck ist eine erhöhte Sicherung des Verkäufers, der nicht allein auf den obligatorischen Anspruch auf Zahlung des Kaufpreises angewiesen sein will. Er will einmal davor bewahrt werden, daß die gelieferte Ware von anderen Gläubigern des Käufers in Anspruch genommen und so der Verkauf und die Bezahlung der Ware verhindert wird; er will des weiteren den Händler verpflichten, den Erlös der Ware an ihn abzuführen. Diesen zweiten Zweck erreicht aber der Eigentumsvorbehalt für sich allein noch nicht; hier müssen noch weitere Abreden zwischen den Parteien getroffen werden.

Handelt der Käufer den übernommenen Verpflichtungen zuwider, so können verschiedene strafrechtliche Bestimmungen in Betracht kommen, nämlich außer dem § 246 StGB. (Unterschlagung) auch der § 266 Abs. 1 Nr. 2 StGB. (Untreue) und der

§ 95 Abs. 1 Nr. 2 des Börsengesetzes (Kommissionär-Untreue). Nach den Vereinbarungen zwischen den Parteien kann der Händler je nachdem als Bevollmächtigter des Verkäufers oder als Kommissionär erscheinen. Als Bevollmächtigter macht er sich der Untreue schuldig, wenn er „über Forderungen oder andere Vermögensstücke des Auftraggebers absichtlich zum Nachteil desselben verfügt". Ist er Kommissionär im Sinne des Handelsgesetzbuchs, so wird er nach § 95 Nr. 2 des Börsengesetzes bestraft, wenn er „bei der Ausführung eines Auftrages oder bei der Abwicklung eines Geschäfts absichtlich zum Nachteil des Kommittenten handelt". Welche Vorschriften hier anzuwenden sind, ist aus den Abmachungen zwischen den Parteien festzustellen.

Erhält der Händler schlechthin Waren zum Weiterverkauf unter Eigentumsvorbehalt, ohne sonstige Abmachungen, so ist es selbstverständlich keine Unterschlagung, wenn er die Ware weiterveräußert. Denn mit dieser Bestimmung wurde ihm die Ware vom Lieferanten übergeben. Aber wie, wenn er die Ware unter Preis verschleudert und nicht daran denkt, das Geld abzuführen? Hatte der Händler von vornherein diese Absicht, schon bei dem Kauf vom Lieferanten, dann macht er sich unter diesen Umständen des Betruges schuldig. Faßt er aber diesen Plan erst später, so liegt eine Unterschlagung nicht vor. Denn in der Weiterveräußerung ist der Händler, ohne spezielle Abmachungen, frei, und mit dieser hat sich der Lieferant von Anfang an einverstanden erklärt. Die Tatsache allein, daß der Händler das erlöste Geld nicht abführt, begründet keine strafbare Handlung. Eine Unterschlagung könnte nur gegeben sein, wenn der Händler in anderer Weise über die Ware verfügt, sie z. B. verschenkt, sie zur Sicherheit übereignet oder verpfändet. Daß aber auch in diesen beiden letzten Fällen nicht immer eine Unterschlagung anzunehmen ist, wurde oben dargelegt.

Dieser einfachste Fall des Eigentumsvorbehalts kommt im Verkehr zwischen Kaufleuten wohl nur noch selten vor. Regelmäßig werden bestimmte Bedingungen vereinbart, nach denen der Käufer gehalten ist, den Erlös dem Verkäufer abzuliefern. Einige Urteile des Reichsgerichts aus der neuesten Zeit zeigen, wie verschieden solche Abmachungen von den Gerichten aufgefaßt werden.

In dem Falle des Urteils des II. Strafsenats vom 25. November 1929 (RGSt. Bd. 63 S. 334 ff.) waren Weihnachtsbäume an Händler unter Eigentumsvorbehalt verkauft worden mit der Abrede, daß das „eingenommene" Geld bis zum Betrage von 1,09 RM für jeden Baum Eigentum der Gesellschaft ist und ihr jeweils „sofort abgeliefert" werden sollte. Außerdem aber waren Anzahlungen geleistet und über die Restschuld Akzepte gegeben worden. Aus diesen Vereinbarungen kann das Reichsgericht eine „Bevollmächtigung" der Händler durch ihre Lieferanten nicht entnehmen. Die Händler als Käufer der Bäume sollten diese für eigene Rechnung weiterverkaufen, nicht als Bevollmächtigte der Verkäufer. Selbst wenn sie dabei ihren Vertragspflichten zuwiderhandelten, machten sie sich keiner Untreue im Sinne des § 266 Abs. 1 Nr. 2 BGB. schuldig. Eine Unterschlagung an dem vereinnahmten Gelde wäre nur dann möglich, erklärt das Reichsgericht, wenn sie den Kauferlös den Lieferanten übereignet hätten, indem sie z. B. die Kaufpreise mit dem Willen, das Eigentum daran für den Lieferanten zu erwerben und die Beträge bis zur Ablieferung als Verwahrer zu besitzen, vereinnahmten. Dafür sei aber nach den bisherigen Feststellungen kein Anhalt gegeben.

In anderen Urteilen ist das Reichsgericht jedoch im Interesse des Verkäufers erheblich weiter gegangen. Bei einem Verkauf von Sämereien unter Eigentumsvorbehalt lautete die Abrede dahin, daß der Erlös aus der Ware „sofort" auf den Verkäufer „übergehen" sollte. Dieser „klaren Vereinbarung" kommt nach Ansicht des Reichsgerichts (3. StrS. vom 13. Februar 1928, RGSt. Bd. 62 S. 31) keineswegs bloß obligatorische Bedeutung zu. Es liegt hierin im Zweifel eine „vorweggenommene Eigentumsübertragung", so daß der Erlös selbst vom Händler als fremdes Eigentum für den Lieferanten zu verwahren ist, der Händler sich einer Unterschlagung und Untreue schuldig macht, wenn er sich an dem Erlöse vergreift. Mit Recht erhebt Professor Merkel (JW. 1929 S. 2234) gegen diese Konstruktion Bedenken. Soll z. B., wenn der Detaillist auf einen größeren Geldschein herausgeben muß, dieser Schein auch in das Eigentum des Lieferanten fallen? Sagt man aber, der Gegenwert, also der Preis nach Abzug des Gewinns des Händlers, wird für den Lieferanten erworben, so muß der Händler doch immer eine Aussonderung des Geldes für den Lieferanten vornehmen, es kann kein unmittelbarer Eigentumserwerb für den Lieferanten stattfinden, wenn der Kunde an den Händler zahlt. Solange der Händler nicht tatsächlich Eigentum überträgt, hat er kein „fremdes Vermögensstück" im Besitz. Mit Recht bezweifelt Merkel, ob in solchem Falle das Erfordernis erfüllt ist, welches das bürgerliche Recht für diese Art des Eigentumserwerbs aufstellt: das der genügenden Bestimmtheit der zu übertragenden Sache. Man muß sich die praktischen Schwierigkeiten vorstellen, die beim Ladenverkauf von Zigarren (Fall des Urteils des Kammergerichts JW. 1929 S. 2164) oder Textilien (vgl. Ziffer,

JW. 1930 S. 1358) aus solchen Abmachungen entstehen.

Möglich ist es ferner, daß, mehr oder minder ausdrücklich, zwischen Lieferanten und Händler vereinbart wird, daß die Forderungen des Händlers gegen seinen Kunden im voraus von ihm an den Lieferanten abgetreten werden. Denn auch künftige, der Art und dem Gegenstand nach hinreichend bestimmte Forderungen können wirksam abgetreten werden. Recht zweifelhaft ist es meines Erachtens, ob man auch beim Ladenverkauf eine hinreichende Bestimmtheit der abgetretenen künftigen Forderungen annehmen kann. Aber bei größeren Objekten, wie z. B. im Automobilhandel, bei dem auch die Kunden des Händlers in der Regel nicht sofort bar bezahlen, kann diese Abtretung der künftigen Forderungen zweifellos wirksam vereinbart werden. Dann ist die Forderung an seinen Kunden für den Händler ein fremdes Vermögensstück, und er verfügt rechtswidrig darüber, wenn er die Forderung mit dem Willen einzieht, den Erlös nicht abzuführen, sondern für sich zu verwenden (vgl. 2. StrS. vom 20. Juni 1927, RGSt. Bd. 61 S. 341).

In einer neuen Entscheidung des Reichsgerichts (I. Str.-S. vom 28. März 1930 — RGSt. 64 S. 86 —) wird der Tatbestand der Untreue des Bevollmächtigten vom Reichsgericht unter bewußter Abweichung von der früheren Rechtsprechung ausgedehnt. Einst erklärte es das Reichsgericht für „logisch unmöglich und juristisch nicht zu konstruieren“, daß eine Forderung des Kommissionärs gleichzeitig Vermögen des Kommittenten sei (RGSt. 20 S. 363). Jetzt heißt es, daß der Beauftragte zwar juristisch Werte für sich erwirbt, nach dem Treuverhältnis aber fiduziarisch diese Werte für den Auftraggeber innehat, zu dessen Vermögen sie wirtschaftlich gehören. So kann der Beauftragte, wenn er über diese Werte abredewidrig verfügt, Untreue begehen (so der Auszug aus dem Urteil des I. Str.-S. vom 22. Oktober 1929, Recht 1930 Nr. 460). Nach dieser Auffassung ist strafbare Untreue des Händlers, der die ihm unter Eigentumsvorbehalt gelieferten Waren veräußert und den Erlös nicht abführt, noch im weiteren Umfang möglich als nur dann, wenn nach den Abmachungen der Erlös rechtlich Eigentum des Lieferanten geworden oder die Forderung an den Kunden ihm abgetreten ist. In der Entscheidung vom 28. März 1930 hat der Handelsvertreter — an dessen Stelle hier ohne weiteres der Händler gesetzt werden kann — die Kundengelder auf sein Bankkonto eingezogen. Es war aber, nachdem das schriftliche Inkassoverbot aufgehoben war, ausdrücklich vereinbart worden, daß die eingehenden Gelder nur „über das Privatkonto laufen" sollten. Auf diese Form der Abmachung legt das Reichsgericht Gewicht. Der Händler hatte sein Konto für sich erschöpft und die Beträge nicht abgeführt. Dadurch hat er, sagt das Urteil, den individuellen Anspruch, den der Auftraggeber auf Ausantwortung der Erlöse hatte, vereitelt und über das Vermögen seiner Firma, zu dem wirtschaftlich auch sein Bankdepot gehörte, rechtswidrig verfügt. Der Angeklagte durfte sein Konto niemals über den Betrag hinaus erschöpfen, der ihm die Weiterüberweisung an seine Firma ermöglichte. — In gleichem Sinne hat das OLG. Hamburg eine Untreue an Geldern, die auf ein Bankkonto des Bevollmächtigten überschrieben sind, für möglich erklärt (s. Urteil vom 2. Mai 1929, Jur. Rundschau 1929 Nr. 1538). Auch diese Urteile zeigen mithin: Die Tendenz der Strafrechtsprechung geht auf verstärkten Schutz der zivilrechtlichen Abreden. Die

Grenze zwischen strafbarer Untreue und strafloser Nichterfüllung schuldrechtlicher Verbindlichkeiten wird im Einzelfalle je nach der Auslegung der getroffenen Abmachungen gezogen.

Schließlich hat in einigen Entscheidungen das Reichsgericht ausgesprochen, daß der Händler sich als Kommissionär strafbar macht, wenn er die ihm zum Verkauf übergebenen Sachen auftragswidrig für eigene Rechnung, um den Erlös für sich zu behalten, veräußert. Das ist am schärfsten formuliert in der Entscheidung des 2. Strafsenats vom 19. September 1929 (RGSt. Bd. 63 S. 251), wo die Abrede auch nur dahin ging, daß der Erlös des zu verkaufenden Kraftwagens „sofort" an den Lieferanten, der sich das Eigentum an ihm vorbehalten hatte, abzuführen wäre. Das Reichsgericht sieht den Händler als „Bevollmächtigten" im Sinne des § 266 Abs. 1 Nr. 2 StGB. an, der über die fremde Sache, den Kraftwagen, unbefugt und rechtswidrig verfügt, wenn er schon bei der Veräußerung darauf ausgeht, den Erlös seinem eigenen Vermögen einzuverleiben.

In diesem Falle war der § 95 Abs. 1 Nr. 2 des Börsengesetzes deshalb nicht anwendbar, weil der Händler nicht persönlich als „Kommissionär" im Sinne des Handelsgesetzbuchs zu gelten hatte. Er war nämlich nur Geschäftsführer einer Gesellschaft mit beschränkter Haftung, welche den Kraftwagen in Kommission bekommen hatte. § 95 Nr. 2 des Börsengesetzes setzt aber voraus, daß der Täter selbst Kommissionär nach den Bestimmungen des Handelsgesetzbuchs ist.

Sind die Abreden zwischen den Parteien dahin auszulegen, daß der Händler die unter Eigentumsvorbehalt ihm gelieferten Waren als Kommissionär im eigenen Namen, aber für fremde Rechnung, veräußern soll, so findet auf ein ungetreues Verhalten allein der § 95 Abs. 1 Nr. 2 des Börsengesetzes, nicht der § 266 Abs. 1 Nr. 2 StGB. Anwendung. In den Entscheidungen (RGSt. 61 S. 341 und 62 S. 31) hat das Reichsgericht dargelegt, daß diese Strafvorschrift, die bisher wenig praktische Bedeutung hatte, nicht nur auf den Kommissionär, der Börsengeschäfte abschließt, anzuwenden ist, sondern auf Kommissionäre aller Art, auch auf den kaufmännischen Gelegenheitskommissionär (§ 406 Abs. 1 Satz 1 HGB.). Damit eröffnet sich dieser Strafvorschrift ein weites Gebiet der Anwendung gerade für die hier besprochenen Fälle. Denn man kann die Abreden, nach denen der Erlös abzuführen ist, und nach denen Mitteilungen über den Verkauf vom Händler zu machen sind, meist dahin auslegen, daß die Parteien ein Kommissionsverhältnis haben begründen wollen. Dann handelt aber regelmäßig der Händler rechtswidrig, wenn er vom Verkauf keine Mitteilung macht und den Erlös für sich einzieht. Ob er hierdurch zugleich seinen Kommittenten benachteiligt und ihm einen Vermögensschaden zufügt, hängt von den besonderen Umständen des Falles ab. Denn an sich wird der Lieferant durch einen Verkauf seiner Waren, selbst wenn ihm der Preis nicht unmittelbar darauf abgeliefert wird, noch nicht an seinem Vermögen geschädigt. Er behält den Anspruch auf Zahlung des Erlöses gegen seinen Kommissionär, und dieser Anspruch ist vollwertig, wenn der Kommissionär solvent ist. Jedoch kann dieser Anspruch dadurch minderwertig werden, daß der Händler nicht zahlungswillig ist. Ein solcher mangelnder Zahlungswille und damit eine Gefährdung des Anspruchs kann daraus geschlossen werden, daß der Händler seine Verkäufe verheimlicht oder unwahre Angaben macht (vgl. 3. StrS. vom

4. November 1926, RGSt. Bd. 60 S. 421 und das zitierte Urteil RGSt. Bd. 63 S. 251). In allen diesen Fällen bedarf es also einer sorgsamen Feststellung der subjektiven Tatseite, d. h. des Willens des Händlers. Eine bloße Nachlässigkeit in der Erfüllung der Vertragspflichten reicht für eine Verurteilung nicht aus.

Für alle die erwähnten Geschäfte ist auf einen Gesichtspunkt aufmerksam zu machen, der in der strafrechtlichen Praxis eine entscheidende Rolle spielt: Es kommt ausschlaggebend für das Rechtsverhältnis zwischen den Parteien auf die tatsächliche Übung, nicht auf die fixierten Bedingungen an. Es ist ähnlich wie bei dem Rechtsverhältnisse zwischen dem Prinzipal und dem Vertreter. In dem schriftlichen Vertrage werden den Vertretern üblicherweise die schärfsten Bedingungen auferlegt. Sie sollen das eingezogene Geld getrennt verwahren, sofort abführen usw. In der Praxis wird dann alles ganz anders gehandhabt; der Vertreter läßt auf sein Konto einzahlen, rechnet monatlich ab, indem er wieder von seinem Konto überweist und dergleichen. Solange es gut geht, sind alle Teile zufrieden. Wird der Vertreter aber plötzlich zahlungsunfähig, so möchte der Prinzipal auf den ursprünglichen Vertrag zurückgreifen. Das geht dann nicht mehr. Der Vertreter hatte nach der tatsächlichen Übung zum mindesten den guten Glauben, in dieser Weise handeln zu dürfen, die ursprünglich beabsichtigten Sicherungen sind mit stillschweigender Duldung des Prinzipals aufgehoben worden. Ganz ebenso ist das Verhältnis zwischen Lieferanten und Händler zu betrachten. Hat man die Vertragsbedingungen praktisch außer Kraft gesetzt, so kann der Händler im Strafverfahren sich mit Erfolg darauf berufen, daß er weder Verwahrer fremden Eigentums noch Bevollmächtigter noch

Kommissionär gewesen ist, mögen auch die schriftlichen Abmachungen anderes besagen.

III.

Es ist schließlich die Frage aufgeworfen worden, ob nicht der Lieferant, der unter Eigentumsvorbehalt liefert, unlauteren Machenschaften, besonders einem Kreditbetruge seines Kunden Vorschub leisten und sich so selbst strafbar machen kann. Das ist nur unter ganz besonderen Umständen denkbar. Zum Kreditbetruge gehört Vorsatz, d. h. Wissen und Wollen aller Tatbestandsmerkmale des § 263 StGB. Eine Fahrlässigkeit reicht keinesfalls aus. Es besteht daher auch, jedenfalls vom strafrechtlichen Gesichtspunkt aus, keine Pflicht des Lieferanten, sich nach den Vermögensverhältnissen seines Kunden zu erkundigen, zu prüfen, in welchem Verhältnis seine ihm gelieferten Waren zu den sonstigen Vermögenswerten des Kunden stehen, und die Möglichkeit eines Kreditbetruges ins Auge zu fassen. Im allgemeinen kann man damit rechnen, daß ein anderer keine strafbare Handlung begeht. Der Wille des Lieferanten geht ja auch nur auf Sicherung seiner Rechte, nicht auf Schädigung der anderen Gläubiger seines Abnehmers. Es müßte also schon so sein, daß Lieferant und Käufer gemeinsam auf Täuschung und Schädigung anderer ausgehen, daß die Waren gerade zu dem Zwecke geliefert werden, damit der Käufer unter unwahrer Angabe, sie seien sein Eigentum, sich darauf Kredit verschaffen kann, um in solchem Falle den Lieferanten als einen Teilnehmer an dem Kreditbetruge des Käufers ansehen zu können.

Der Eigentumsvorbehalt im Steuerrecht.

Von Dr. Franz Scholz, Berlin,
Senatspräsident des Oberverwaltungsgerichts.

I. Der Eigentumsvorbehalt als Kreditsicherung des Verkäufers im geschäftlichen Verkehr hat in der Steuerrechtsprechung bisher eine sehr geringe Rolle gespielt. In der amtlichen Sammlung der Entscheidungen und Gutachten des Reichsfinanzhofs (RFH.) findet sich nichts über die Bedeutung dieses Sicherungsmittels im Rahmen des Steuerrechts. Für die wichtigste Steuer, die Einkommensteuer (auch Körperschaftsteuer und Gewerbeertragsteuer), hat diese Erscheinung ihren Grund in der Maßgeblichkeit der Bilanz, die hinsichtlich der Behandlung des Eigentumsvorbehalts wohl keine Zweifel läßt. Die in der Bilanz sich spiegelnde kaufmännische Auffassung hat auch für die Vermögensteuer Bedeutung, so daß es auch hier selten zu Streitigkeiten gekommen ist. Andererseits hat die Sicherungsübereignung, ein dem Eigentumsvorbehalt verwandtes Sicherungsmittel, mehrfach die Rechtsprechung beschäftigt. Dies gilt für Treuhandverhältnisse jeder Art, deren Begriff freilich ein sehr vager ist (RFH. 19, 24; RGZ. 127, 345).

Bei der Betrachtung des Eigentumsvorbehalts im Steuerrecht sind Besitz- und Verkehrssteuern zu unterscheiden. Bei den ersteren, jedenfalls soweit Reichsrecht, d. h. die Reichsabgabenordnung (RAgbO.), maßgebend ist, gilt der wirtschaftliche Eigentumsbegriff (§ 4, § 80 Abs. 1 RAbgO.), während es bei den Verkehrssteuern meist auf rechtliche Vorgänge ankommt. Im einzelnen gilt folgendes:

II. Einkommen-, Körperschaft- und Gewerbesteuer. Hier ist zu unterscheiden zwischen den Steuerpflichtigen, die nur den Überschuß der Einnahmen über die Ausgaben versteuern (hier Privatpersonen genannt; § 6 Abs. 1 Nr. 4—8, § 7 Abs. 2 Nr. 2, § 12 Abs. 1 Satz 3 EinkStG. 1925), und solchen, die den Gewinn versteuern (Kaufleute usw.; § 6 Abs. 1 Nr. 1—3, § 7 Abs. 2 Nr. 1 EinkStG.).

1. Bei der Einkommensteuer des Privatmannes spielt der Eigentumsvorbehalt regelmäßig keine Rolle. Ein zu seinem Privatgebrauch unter Eigentumsvorbehalt gekaufter Gegenstand ist für seine Einkommensteuerpflicht bedeutungslos. Kauft er Wertpapiere, so versteuert er ungeachtet des vorbehaltenen Eigentums an ihnen die vereinnahmten Zinsen usw., soweit nicht der Steuerabzug vom Kapitalertrag eingreift. Ebenso versteuert er Leistungsgewinne, soweit sie nach §§ 41 ff. steuerbar sind, in dem Steuerabschnitt, in dem sie ihm „zugeflossen" sind (§ 14), mag er das Eigentum übertragen haben oder nicht. Hat er ein Grundstück gekauft, so versteuert er die ihm zugeflossenen Miet- und Pachteinnahmen, auch wenn der Verkäufer in die Auflassung noch nicht gewilligt hat. Vgl. über Fälligkeit und Zufließen von Einnahmen neuerdings auch RFH. 24 S. 272; 25 S. 1. Auch den Wert der Nutzung einer eigenen Wohnung in einem solchen ihm noch nicht eigentümlich gehörenden Hause hat der Käufer zu versteuern. Freilich trifft der Wortlaut der §§ 14, 38 Abs. 3 EinkStG. (Wohnung im eigenen Hause oder unentgeltlich überlassene Wohnung) hier nicht zu. Aber der das Einkommensteuergesetz beherrschende Begriff des wirtschaftlichen Eigentums und die gebotene wirtschaftliche Betrachtungsweise

(§§ 4, 80 Abs. 1 RAbgO.) führen zu diesem Ergebnis[1]).

2. Bei den bilanzpflichtigen oder freiwillig Bilanzen aufstellenden Gewerbetreibenden wird der Gewinn versteuert, der sich für das Geschäftsjahr aus dem sog. Vermögensvergleich ergibt, „der nach den Grundsätzen ordnungsmäßiger Buchführung" ermittelt wird (§ 13 EinkStG.). Hierher gehören die Kaufleute und alle Handelsgesellschaften, mögen letztere dem Körperschaftsteuergesetz (§ 13) oder wie die offene Handelsgesellschaft oder (einfache) Kommanditgesellschaft lediglich in der Person ihrer Gesellschafter dem Einkommensteuergesetz (§ 6 Körpersch.-Steuergesetz; § 29 Nr. 3 EinkStG.) unterliegen. Die in diesem Aufsatze zu behandelnden Fragen haben hier ihren Schwerpunkt. Hierbei kommt es auf die Frage, ob ein Unternehmen (Einzelperson oder Gesellschaft) dem Einkommensteuergesetz oder dem Körperschaftsteuergesetz unterliegt, überhaupt nicht an. Denn nach beiden Gesetzen ist die Behandlung von unter Eigentumsvorbehalt verkauften Waren, Wertpapieren und Grundstücken von der Frage abhängig, ob und wie diese Vorgänge zu bilanzieren sind.

Nach feststehender Rechtsprechung des Reichsfinanzhofs ist maßgebend die Auffassung des kaufmännischen Verkehrs und die diese Anschauung widerspiegelnde ordnungsmäßige Bilanz, allerdings nicht immer die Handelsbilanz, sondern die steuer-

[1]) Vgl. Urt. des RFH. vom 20. November 1929 in Steuer und Wirtschaft (St. u. W.) 1930, Rechtspr. Urteil Nr. 36: Hier ist ein ausbedungenes lebenslängliches Wohnrecht im verkauften und übereigneten, also wirtschaftlich und rechtlich fremd gewordenen Hause der Steuerpflicht aus §§ 14, 38 Abs. 3 EinkStG. unterstellt.

rechtlich berichtigte Handelsbilanz (Steuerbilanz; z. B. sind stille Reserven als Gewinn zu versteuern). Aber Verkehrsanschauung wie Steuerrecht stimmen darin überein, daß es bei der Frage der Zugehörigkeit zum Betriebsvermögen nicht auf das juristische, sondern auf das wirtschaftliche Eigentum ankommt (§§ 4, 80 Abs. 1 RAbgO.) [2]). Hat nun ein Kaufmann Waren unter Eigentumsvorbehalt verkauft, aber noch nicht übergeben, so liegt ein schwebendes Geschäft vor, das der Bilanzierung nicht zugänglich ist. Steuerrechtlich hat sich also noch nichts geändert. Hat er aber die unter Eigentumsvorbehalt verkauften Waren abgesandt, so bucht er den Warenausgang. Nunmehr sind die Waren aus seinem Betriebsvermögen ausgeschieden, also vom Warenkonto abzuschreiben, während gleichzeitig die Forderung für den noch nicht bezahlten Kaufpreis als neues Aktivum entsteht. Das nackte Eigentum an den gelieferten Waren ist nicht bilanzfähig. Es ist aber oft ein werterhöhender Faktor bei der Bewertung der Kaufpreisforderung, nicht anders als Pfandbestellung oder Sicherheitsübereignung.

Was den Käufer der unter Eigentumsvorbehalt gelieferten Ware angeht, so gilt, falls er ein Privatmann ist, das oben Ziffer 1 Gesagte. Ist er ein Kaufmann, so ist der bloße Kaufabschluß bilanzmäßig und

---

[2]) Nicht mit Unrecht meint Strutz, EinkStG. Bd. I S. 774, 775, daß es bei der Einkommensteuer hinsichtlich der Frage der Vermögenszugehörigkeit zwar nicht auf § 80 Abs. 1 RAbgO., sondern auf die kaufmännischen Bilanzanschauungen ankomme, daß aber beides zu demselben Ergebnis führe. — Übrigens sagte § 5 des EinkStG. vom 29. 3. 1920 ausdrücklich, daß die Einkünfte zu versteuern sind „ohne Rücksicht darauf, . . . aus welchem rechtlichen oder tatsächlichen Grunde sie dem Steuerpflichtigen zugeflossen sind“.

steuerrechtlich auch hier bedeutungslos. Ist ihm aber die Ware zum Gebrauch im Betriebe (z. B. Büromöbel) oder zur Weiterverarbeitung oder Weiterveräußerung geliefert, so ist sie mit der Besitzübertragung an ihn Bestandteil seines Betriebsvermögens geworden. Der Warenzugang vermehrt die Aktiva, die Kaufpreisschuld die Passiva, während der Eigentumsvorbehalt bilanzmäßig und folglich auch steuerrechtlich bedeutungslos ist. Dies hat der Reichsfinanzhof in einem Urteile vom 27. November 1924 (Mrozeks Kartei, EinkStG. 1922, § 33, Rechtsspruch 7) anerkannt selbst in einem Falle, wo die unter Eigentumsvorbehalt verkauften Waren vorläufig noch beim Verkäufer auf Abruf des Käufers lagerten (Besitzübertragung nach §§ 868, 930 BGB., also Erwerb des mittelbaren Besitzes durch den Käufer). In der Tat ist zwischen der Übertragung unmittelbaren und mittelbaren Besitzes kein Unterschied zu machen. Ein Urteil des Reichsfinanzhofs vom 20. Januar 1926 (St. u. Wirtsch. 1926, Rechtspr. Nr. 101, Sp. 575) behandelt einen Tauschvertrag: A. gewährte dem B. das Holzungsrecht an einem dem A. gehörenden Walde; B. überließ ihm dafür eine Feldbahn unter Vorbehalt des Eigentums bis zur Abholzung. Bei Jahresschluß war der Wald noch nicht abgeholzt. Trotzdem also A. jetzt nur die tatsächliche Verfügung, nicht Eigentum an der Feldbahn hatte, mußte er diese aktivieren, und zwar mit dem Werte des Holzbestandes zur Zeit der Überlassung der Abholzung oder mit dem niedrigeren gemeinen Werte der Feldbahn am Bilanzstichtage[3]).

Ebenso sind G r u n d s t ü c k e, an denen der Verkäufer sich noch das Eigentum vorbehalten hat,

[3]) Zustimmend B e c k e r (der Vorsitzende des EinkSt.-Senats) in St. u. Wirtsch. 1926 Sp. 653.

deren Besitz und Nutzung aber dem Käufer eingeräumt ist, als wirtschaftliches Eigentum und folglich Aktivum des Käufers, nicht des Verkäufers anzusehen (RFH. 6 S. 334; 15* S. 111; 17 S. 56; 18 S. 73, 265). Hinsichtlich der dem Eigentumsvorbehalt verwandten Sicherungsübereignung führt der gleiche wirtschaftliche Gesichtspunkt zum gleichen Ergebnis: Daß ein nur zur Sicherheit übereigneter Gegenstand zum Betriebsvermögen des (übereignenden) Schuldners, nicht des Gläubigers gehört, daß er aber den Bilanzwert der Forderung des Gläubigers erhöhen kann, dürfte einhellige Ansicht sein[4]).

3. Für die preußische Gewerbesteuer (Bek. vom 15. März 1927, GS. S. 21; Novelle vom 8. Mai 1929, GS. S. 47), soweit sie vom Gewerbeertrag erhoben wird, gelten nach § 5 Abs. 1 die Vorschriften des Einkommensteuergesetzes über das gewerbliche Einkommen. Da nach § 19 a. a. O. auch die §§ 4, 80 RAbgO. auf die preußische Gewerbesteuer anwendbar sind, so entspricht die Behandlung des Eigentumsvorbehalts dem oben zu 2 Gesagten.

III. Vermögensteuer. 1. Gerade bei dieser Steuer ist die Maßgeblichkeit des wirtschaftlichen, nicht des juristischen Eigentums vom Reichsfinanzhof zuerst entwickelt worden. Insbesondere wurden Grundstücke, die noch dem Verkäufer rechtlich gehörten, unter den oben II 2 a. E. angedeuteten Voraussetzungen bereits dem Vermögen des Käufers zu-

---

[4]) Becker, EinkStG. Bd. I, § 6 Anm. 13b, § 14 Anm. 8; auch in St. u. Wirtsch. 1926 Sp. 1325; Lion, Bilanzsteuerrecht S. 58; Kennerknecht, Körperschaftsteuergesetz S. 110 Anm. 3, S. 165 Anm. 5; Mrozek, EinkStG. S. 29; RFH. 19 S. 128; schon Pr. OVG. in Staatssteuers. 12 S. 166; 15 S. 23.

gerechnet. Für das Vermögensteuergesetz vom 8. April 1922 ist in RFH. 19 S. 21 ferner ausgesprochen, daß Treuhandeigentum beim Treuhandgeber und nicht beim Treuhänder (obwohl er juristischer Eigentümer ist) der Vermögensteuer unterliegt; denn der Treuhänder verwaltet nur für den Treugeber. Nach dieser Grundanschauung, die gestützt wird durch §§ 4, 80 Abs. 1 RAbgO., ferner nach der Entstehungsgeschichte des § 80 Abs. 1, wonach der Gesetzgeber bei dieser Vorschrift besonders an die Sicherungsübereignung gedacht hat, ist in RFH. 19 S. 128 mit Recht als keinem Zweifel unterliegend ausgesprochen, „daß jedenfalls bei der Veranlagung einer Steuer die zur Sicherung übereigneten Gegenstände dem Vermögen des übereignenden Schuldners und nicht dem des Gläubigers zugerechnet werden müssen". Das Vermögen des Schuldners mindert sich um die Schuld, aber — wie bei der Pfandbestellung — nicht auch um den Wert der als Sicherheit haftenden Sache (RFH. a. a. O.), während andererseits diese beim Gläubiger den Wert der Forderung erhöhen kann. Wendet man diese Grundsätze auf den Eigentumsvorbehalt an, so ergibt sich folgendes: Die einem Kaufmann als Gegenstand des Anlagekapitals gelieferten Sachen und die zur Weiterbearbeitung oder Weiterveräußerung ihm gelieferten Waren gehören wirtschaftlich zum Vermögen (Betriebsvermögen) des Käufers, nicht des Verkäufers, mag die Ware zu unmittelbarem Besitz übergeben sein oder der Verkäufer sie für jenen aufbewahren (§§ 868, 930 BGB.). Wie bei der Sicherungsübereignung gehört also steuerrechtlich die Ware nicht zum Vermögen des Formaleigentümers[8]). Mit Becker (St. u. Wirtsch.

[8]) Pape in Deutsche Steuer-Zeitung 1926 Sp. 969, 970.

1926 Sp. 1325) ist der Satz aufzustellen, daß, soweit die Reichsabgabenordnung (§§ 4, 80 Abs. 1) maßgebend ist, also jedenfalls für die Einkommen- und Vermögensteuer, der Eigentumsvorbehalt und die Sicherungsübereignung nur wie eine Pfandbestellung zu behandeln sind. In beiden Fällen besteht die Sicherheit in dem nackten Eigentumsrecht (Formaleigentum) des Gläubigers, während der Schuldner das wirtschaftliche Eigentum hat, das für die beiden Steuerarten entscheidend ist. Dabei macht es keinen Unterschied, ob die Vorbehaltsware für einen gewerblichen oder landwirtschaftlichen Betrieb oder zum Gebrauch eines Privatmannes (oben II 1) bestimmt ist. Freilich entzieht sich bei letzterem, wenn der Kauf für den Privathaushalt bestimmt ist, der gelieferte Gegenstand überhaupt der Besteuerung (§ 39 Nr. 5 ReichsbewertungsG.), falls nicht einer der seltenen Fälle in § 38 Nr. 4, 9 a. a. O. vorliegt. Was also hinsichtlich der Einkommen- und Körperschaftsteuer in erster Linie aus Bilanzgrundsätzen herzuleiten war (oben II 2), ist für die Vermögensteuer, die nicht auf der Bilanz aufgebaut ist, aus der gebotenen wirtschaftlichen Betrachtungsweise zu gewinnen. Maßgeblich ist jetzt (vgl. VermögenStG. vom 10. August 1925 § 5) das Reichsbewertungsgesetz, das aber ebenfalls die §§ 4, 80 Abs. 1 RAbgO. in sich trägt (vgl. § 8 RBewertG.), und das daher, soweit es vom Eigentümer spricht (§§ 9, 26 Abs. 1 Satz 1), den wirtschaftlichen Eigentümer meint[6])[7]).

[6]) Dziegalowski, Reichsbewertungsgesetz, 2. Aufl. 1929, Anm. 4 zu § 9; Becker, EinkStG. Bd. II, Anm. 72 zu §§ 19—21.

[7]) Wie weit die wirtschaftliche Betrachtung geht, zeigt folgender vom RFH. entschiedener Fall: Wenn eine Grundstücks-GmbH. nur 500 RM Stammkapital hat, die (aus-

2. Für die preußische Gewerbesteuer (s. oben II 3), soweit sie nach dem Gewerbekapital bemessen wird, ist gemäß § 6 das nach dem Reichsbewertungsgesetz festgestellte Betriebsvermögen (mit gewissen Zusätzen, doch seit 1. April 1927 unter Abzug des Grundvermögens) maßgebend. Die Behandlung des Eigentumsvorbehalts ist dieselbe wie oben zu 1.

3. Die preußische Grundvermögensteuer[8]) und die Hauszinssteuer[9]) sind Realsteuern, die unter grundsätzlicher Außerachtlassung der persönlichen Verhältnisse des Steuerschuldners das Grundstück als solches belasten und öffentliche Grundstückslasten darstellen (RGZiv. 116 S. 111; RFH. 23 S. 23; PrOVG. ständig). Aus § 4 GVermStG., auch § 8 Abs. 1 HZStV. (Haftung des Grundstücks) folgt, daß unter dem „Eigentümer" als Steuerschuldner nur der bürgerlich-rechtliche Eigentümer zu verstehen ist (so PrOVG. ständig; vgl. z. B. OVG. 84 S. 42; die Frage wird im Urteile VI. D. 312/28 vom 14. Oktober 1930 grundsätzlich erörtert werden). Der Eigentumsvorbehalt des Grundstücksverkäufers hat also die Wirkung, daß der Verkäufer Schuldner der laufenden Steuer so lange bleibt, bis das grundbuchmäßige Eigentum auf den Käufer übergegangen ist.

---

ländischen) Hypothekengläubiger und Geldgeber aber fast alle Wertparzellen der Gesellschaftsgrundstücke besitzen, so sind die Hypothekengläubiger wirtschaftlich Eigentümer der Grundstücke und insoweit vermögensteuerpflichtig, während die GmbH. nicht-steuerpflichtiger Treuhänder ist (RFH. Urt. vom 22. August 1927, St. u. Wirtsch. 1927, Rechtspr. Nr. 516).

[8]) Pr. Ges. vom 14. Februar 1923 / 28. Februar 1924. GS. 1923 S. 29; 1924 S. 119.

[9]) Hauszinssteuerverordnung vom 2. Juli 1926 / 27. April 1927, GS. 1926 S. 213; 1927 S. 61.

IV. In diesem Zusammenhange darf nicht übergangen werden die Bedeutung des Eigentumsvorbehalts in einer vom Finanzamt betriebenen Zwangsvollstreckung. Ich trete dem Gutachten des Reichsfinanzhofs in RFH. 19 S. 126 durchaus bei, daß im Falle der Sicherungsübereignung dem sicherungsberechtigten Gläubiger auf Grund seines Formaleigentums kein die Veräußerung hinderndes Recht im Sinne des § 301 RAbgO. zusteht, daß der Gläubiger aber nach § 319 a. a. O. vorzugsweise Befriedigung aus dem Erlöse verlangen kann. Ist diese Auffassung richtig, so liegt es beim Eigentumsvorbehalt ebenso. (Der Reichsfinanzhof a. a. O. S. 130 verweist ausdrücklich auf die Ähnlichkeit der Sachlage beim Eigentumsvorbehalt und will ihn daher ebenso wie die Sicherungsübereignung behandeln, was von Staub-Bondi, Anm. 64 zu § 382 HGB., mißverstanden worden ist.) In beiden Fällen ist derjenige, der der Zwangsvollstreckung widerspricht, Formaleigentümer, während der besitzende Schuldner wirtschaftlicher Eigentümer ist. In beiden Fällen könnte „ein die Veräußerung hinderndes Recht" nur das Formaleigentum sein. Im Sinne der Reichsabgabenordnung wird aber der wirtschaftliche Eigentümer, nicht der Formaleigentümer, als Eigentümer behandelt (oben II, III), und als „Steuergesetz" (§§ 3, 80 Abs. 1) gilt auch die Reichsabgabenordnung. Der § 771 ZPO., der von der noch immer herrschenden Ansicht im Sinne des Formaleigentums ausgelegt wird, ist in § 301 RAbgO. nicht in Bezug genommen und gilt in dieser selbständig formulierten Vorschrift nicht. Das dem eingehend begründeten Gutachten des Reichsfinanzhofs widersprechende, allzu knapp begründete Urteil des Reichsgerichts (RGZiv. 124 S. 73) beruht wesentlich auf dem Gedanken, daß der mehrerwähnte § 80 Abs. 1 RAbgO. nur den „Eigenbesitzer" (§ 872 BGB.) meine, als welcher der Sicherungsübereigner (Schuldner) und der unter Eigentumsvorbehalt Besitzende allerdings nicht gelten kann[10]). Dabei wird der den § 80 Abs. 1 ergänzende, grundlegende § 4 RAbgO. unzureichend gewürdigt und ferner überhaupt nicht gedacht der umfangreichen Rechtsprechung des Reichsfinanzhofs und des steuerrechtlichen Schrifttums, worin der Begriff des wirtschaftlichen Eigentümers weiter gezogen wird als der des Eigenbesitzers (§ 872 BGB.) und bei Auseinanderfallen von wirtschaftlichem Eigentümer und Formaleigentümer nur der erstere als Eigentümer gilt! Wäre der Standpunkt des Reichsgerichts richtig, so müßte das durch Rechtsprechung und Schrifttum entwickelte Reichssteuerrecht neu aufgebaut werden. Dazu wird es nicht kommen, da für materielles Recht der Reichsfinanzhof entscheidet[11]). In dem hier vertretenen Sinne hinsichtlich des Eigentumsvorbehalts auch Becker, RAbgO., Anm. 1 zu § 301, unter Heranziehung auch des § 302 a. a. O.; wohl auch Rühl, Eigentumsvorbehalt und Abzahlungsgeschäft S. 13, unter Hinweis auf ent-

[10]) RGZiv. 54 S. 396; 64 S. 337; 69 S. 198; 124 S. 74; Rühl, Eigentumsvorbehalt und Abzahlungsgeschäft 1930 S. 102; auch Pape a. a. O.

[11]) Allerdings findet sich vereinzelt die Bemerkung, daß § 80 Abs. 1 RAbgO. den Eigenbesitzer (§ 872 BGB.) meine (RFH. 11 S. 146, 147). Selbst Becker, der Vater der RAbgO. und Vorsitzender des Einkommensteuersenats, dessen Autorität zu der Entwicklung des wirtschaftlichen Eigentumsbegriffs wesentlich beigetragen hat, bezeichnet an einer Stelle (St. u. Wirtsch. 1926 Sp. 1324) den steuerrechtlichen Eigentümer als den, der das Eigentum, „und zwar das volle bürgerlich-rechtliche Eigentum", für sich in Anspruch nehme. Aber gleich darauf stellt er dies richtig: Die Inanspruchnahme eines Rechts zur Veräußerung und dinglicher Belastung scheide aus.

sprechendes schweizerisches, englisches und ungarisches Recht; auch **Bühler**, Lehrbuch des Steuerrechts, Bd. I S. 244 f., 479 Anm. 17 [12]).

Schließlich kann auch eine **Haftung** des Formaleigentümers (Vorbehalts- oder Sicherungseigentümers) für die Steuerschuld eines anderen in Frage kommen (§§ 84, 89 RAbgO.). Grundsätzlich ist dies zu verneinen, da der Formaleigentümer wirtschaftlich und steuerrechtlich nicht „als Verfügungsberechtigter auftritt" (§ 89 RAbgO.). Aber es kommt auf die Umstände an (RFH. vom 6. November 1929, St. u. Wirtsch. 1930, Rechtspr. Nr. 231). Wer ein Warenlager unter Eigentumsvorbehalt verkauft hat und dann selber für den Käufer Weiterverkäufe abschließt und Entgelte daraus vereinnahmt, haftet für die Umsatzsteuer (RFH. 19 S. 319).

---

[12]) Es soll nicht unerwähnt bleiben, daß die herrschende, vom Reichsgericht noch in RGZiv. 124 S. 73 vertretene Meinung, wonach Sicherungsübereignung (und folglich auch Eigentumsvorbehalt) in der Zwangsvollstreckung als ein die Veräußerung hinderndes Recht gilt (§ 771 ZPO.), im Konkurs aber nur zu einem Absonderungsrecht führt, im Schrifttum mehr und mehr Bedenken auslöst. Die angemessene, der Sach- und Interessenlage entsprechende Lösung, auf die schon **Hellwig**, Gläubigernot 1912 S. 154 ff., hinwies, und die dem Gedanken des RFH. entspricht, ist die Behandlung des sichernden Formaleigentums als das, was es wirtschaftlich ist, nämlich als pfandähnliche Sicherung oder Vorzugsrecht auch im Sinne des § 805 ZPO. Damit wird die beklagenswerte Diskrepanz zwischen Vollstreckungsrecht und Konkursrecht überbrückt. Vgl. **Boeck** in Leipziger Zeitschrift 1922 Sp. 243; **Nord** in Jur. Rundsch. 1927 I S. 590 ff.; **Baumbach**, ZPO., Anm. 4 b zu § 771; M. **Wolff** in Jur. Wochenschrift 1930 S. 1473 ff.; **Kernert** ebenda S. 2763 und in seiner vorzüglichen Preisschrift (Stellung des Sicherungseigners gegenüber Zwangsvollstreckungen usw. 1930).

V. Bei den Verkehrssteuern, die an Verkehrsakte anknüpfen, ist die Berücksichtigung des wirtschaftlichen und, folglich, Nichtberücksichtigung des Formaleigentums nicht die Regel. Im einzelnen:

1. Der Umsatzsteuer unterliegen entgeltliche Lieferungen und sonstige Leistungen innerhalb selbständig ausgeübter gewerblicher oder freiberuflicher Tätigkeit. Nach § 5 des Umsatzsteuergesetzes liegt eine Lieferung vor, wenn der Lieferer dem Abnehmer die Verfügung über die Sache verschafft. Man ist darüber einig, daß Eigentumsübertragung hierzu nicht erforderlich ist. Es genügt, daß der Abnehmer in den Stand gesetzt wird, Dritten gegenüber wie ein Eigentümer über die Sache zu verfügen. Dies ist vom wirtschaftlichen Standpunkt zu beurteilen. Die Übergabe der Sache vom Kommittenten an den Verkaufskommissionär ist nach feststehender Rechtsprechung eine umsatzsteuerpflichtige Lieferung. Hinsichtlich der Sicherungsübereignung bestehen Zweifel. In der Regel ist sie nicht steuerpflichtig; anders nur, wenn der Gläubiger den Gegenstand an Zahlungs Statt anzunehmen berechtigt ist und von diesem Rechte Gebrauch macht (RFH. im Reichssteuerblatt 1922 S. 351; 1925 S. 211; Scholz, UmsStG. Bd. I S. 100 mit dem Hinweise darauf, daß es hier regelmäßig an dem steuerlichen Erfordernisse der Entgeltlichkeit fehlt). Wenn dagegen ein Unternehmer Waren an einen anderen Unternehmer für seinen Gewerbebetrieb oder an einen Privatmann für dessen Gebrauch unter Eigentumsvorbehalt käuflich liefert, so ist dies in jedem Fall eine steuerpflichtige Lieferung. Ebenso ist, wenn der Empfänger der Vorbehaltsware diese gewerblich weiter veräußert und liefert, ebenfalls die Steuerpflicht gegeben, selbst wenn er es für Rechnung seines Vormannes tut und dessen

Weisungen unterliegt (RFH., Mrozeks Kartei UmsStG. 1919, § 1 Nr. 1 Satz 1 Rechtspr. 19). Denn es kommt nur darauf an, ob er im eigenen Namen und in selbständiger gewerblicher Tätigkeit verkauft. An der Selbständigkeit kann es fehlen, wenn er von dem Vorbehaltseigentümer wirtschaftlich derart abhängig ist, daß er nur als dessen Angestellter oder Organ zu behandeln ist (Organtheorie). Wenn der Privatmann, befugt oder unbefugt, den Vorbehaltsgegenstand weiterverkauft, so ist er mangels gewerblicher Tätigkeit nicht umsatzsteuerpflichtig.

2. Nach dem Kapitalverkehrssteuergesetz ist die Behandlung des Eigentumsvorbehalts nicht einheitlich.

a) Bei der Gesellschaftsteuer (§§ 2 ff. KapVerkStG.) kann der Eigentumsvorbehalt bei Sacheinlagen in Frage kommen. Diese brauchen dem Einbringer nicht zu gehören; der Eigentümer muß aber zustimmen, wenn das Eigentum auf die Gesellschaft übergehen soll (Scholz, GmbH.-G. S. 111). Geschieht dies (doloses Verhalten braucht hier wohl nicht betrachtet werden), so ist, wenn die weiteren Voraussetzungen in § 6 a oder b vorliegen, die Steuerpflicht gegeben, und zwar nach dem Werte der Sacheinlage (§ 21 Abs. 1 a KapVerkStG.). Unter diesen Voraussetzungen kann auch die Gebrauchsüberlassung eines fremden Gegenstandes steuerpflichtig sein, sei es, daß ein Gesellschafter fremde, sei es, daß er ihm gehörige Gegenstände zum Gebrauch einbringt[13]). Aber Voraussetzung der Steuerpflicht ist, daß der Gesellschaft Vermögenswerte zu-

---

[13]) Wegen der Zulässigkeit solcher Sacheinlagen vgl. Scholz, GmbH.-G. S. 109, 110; wegen der Steuerpflicht ebenso Weinbach, KapVerkStG. 2. Aufl. S. 95 (§ 6 Anm. 39 b).

geführt werden. Bürgschaften und Sicherungsübereignungen für einen der Gesellschaft von dritter Seite gewährten Kredit sind regelmäßig nicht steuerpflichtig (RFH. 14 S. 202; 18 S. 96).

b) Die Wertpapiersteuer entsteht nach § 27 KapVerkStG. mit der erstmaligen Ausgabe, Veräußerung, Verpfändung usw. des Papiers. Da Veräußerung und Verpfändung gleichgestellt sind, so ist kein Zweifel, daß der Eigentumsvorbehalt beim Verkauf die Steuerpflicht nicht ausschließen würde. Die Frage ist aber gegenstandslos, da nach den durch § 69 a. a. O. gestützten Ausführungsbestimmungen (Rechtsnormen) die Steuerpflicht bereits entsteht durch die antragsgemäße Ermächtigung des Ausstellers, die Papiere ungehindert in den freien Verkehr zu bringen, und zwar selbst dann, wenn es demnächst nicht zur Ausgabe der Papiere kommt (RFH. 15 S. 317; 20 S. 140).

c) Die Börsenumsatzsteuer (§§ 35 ff.) knüpft an „Anschaffungsgeschäfte" an. Hierunter sind Verträge zu verstehen, durch die sich der eine Teil verpflichtet, dem anderen Teile das Eigentum an Gegenständen der im § 35 bezeichneten Art gegen Entgelt zu verschaffen. Steuerpflichtig ist also das obligatorische Geschäft, nicht seine Erfüllung durch Eigentumsverschaffung. Nach § 43 Abs. 1 ist die Hinzufügung von Bedingungen und Befristungen ohne Einfluß auf die Entstehung der Steuerschuld. Ein Kaufvertrag über Wertpapiere unter Eigentumsvorbehalt geht aber, wie jeder Kaufvertrag, auf Verschaffung des Eigentums. Diese Erfüllung ist nur auf gewisse Frist hinausgeschoben oder unter gewissen Bedingungen (Zahlung des Kaufpreises oder einer sonstigen Schuld) zu leisten. Es liegt also ein befristetes oder ein bedingtes Anschaffungsgeschäft vor, das als solches börsenumsatzsteuerpflichtig ist. Sehr zweifelhaft liegt es andererseits bei der Sicherungsübereignung von Wertpapieren. Hier liegt, so sollte man meinen, nur pfandähnliche Sicherung vor, der, wie der echten Verpfändung, kein Veräußerungsgeschäft zugrunde liegt. Die Rechtsprechung hat aber auch hier die Steuerpflicht bejaht (RFH. 13 S. 135, 140; 19 S. 14)[14]. Damit ist die mehrerwähnte wirtschaftliche Betrachtungsweise hier verlassen, die der Reichsfinanzhof in einem Urteil vom 5. Dezember 1924 (Mrozeks Kartei, Rechtspr. 2 zu § 21 Abs. 1 a KapVerkStG.) noch als maßgebend bezeichnet hatte. In einem Urteil vom 9. März 1926 (ebenda, Rechtspr. 10, 11 zu § 6 b) wird für das Kapitalverkehrsteuergesetz allgemein die zivilrechtliche Gestaltung als entscheidend angesehen, was seitdem beibehalten zu sein scheint (Mirre, St. u. Wirtsch. 1930 Sp. 495).

3. Das Kraftfahrzeugsteuergesetz (jetzt vom 21. Dezember 1927, RGBl. I S. 509) bezeichnet in § 3 als Steuerschuldner den „Eigenbesitzer“ des Kraftfahrzeugs (in Sonderfällen den Benutzer); erst wenn das Fahrzeug polizeilich zugelassen ist, ist Steuerschuldner der, für den das Kraftfahrzeug zugelassen ist. Das Wort „Eigenbesitzer“ deutet auf § 872 BGB. In der Tat ist es vom Reichsfinanzhof in diesem bürgerlichrechtlichen Sinne ausgelegt worden (RFH. 19 S. 95)[15]. Wie wenig aber die Verwendung sachenrechtlicher Begriffe

[14]) Die Entscheidung ist auch deshalb unbillig, weil, wie der RFH. auf Grund des § 50 KapVerkStG. allerdings mit Recht angenommen hat, bei der Sicherungsübereignung eines Geschäftsanteils (§ 35 a) die Steuer nach dem vollen Werte des Geschäftsanteils, nicht der zu sichernden Forderung, zu bemessen ist (Mrozeks Kartei, Rechtspr. 21 und 25 zu § 35 KapVerkStG.).

[15]) Ebenso Mirre, Anm. 12 zu § 3 a. a. O. (im Handb. d. Steuerrechts, Nachtrag 1928).

des Bürgerlichen Gesetzbuchs auch für dieses Steuergesetz sich eignet, zeigt gerade die vom Reichsfinanzhof a. a. O. erfolgte Behandlung der Sicherungsübereignung, wie auch der Eigentumsvorbehalt, an Kraftfahrzeugen. Nach § 872 BGB. ist Eigenbesitzer auch der Sicherungseigentümer und der unter Eigentumsvorbehalt Verkaufende, also der Formaleigentümer, gleichviel ob er unmittelbarer oder mittelbarer Besitzer (§§ 868, 930 BGB.) ist (RGZiv. 54 S. 396; 64 S. 337; 69 S. 198; 124 S. 74; RFH. 19 S. 95). Hat also der Käufer eines Kraftfahrzeugs einem Dritten nur zur Sicherheit für ein Darlehen das Fahrzeug übereignet, und benutzt der Käufer es als unmittelbarer Besitzer, so ist der Darlehnsgeber und Formaleigentümer, der das Fahrzeug vielleicht nie gesehen hat, als „Eigenbesitzer" der Steuerschuldner (so der vom Reichsfinanzhof entschiedene Fall). Dasselbe muß, falls das Bürgerliche Gesetzbuch anwendbar, auch für den Eigentumsvorbehalt gelten: Wer ein Kraftfahrzeug unter Eigentumsvorbehalt verkauft und übergeben hat, ist als mittelbarer „Eigenbesitzer" der Steuerschuldner. Er kann die von ihm gezahlte Steuer auch nicht auf den Käufer abwälzen, falls dies nicht aus dem Kaufvertrage oder sonstiger Abmachung entnommen werden kann. Sowohl bei der Sicherungsübereignung wie beim Eigentumsvorbehalt wäre die umgekehrte Lösung die wünschenswerte.

4. Die G r u n d e r w e r b s t e u e r gehört streng genommen nicht in das hier zu behandelnde Thema. Der Grundstücksverkäufer, der sich wegen des ausstehenden Kaufpreises oder anderer Forderungen sichern will, hat neben dem Eigentumsvorbehalt (vorläufiger Verweigerung der Auflassung) die Möglichkeit, im Kaufvertrage die Bestellung einer Hypothek oder Grundschuld oder die Eintragung einer Vor-

merkung zur Erhaltung des Rechts auf (Rück-) Auflassung sich bewilligen zu lassen. Im übrigen sei bemerkt, daß die Grunderwerbsteuer grundsätzlich erst mit dem Erwerb des bürgerlich-rechtlichen Eigentums (Auflassung und Grundbucheintragung) entsteht (§ 4 GrdErwStG., jetzt Fassung vom 11. März 1927, RGBl. I S. 72). Wenn aber der Eigentumsübergang nicht binnen einem Jahre nach Abschluß des Kaufvertrags erfolgt ist, so entsteht die Steuerpflicht nach Ablauf dieses Zeitraums (§ 5). Steuerpflichtig ist auch ein Rechtsvorgang, der es ohne Übertragung des Eigentums einem anderen ermöglicht, über das Grundstück wie ein Eigentümer zu verfügen (§ 6). Hierher gehört der Verkauf unter Eigentumsvorbehalt und mit Übertragung des Besitzes und der Nutzungsbefugnis. Wird nach Übertragung dieses wirtschaftlichen Eigentums später auch das juristische Eigentum auf den wirtschaftlichen Eigentümer übertragen, so löst dies keine neue Steuerpflicht aus (RFH. 15 S. 223). Umgekehrt kann der aus § 4 herangezogene Erwerber des juristischen Eigentums nicht einwenden, daß wegen früheren Erwerbs des wirtschaftlichen Eigentums nur die (etwa verjährte) Steuer aus § 6 festgesetzt werden könne (RFH. 18 S. 7).

•

Diese kurze Übersicht dürfte gezeigt haben, daß, jedenfalls für die wichtigsten Steuern, nämlich die Steuern vom Einkommen und vom Vermögen, der Eigentumsvorbehalt nur wie eine Pfandbestellung wirkt. Dies allein kann meines Erachtens befriedigen, sowohl steuerrechtlich wie wirtschaftlich wie rechtlich überhaupt. Jedenfalls scheint in dieser Betrachtung ein angemessener Ausgleich zwischen den Interessen des zu sichernden Gläubigers und anderer Gläubiger zu liegen. Das öffentliche Interesse geht dem Privatinteresse grundsätzlich im Rechte vor. Warum soll es hier umgekehrt sein? Es liegt schon ein Widerspruch darin, daß, während die Begründung des Mobiliarpfandes im öffentlichen Interesse der Besitzübertragung, also der Erkennbarkeit, bedarf, ein wirtschaftlich ähnliches, rechtlich aber noch stärkeres, andere Gläubiger gänzlich ausschließendes Sicherungsmittel (Eigentumsvorbehalt) dieser Erkennbarkeit n i c h t bedarf. Vielleicht lernt einmal die Rechtsprechung des Zivilrechts von der des Steuerrechts. Dies gilt besonders von der Behandlung des Eigentumsvorbehalts in der Zwangsvollstreckung.

Wie ist die Vereinbarung des Eigentumsvorbehalts zweckmäßig zu formulieren?

Von Dr. Rudolf Liebstädter, Rechtsanwalt in Nürnberg.

I.

Die Regelung, die das Bürgerliche Gesetzbuch in § 455 hinsichtlich des Eigentumsvorbehalts (EV.) getroffen hat, wird den Bedürfnissen der Wirtschaft, wie allgemein anerkannt ist, in keiner Weise mehr gerecht. Gleichviel, ob es sich hierbei um eine gesunde, organische Rechtsentwicklung handelt, eine Auffassung, die mit guten Gründen vertreten wird, oder ob eine bedauerliche, anormale „Neubildung" vorliegt, deren Abbau als eine Voraussetzung der Wiederherbeiführung klarer, durchsichtiger Wirtschafts- und Kreditverhältnisse von vielen Seiten mit wertvoller Begründung verlangt wird: Für den in der Wirtschaft stehenden Kaufmann, für das nach privatwirtschaftlichen Grundsätzen arbeitende kaufmännische Unternehmen ist es in einer Unzahl von Fällen zu einem Gebote ordentlicher Geschäftsführung geworden, sich durch entsprechende Formulierung des EV. die Vorteile zu sichern, die dieses Institut gewähren kann. Es trifft sicher zu, daß infolge der zahlreich vereinbarten Eigentumsvorbehalte und Sicherungsübereignungen die Konkursmassen immer unergiebiger werden; gerade daraus erwächst aber für den einzelnen die Notwendigkeit, dafür zu sorgen, daß er für seinen Teil so wenig als möglich auf die sich aus der Verteilung der Masse ergebenden Quoten angewiesen ist. In welchem Umfange die Wirtschaft bereits zu dem Sicherungsmittel des EV. gegriffen hat, wird durch nichts besser illustriert als durch die diesem Aufsatz vorhergegangenen Artikel zu der Frage des EV.

II.

Es kann hier dahingestellt bleiben, ob sich im Laufe der Jahre in bestimmten Branchen ein „Eigentumsvorbehalt kraft Handelsgebrauches“ entwickeln kann oder nicht. In Übereinstimmung mit Rühl[1]) ist jedenfalls für den zurzeit bestehenden Rechtszustand ganz allgemein anzunehmen, daß die gesetzliche Regelung des Bürgerlichen Gesetzbuchs, wonach die Ware mit der Übergabe Eigentum des Käufers wird, falls nicht vor oder spätestens gleichzeitig bei Übergabe der Verkäufer dem Käufer erklärt, daß er sich das Eigentumsrecht vorbehalte, unerschüttert ist[2]). Zur Begründung des EV. ist also in allen Fällen eine — einseitige — Erklärung des Verkäufers gegenüber dem Käufer, die spätestens im Zeitpunkt der Übergabe der Ware abzugeben ist, erforderlich.

Sehr häufig glauben Kaufleute, die bei Lieferung der Ware sich keinen EV. gemacht haben, diesen nachträglich hinsichtlich der Waren, die sie dem Käufer selbst geliefert haben, vereinbaren zu können. Daß die dingliche Rechtswirksamkeit einer solchen Abmachung äußerst problematisch ist, ist allgemein bekannt. Nicht überflüssig ist es aber vielleicht, darauf hinzuweisen, daß ein derartiges nachträgliches Abkommen unter den Vertragsteilen — obligatorisch — durchaus wirksam ist, derart, daß der Käufer aus ihm verpflichtet wird, dem Verkäufer das Eigentum an den in Frage stehenden Waren zu verschaffen, ihn wie einen Eigentümer zu

[1]) Rühl, Eigentumsvorbehalt und Abzahlungsgeschäft, 1930, S. 60.

[2]) Auch bei Kraftwagen hat sich die Industrie- und Handelskammer zu Berlin z. B. mit ihrem bei Dove-Meyerstein Bd. 4 S. 139 Nr. 703 veröffentlichten Gutachten auf diesen Standpunkt gestellt.

behandeln und ihm besonders im Falle des Zahlungsverzuges die Sache herauszugeben[3]). Selbstverständlich ist unter allen Umständen von diesem Wege abzuraten und auf die Sicherungsübereignung als das geeignete Mittel zur Erreichung des gewünschten Erfolges zu verweisen.

Im Anschluß an eine Entscheidung des Kammergerichts[4]) ist in der Literatur äußerst lebhaft die Frage erörtert worden, ob eine allein auf der Faktura enthaltene Vorbehaltsklausel geeignet sei, den Eigentumsübergang an den Käufer zu verhindern, wenn die Faktura vor oder gleichzeitig mit der Ware bei dem Käufer eintrifft. Es ist nicht erforderlich, hier auf diese Streitfrage einzugehen, weil keine Meinungsverschiedenheit darüber bestehen dürfte, daß auch diese Art der Regelung durchaus unzweckmäßig ist. Nach feststehender Rechtsprechung erklärt der Käufer durch sein Stillschweigen zu dem Inhalt der Faktura, soweit es sich nicht um solche Mitteilungen handelt, für die sie ihrem Wesen nach bestimmt ist, seine Zustimmung nicht[5]). Er kann daher von dem Verkäufer jederzeit verlangen, daß dieser ihm das Eigentumsrecht an der

[3]) Vgl. Staudinger zu § 930 BGB. Anm. 1b und Ritter, Kredit-Sicherung durch Eigentumsvorbehalt § 7.

[4]) Abgedruckt in JW. 1929, 2164.

[5]) Der im Börsenverein der Deutschen Buchhändler zu Leipzig organisierte Buchhandel hat mit § 15a seiner „Buchhändlerischen Verkehrsordnung" diesem Mangel insofern abzuhelfen versucht, als er seine Mitglieder in unzweifelhaft zulässiger Weise verpflichtet, den Fakturenvermerk als beachtliche Willenserklärung des Verkäufers anzuerkennen. Immerhin dürften hier in den Fällen, in welchen die Berechnung der Büchersendungen erst nach Lieferung der Ware an den Kunden erfolgt, ernste Schwierigkeiten unvermeidbar sein.

Ware verschaffe; er kann ferner die ihm aus dem Kaufvertrag obliegenden Leistungen, vor allem also die Zahlung des Kaufpreises, so lange verweigern, bis der Verkäufer seinerseits seiner Verpflichtung zur Eigentumsverschaffung nachgekommen ist, und kann so lange auch nicht in Verzug gesetzt werden. Selbst wenn also der Vermerk auf der Faktura an sich wirksam wäre, würde er den erstrebten Zweck höchst unvollkommen erfüllen.

Die gleichen Bedenken ergeben sich für den Fall, daß der Vorbehaltsvermerk nur auf der bei Abschluß des Kaufvertrages dem Käufer übergebenen Kommissionskopie enthalten ist, deren Inhalt der Käufer nach der herrschenden Lehre ebenfalls unbeachtet lassen darf[*]). Auch hier kommt ein EV. nach unserer Auffassung gültig überhaupt nicht zustande, weil eine Erklärung desselben in Wahrheit gar nicht vorliegt. Wenn man aber der gegenteiligen Auffassung ist, oder wenn man dem Käufer — etwa durch Eideszuschiebung — nachzuweisen in der Lage ist, daß er von dem in der Kommissionskopie enthaltenen Vermerk Kenntnis genommen hat und infolgedessen annehmen will, daß der Vermerk dinglich wirksam geworden ist, bleibt für das obligatorische Verhältnis der Vertragsteile genau der gleiche Rechtszustand, wie er oben bei der Faktura dargelegt worden ist. Auch in diesem Falle bedeutet das Stillschweigen des Käufers keine Zustimmung; es begründet daher nicht eine Vereinbarung zwischen Verkäufer und Käufer.

Als Resultat dieser Erwägung ergibt sich also, daß der Verkäufer gut daran tut, den EV.-Vermerk mit seinem Vertragskontrahenten in der für die übri-

---

*) Vgl. Staub, Anhang zu § 273 HGB. Anm. 35 und die dort zitierten Entscheidungen.

gen Vertragsbedingungen erforderlichen, üblichen Weise zu *vereinbaren*, obwohl an sich, wie nochmals hervorgehoben sei, die *einfache Erklärung* des Verkäufers, daß er den Eigentumsübertragungswillen nicht habe, ausreichend ist, um den Übergang des Eigentums auf den Käufer zu verhindern.

Wo ist also der geeignete Platz für den Vorbehaltsvermerk? Die Antwort kann nur lauten: Entweder in einem von dem Käufer zu unterzeichnenden Vertrag oder an einer Stelle, die den Käufer verpflichtet, zu widersprechen, falls er nicht als zustimmend angesehen werden will, also in den kaufmännischen Angeboten, Bestätigungsschreiben usw.

III.

Die Frage nun, *wie* der EV. zweckmäßig zu formulieren sei, läßt sich nicht in einer für alle Fälle gleichlautenden Antwort erledigen[7]).

1. Unternehmungen, die sich direkt an den *Konsumenten* wenden, wie dies von alters her bei den sogenannten Abzahlungsgeschäften der Fall ist, werden regelmäßig in der Lage sein, ihren Kunden viel umfassendere und daher wirksamere Bedingungen vorzuschreiben, als es die Fabriken ihren Großabnehmern gegenüber tun können. Brauchbare Ausarbeitungen für solche Firmen sind in genügender Anzahl bekannt; es dürfte daher nicht notwendig sein, einen typischen „Abzahlungslieferungs-Vertrag" hier wiederzugeben[8]). Dagegen sei darauf hinge-

---

[7]) Zum gleichen Ergebnis kommt auch Ritter a. a. O. S. 118.

[8]) Vgl. die Einheitsbedingungen des Reichsverbandes des kreditgebenden Einzelhandels und deren Würdigung bei Rühl a. a. O. S. 240 fg.

wiesen, daß Betriebe, welche ihrer Natur nach nicht gegen Abzahlung verkaufen, gelegentlich Kaufverträge abschließen, die Abzahlungsgeschäfte sind und daher dem Abzahlungsgesetz unterliegen. Diese Fälle ereignen sich besonders häufig in der Autobranche, da hier ein großer Teil der Käufer den Kaufpreis in Teilzahlungen berichtigt und es sich um Käufer handelt, die nicht als Kaufleute in das Handelsregister eingetragen sind. Oft wird in diesen Fällen der Verkäufer sich nicht im klaren darüber sein, welche einschneidenden Folgen damit für ihn verbunden sind. Liegt ein derartiger Fall vor, dann ist in der Zurücknahme der Ware nämlich unter allen Umständen die Ausübung des Rücktrittsrechts (§ 5 AbzG.) zu erblicken. Dabei ist es — entgegen Samter[9]) — gleichgültig, ob die Wegnahme der Ware erkennbar nur zur Sicherung des Anspruchs auf das dem Verkäufer vorbehaltene Eigentum und auf Zahlung des Kaufpreises erfolgen sollte oder nicht; die Zurücknahme der Sache ist vielmehr stets als Ausübung des Rücktrittsrechts zu behandeln. Ist im Vertrag — wie üblich — ein Wegnahmerecht zugunsten des Verkäufers vereinbart, so liegt darin unabdingbar die Vereinbarung des Rücktritts vom Vertrag[10]).

Damit entfällt für den Verkäufer die Möglichkeit, auf Erfüllung des Vertrages zu bestehen oder Schadensersatz wegen Nichterfüllung zu verlangen. Er kann ferner auch bei entgegenstehenden anderen Vereinbarungen die Restschuld nicht fällig stellen, bevor der Käufer mit mindestens zwei aufeinander-

---

[9]) Samter, Abzahlungsgesetz 1927, zu § 5 Anm. 3b.

[10]) RG. II 524/29 vom 27. Juni 1930, abgedr. bei Mislack, 26. Jahrgang Nr. 39.

folgenden Raten ganz oder teilweise im Verzug ist (§ 4 AbzG.).

Auch in den Fällen, in denen ein Abzahlungsgeschäft nicht vorliegt, stellt nach dem klaren Wortlaut des § 455 BGB. die Zurücknahme der Waren wegen Zahlungsverzuges des Käufers im Zweifel die Ausübung des Rücktrittsrechts dar. Eine Wegnahme unter Aufrechterhaltung des Vertrages ist also, wenn sie nicht wegen offenbarer Gefährdung des Kaufgegenstandes erfolgt ist, als Rücktrittsausübung zu erachten[11]). Der Unterschied zwischen dem § 5 AbzG. und der hier behandelten Bestimmung des § 455 BGB. liegt jedoch darin, daß im letzteren Falle die Parteien eine andere Regelung nach ihrem freien Willen vereinbaren können. Des Zusammenhangs wegen sei hier schon darauf hingewiesen, daß sich die Vereinbarung einer die gesetzliche Vermutung ausschließenden Bestimmung für den Verkäufer dringend empfiehlt.

Daß es nicht ratsam ist, die dem Käufer vorzuschreibenden Bedingungen zu überspannen, und daß es vor allen Dingen angezeigt erscheint, bei der formularmäßigen Übernahme solcher Bedingungen aus anderen Verträgen jede einzelne auf einen etwa in ihr begründeten Verstoß gegen die guten Sitten zu prüfen, lehrt das auch sonst sehr interessante Urteil RGZ. 128, 251, das einen

---

[11]) Vgl. hierzu RG. JW. 1928, 213 fg. und Ritter a. a. O. § 5 S. 45. Die temperamentvolle Kritik, die Rühl a. a. O. S. 256 fg. der Entscheidung des RG. angedeihen läßt, dürfte insofern beachtlich sein, als eine Begründung der Abweichung von früheren Urteilen des RG. wohl geboten gewesen wäre; sachlich ist jedoch dem RG. beizupflichten und anzunehmen, daß die Vermutung des § 455 sich auch auf die Ausübung des Rücktritts bezieht. Dies eingehend darzulegen, ist hier nicht der Platz.

Weg zeigt, auf dem unter Umständen die Anwendbarkeit des Abzahlungs-Gesetzes verhindert werden kann.

2. Die Formulierung des EV. und der mit ihm zusammenhängenden Bestimmungen bei Waren, die vom Verkäufer an einen Wiederverkäufer geliefert werden — gerade auf diesem Gebiete bewegt sich ja die neuere Entwicklung —, kann unmöglich sehr ausführlich sein, wenn der Verkäufer nicht riskieren will, beim Absatz seiner Waren auf erhebliche Widerstände bei seiner Kundschaft zu stoßen. Hier kommt es wesentlich darauf an, den Gläubiger vor irregulären Verfügungen über die Ware, ferner im Falle des Konkurses oder der sonstigen Fälle der Zahlungseinstellung seines Kunden nach Möglichkeit zu schützen, ohne jedoch die Beweglichkeit anzutasten, die der Käufer hinsichtlich der von ihm zu vertreibenden Gegenstände unter allen Umständen haben muß. In erster Linie muß also dem Kunden das Recht des Verkaufs der Ware im normalen Geschäftsverkehr[12]) belassen werden, da ohne dieses die Ware für ihn wertlos ist. Der Verkäufer wird regelmäßig auch davon absehen müssen, die von ihm gelieferte Ware auf ihr Vorhandensein und auf ihre ordnungsgemäße Aufbewahrung zu kontrollieren, ein Recht, das beim Verkauf an den Konsumenten bei wertvolleren Gegenständen wohl stets vorbehalten wird. Selbst Vorschriften über die Pflicht des Käufers, die Ware zu versichern, sie pfleglich zu behandeln usw., werden trotz des in ihrer Weglassung liegenden Risikos für die Regel dem Kunden nicht auferlegt werden können.

---

[12]) Ritter a. a. O. S. 30 nimmt mit Recht an, daß auch ohne besondere Vereinbarung dieser Weiterverkauf kraft Handelsgebrauchs zulässig sei.

Wenn, wie wir anfangs bemerkt haben, der Verkäufer trotzdem mit der einfachen, dem § 455 BGB. entsprechenden Vorbehaltsformel nicht auskommt, so liegt dies an den im folgenden kurz zu behandelnden Problemen:

a) Bei ständiger Geschäftsverbindung wird im Zeitpunkt der Zahlungseinstellung durch den Schuldner dieser häufig eine Anzahl von Rechnungen des Verkäufers beglichen haben, während andere Rechnungen noch offenstehen. Der Verkäufer hat aber ein Interesse daran, in diesem Falle die gesamten noch bei dem Schuldner befindlichen Waren herausverlangen zu können, also auch die, die an und für sich beglichen sind, um auf diese Weise seine Sicherung hinsichtlich der nicht bezahlten Beträge zu verbessern. Dazu kommt aber noch der viel wichtigere Umstand, daß, falls dieser Punkt nicht geregelt ist, es häufig sehr schwierig, wenn nicht ganz unmöglich ist, zu unterscheiden, welche von den an den Schuldner gelieferten Gegenständen bereits Eigentum desselben geworden sind, und welche noch dem Verkäufer gehören. Es ergibt sich dann eine komplizierte Rechtslage, die praktisch den Verlust aller Rechte des Verkäufers zur Folge haben kann. Aus diesem Grunde ist daher die Übernahme einer Bestimmung geboten, die den EV. hinsichtlich sämtlicher Lieferungen des Verkäufers bis zur Bezahlung der gesamten Schuld aufrechterhält.

b) In dem bereits in dem Aufsatz von Schalfejew[13]) durchaus zutreffend gewürdigten Urteil vom 15. März 1929 hat das OLG. Düsseldorf entschieden, daß der EV. seine Wirkung verliere, wenn der Verkäufer und der Käufer im Kontokorrentverkehr stehen, die Kaufpreisforde-

[13]) S. 104.

rung in die laufende Rechnung aufgenommen wird und der nach Ablauf einer bestimmten Geschäftsperiode festgestellte Saldo an Stelle der bisherigen Einzelforderungen tritt. Zu dem gleichen Ergebnis wie Schalfejew — daß nämlich dem Rechtsstandpunkt des OLG. Düsseldorf nicht beizupflichten sei — kommt auch Geiler in JW. 1930 S. 2910. Immerhin dürfte es geraten sein, eine Bestimmung aufzunehmen, die dem von dem OLG. Düsseldorf angenommenen Ergebnis entgegenarbeitet.

c) Für zahlreiche Branchen, vor allem solche, die Rohstoffe und Halbfabrikate verkaufen, ist der Schutz, den der übliche EV. gewährt, ein geringerer. Dies hat seine Ursache darin, daß mit der Verarbeitung (Spezifikation) der gelieferten Ware zu einer neuen gemäß § 950 BGB. der Hersteller das Eigentum an seinem Erzeugnis erwirbt. Die sich in diesem Falle ergebenden Komplikationen sind zahlreich; die Möglichkeit, sie völlig auszuschalten, besteht bei dem derzeitigen Rechtszustande nicht[14]). Immerhin kann den Firmen, die in erster Linie Gefahr laufen, ihrer Rechte durch Spezifikation beraubt zu werden, nur geraten werden, sich, soweit dies eben möglich ist, durch eine Erweiterung der Vorbehaltsformel zu schützen.

Bei der Formulierung der unter IV abgedruckten Klausel ist der vorstehend behandelte Fall berücksichtigt worden, in der Erwägung, daß diejenigen Firmen, die Fertigwaren verkaufen, die für sie überflüssige Hinzufügung leicht eliminieren können.

d) Vor allen Dingen aber muß der Verkäufer sich, soweit dies möglich ist, für den Fall sichern,

[14]) Im einzelnen vgl. die ausführliche Darstellung bei Rühl a. a. O. S. 125 fg.

daß der Käufer auf Grund der ihm erteilten Ermächtigung die Ware teilweise oder ganz weiterveräußert. Die Sicherung erfolgt zweckmäßig durch die sogenannte „antizipierte Forderungsabtretung“, deren Rechtsgültigkeit heute allgemein anerkannt ist. Dabei ist dafür Sorge zu tragen, daß die abgetretenen künftigen Forderungen genügend deutlich individualisiert werden. Dies stößt in verschiedenen Branchen dann auf Schwierigkeiten, wenn, wie häufig vereinbart wird, die Forderungen des Käufers gegenüber seinen Kunden nur „in Höhe der Forderung des Lieferanten“ abgetreten werden sollen. Demgegenüber ist es entschieden vorzuziehen, die ganze Forderung abtreten zu lassen, um jede Unklarheit auszuschließen. Einer Bestimmung darüber, daß der Lieferant dann seinerseits verpflichtet ist, etwa überschießende Beträge an den Käufer zurückzuvergüten, bedarf es nicht, da sich diese Verpflichtung ohne weiteres aus dem richtig verstandenen Inhalt des Abkommens, das ja offenbaren Sicherungscharakter trägt, in allen Fällen ergibt. Die Zession wird regelmäßig als eine sogenannte „stille“ durchzuführen sein. Der Lieferant darf sich aber des Rechtes zur persönlichen Geltendmachung seiner Forderung nicht völlig begeben, um die Wirksamkeit der Abtretung im Ganzen nicht zu gefährden[15]).

Daneben auch noch die Barzahlungen, die an den Käufer für von ihm verkaufte Vorbehaltswaren geleistet werden, für die Sicherungszwecke des Verkäufers erfassen zu wollen, wäre theoretisch durchaus durchführbar; man wird aber hiervon abzusehen haben, weil sich dieses Ergebnis nur auf einem sehr umständlichen Wege — getrennte Kassen-

---

[15]) Vgl. RG. DJZ. 1914, 939.

führung — erreichen läßt, was praktisch sehr selten einwandfrei durchgeführt werden kann.

IV.

Wenn nun im folgenden der Versuch gemacht wird, unter Beachtung der vorstehend erläuterten Grundsätze einen EV. im weiteren Sinne zu formulieren, so ist nochmals darauf zu verweisen, daß eine solche Zusammenfassung ihrer Natur nach nur von bedingtem Werte sein kann, daß fast für jedes kaufmännische Unternehmen sich einzelne Weglassungen, vor allen Dingen aber auch Hinzufügungen aller Art als zweckmäßig erweisen werden. Mit diesen Vorbehalten sei folgendes Schema empfohlen:

Eigentumsvorbehalt:

1. Der Verkäufer behält sich das Eigentum an sämtlichen von ihm gelieferten und an den aus Verarbeitung dieser Waren entstehenden neuen Waren bis zur Bezahlung seiner gesamten Forderungen aus der Geschäftsverbindung (Haupt- und Nebenforderungen) und Begleichung eines etwaigen sich zu Lasten des Käufers ergebenden Kontokorrentsaldos vor.

2. Macht der Verkäufer von seinem Recht auf Rücknahme der Ware Gebrauch, so liegt nur dann ein Rücktritt vom Vertrag vor, wenn dies schriftlich erklärt wird.

3. Der Käufer darf die gelieferte Ware und die aus ihrer Verarbeitung entstehenden Sachen nur im regelmäßigen Geschäftsverkehr veräußern. Er tritt hiermit alle ihm aus Veräußerungen oder aus einem sonstigen Rechtsgrunde hinsichtlich der Waren jetzt oder später zu-

stehenden Forderungen an den Verkäufer sicherungshalber ab. Der Käufer ist ermächtigt, diese Forderungen so lange einzuziehen, als er seinen Zahlungsverpflichtungen gegenüber dem Verkäufer ordnungsgemäß nachkommt.

4. Der Käufer ist verpflichtet, dem Verkäufer Zugriffe dritter Personen auf die unter Eigentumsvorbehalt gelieferten Waren unverzüglich mitzuteilen.

Der Eigentumsvorbehalt als rechtshistorisches Phänomen in Beziehung zu anderen Kreditsicherungsmitteln unter Berücksichtigung von Reformvorschlägen.

Von Rechtsanwalt Dr. Alfred Michel, Berlin.

Der Eigentumsvorbehalt (EV.) hat nicht als Einzelerscheinung seine große wirtschaftliche Bedeutung erlangt, sondern als Palliativmittel gegen die Sicherungsübereignung. Würde von dieser nicht heute in einem bei Inkrafttreten des Bürgerlichen Gesetzbuchs unvorhersehbaren und unvorhergesehenen Ausmaß Gebrauch gemacht werden, so würde die Bestimmung des § 455 wohl kaum aus der Lethargie, in der diese Vorschrift sich bis in die Zeit der Stabilisierung befunden hatte[1]), erweckt worden sein. Die generelle Einführung des EV. in die Lieferungsbedingungen maßgeblicher Wirtschaftsverbände rollte Probleme auf, die zu ernsten Stockungen des Wirtschaftslebens hätten führen können, wenn nicht ein den tatsächlichen Verhältnissen gerecht werdender Ausweg gefunden worden wäre. Würde beispielsweise heute noch die Auffassung des OLG. Naumburg (J. W. 1927, S. 1497) zu Recht bestehen, daß „die Weiterveräußerung einer unter EV. bezogenen und noch nicht bezahlten Ware durch den Käufer auch dann unbefugt sei, wenn er die Ware zum Weiterverkauf bezogen hat", eröffneten sich unglaubliche Perspektiven für einen anklagefreudigen Staatsanwalt (glücklicherweise ein seltener Typ!). So hat denn auch mit Recht gerade der Handel in der Pro-

[1]) Stulz, Der EV. im in- und ausländischen Recht, 1930, S. 5.

vinz, wo die Bedürfnisse der Wirtschaft weniger als in der Großstadt gerichtskundig sind, mit der zunehmenden Verbreitung des EV. Verstrickung in Strafverfahren befürchtet. Schon der Hinweis auf diese eine durch den EV. aufgerollte Frage beweist, daß die wissenschaftliche Untersuchung der mit dem EV. in Zusammenhang stehenden Fragen in rechtlicher und wirtschaftspolitischer Hinsicht gerade vom Standpunkt der Wirtschaft ein unabweisbares Bedürfnis ist.

Wer die Differenzen zwischen Joel[2]) und Stulz[3]), die Kontroverse zwischen Bernstein[4]) und Schwickerath[5]) und letzthin die Auseinandersetzung zwischen Schütz[6]) einerseits und Schwartz[7]) und Dohrendorf[8]) andererseits verfolgt hat, könnte allerdings einwenden, es handele sich hier um Interessengegensätze zwischen Geld- und Warengläubigern, für die kein Ausgleich zu finden sei[9]). Demgegenüber wäre aber auf die Worte Otto Bernsteins, eines der Rufer im Streit, zu verweisen, daß „es sich in dieser Frage viel weniger um einen Streit der Interessen als um einen Streit der Meinungen handelt"[10]). Deshalb erscheint eine Betrachtung des EV.-Problems in seiner Totalität, nachdem die Auswirkungen in den verschiedensten Rechts- und Wirtschaftsgebieten beleuchtet sind, nicht überflüssig. Diese Betrachtung will den EV. unter be-

[2]) Bankarchiv, Bd. 29 S. 309.
[3]) A. a. O.
[4]) Bankarchiv, Bd. 26 S. 62, S. 97.
[5]) Bankarchiv, Bd. 26 S. 62 und 95 ff.
[6]) S. 74 ff.
[7]) S. 18 ff.
[8]) S. 39 ff.
[9]) Stulz, a. a. O., S. 43.
[10]) Jahresbericht der Jur. Ges. für 1927, S. 91.

sonderer Berücksichtigung seines Gegenpols, der Sicherungsübereignung, als rechtshistorisches Phänomen, als Rechtstatsache würdigen, ihn in Beziehung zu anderen Rechtsgebieten setzen und dabei auch die Konsequenzen berücksichtigen, die de lege ferenda im Laufe der Jahre gezogen sind. Dabei ist ein Rückblick in weit zurückliegende Zeiten nicht zu vermeiden; denn, um im Bilde von Schwartz[11]) zu bleiben, Charaktereigenschaften können psychoanalytisch nur aus der Entwicklung verstanden werden. Wie Erlebnisse der frühen Kindheit oftmals einen bestimmenden Einfluß auf die Entwicklung eines Menschen (diesem unbewußt) ausüben, so sind auch Rechtsinstitute, besonders solche von ehrwürdigem Alter, nicht als etwas Seiendes, sondern nur als etwas Gewordenes zu verstehen.

Die Vorschrift des § 455 BGB. ist eine lex fugitiva, d. h. sie ist im Recht des Kaufvertrages (Obligationenrecht) aufgeführt, während sie systematisch in die Bestimmungen über das Eigentum (Sachenrecht) gehört[12]), und diese Äußerlichkeit rührt zugleich an die Grundfrage des ganzen Problems. Denn unser Obligationenrecht ist auf römischrechtlicher Grundlage aufgebaut im Gegensatz zum Sachenrecht, das sich an die deutsch-rechtlichen Prinzipien anlehnt, und im Sachenrecht hätte der Eigentumsvorbehalt als mit dem Grundgedanken unvereinbar vermutlich keinen Platz gefunden. Der Gedanke, daß eine bewegliche Sache demjenigen, der sie besitzt, nicht gehört, ist dem deutschen Rechtsempfinden fremd[13]). In unser Rechtsleben ist der

---

[11]) S. 18.
[12]) Stulz, a. a. O. S. 11.
[13]) Martin Wolff, Sachenrecht, 1921, S. 191.

EV. erst seit der Rezeption des römischen Rechts eingedrungen [14]) [15]).

Der Rechtsauffassung der Römer lief das Auseinanderfallen von Besitz und Eigentum nicht zuwider. Das beweist am klarsten die Entwicklung des römischen Pfandrechts. Denn dieses kannte in seiner ältesten Form schon die sogenannte „mancipatio" oder „in iure cessio", d. h. die Übertragung des Eigentums ohne Übergabe der zur Sicherheit bestellten Sache an den Gläubiger [16]) mit dem Vorbehalt, daß nach Bezahlung der Schuld das Eigentum zurückzuübertragen sei. Allmählich entwickelte sich über das Besitzpfand, verbunden mit der Abrede, daß der Gläubiger bei Fälligkeit seiner Forderung das Pfandstück verkaufen dürfe, das besitzlose Vertragspfand, also die Vereinbarung, daß gewisse Sachen des Schuldners dem Gläubiger zur Befriedigung dienen sollten [17]). Damit war der vermutlich aus dem griechischen Recht übernommenen Hypothek an Mobilien die Tür geöffnet, die auch als Generalhypothek an Sachgesamtheiten (Vermögen) zugelassen wurde [18]).

---

[14]) Zur Geschichte des EV., siehe Stulz, S. 7.

[15]) Ob im römischen Recht der Übergang des Eigentums an der verkauften und übergebenen Sache durch die Zahlung des Kaufpreises bedingt war (so Karlowa, S. 612, und Endemann, BR. 1903, Bd. 1 S. 935 Anm. 9 und S. 972 Anm. 21), oder ob der EV. dem römischen Recht fremd war und zum ersten Male in der „Kursächsischen Prozeßordnung von 1622" auftaucht (so Cohen in Grünhuts Zeitschr., Bd. 21 S. 705), kann in diesem Zusammenhang nicht erörtert werden.

[16]) Vgl. Sohm, Institutionen des römischen Rechts, 1920, S. 455.

[17]) Sohm, a. a. O., S. 458.

[18]) Wolff, a. a. O., S. 433.

Hier liegt der Ursprung der modernen Sicherungsübereignung.

Das deutsche (fränkische) Recht entwickelte hingegen das Besitz- (Faust-) pfand [19]). Diese von dem Prinzip der Publizität und Spezialität beherrschte Verpfändungsform dominierte im Fahrnisrecht des Mittelalters [20]). Mit dem Eindringen des römischen Rechts in Deutschland verlor das Besitzpfand zwar an Bedeutung, konnte sich aber in den einzelnen Partikularrechten halten. Die besitzlose Hypothek, die vorwiegend für Grundpfandrechte gebraucht wurde, war aber — im Gegensatz zu Rom — offenkundig vor Gericht und Rat und später durch Eintragung in die Stadtbücher zu bestellen [21]). In diesen Stadtbüchern liegen die Wurzeln unseres Grundbuchsystems und, wenn man so will, der Reformvorschläge zum Pfandregister.

Das Bürgerliche Gesetzbuch hat sich uneingeschränkt [22]) zu dem deutsch-rechtlichen Faustpfand bekannt, indem es in § 1205 bestimmt: „Zur Bestellung des Pfandrechts ist erforderlich, daß der Eigentümer die Sache dem Gläubiger übergibt und beide darüber einig sind, daß dem Gläubiger das Pfandrecht zustehen soll." In Übereinstimmung mit dem früheren Recht, insbesondere § 14, I EGKO., ist also der Ersatz der Übergabe durch Besitzkonstitut (§ 930 BGB.) ausgeschlossen. Der Aus-

---

[19]) Ältere Satzung.

[20]) Wolff, a. a. O., S. 434.

[21]) Wolff, a. a. O., S. 434, 435: Jüngere Satzung.

[22]) Die besitzlosen Pfandrechte des Vermieters und Gastwirts sind nicht als Durchbrechung anzusehen, besteht doch bei ihnen ein wirtschaftlicher Zusammenhang zwischen Pfandobjekt und Wirkungskreis des Gläubigers (vgl. Wolff, a. a. O., S. 435).

schluß der Pfandbestellung durch constitutum possessorium, der entsprechend dem Leitsatz des 15. Deutschen Juristentages erfolgte [23]), sollte zum Schutz des Verkehrs gegen die Gefahren dienen, die unerkennbare Pfandrechte für seine Sicherheit mit sich bringen [24]). Hieraus läßt sich erkennen, daß der Gesetzgeber eine Sicherungsform, bei der der Schuldner im Besitz des Sicherungsgegenstandes bleibt, mißbilligt [25]).

Dieser Tendenz des Gesetzgebers läuft die Sicherungsübereignung, mag man sie als ius iudicatum „praeter legem" [26]) oder „contra legem" [27]) ansehen, unzweifelhaft zuwider. Wenngleich seine Motive auch anderer, nämlich wirtschaftspolitischer Natur gewesen sind, so war es doch eine konsequente Fortführung der ratio legis, daß der Zentralverband des Deutschen Großhandels (jetzt: Reichsverband des Deutschen Groß- und Überseehandels) in seiner (ersten) 1926 erschienenen Denkschrift die Einführung des Registerpfandes forderte und insbesondere folgende Postulate erhob:

„1. Neben dem Faustpfand ist die Mobiliarhypothek an Sachgesamtheiten zuzulassen. Ihre Benutzung steht dem Kaufmann und Kleingewerbetreibenden wie dem Landwirt offen.

2. Der Abschluß des Pfandvertrages bedarf der Schriftform. Die Wirksamkeit der Mobiliarhypothek

---

[23]) Vgl. Denkschrift des Reichsjustizministers, betreffend die Einführung eines Registerpfandes (im folgenden zitiert RJM.), 1926, S. 3.

[24]) Planck, 1902, § 1205 Anm. 1 b.

[25]) Riedelsberger, Königsberger Diss. 1929, S. 20.

[26]) So Meyerstein, Jur. Ges., 1927, S. 88.

[27]) So Hiekmann, Jur. Ges., 1927, S. 80, im Anschluß an Hoeniger, Bankarchiv, Bd. 26 S. 265.

ist von der Überreichung des Pfandvertrages beim Registergericht binnen gewisser Frist (14 Tagen) nach Geschäftsschluß abhängig. Das Pfandregister wird beim Amtsgericht des Sitzes der Hauptniederlassung geführt unter entsprechender Mitteilung an die Registergerichte am Sitze von Zweigniederlassungen.

3. Die Einsicht in das Pfandregister steht jedermann offen.

4. Eine Veröffentlichung der Eintragung in das Pfandregister findet nicht statt.

5. Die Vorschriften über den gutgläubigen Erwerb von Rechten bleiben unberührt.

6. Mit Einführung der Mobiliarhypothek ist die Sicherungsübereignung zu verbieten [28])."

Die vom Großhandel erhobenen Forderungen hat sich der mehrfach erwähnte [29]) Antrag Keinath und Genossen [30]) zu eigen gemacht.

Der Großhandel kann für sich in Anspruch nehmen, daß in einer Reihe ausländischer Staaten, wie England, Frankreich, Belgien, Schweiz, Dänemark, Schweden, Norwegen, Finnland, Österreich ein mehr oder minder entwickeltes Pfandregister eingeführt ist, und daß eine Reihe anderer Länder, wie Ungarn, Tschechoslowakei und Polen, sich mit der

---

[28]) Auf die im Antrage Keinath geforderte Abdingbarkeit des § 950 BGB. soll nicht näher eingegangen werden, da hierzu mit Rücksicht auf die heutige Rechtsprechung ein Bedürfnis nicht besteht (vgl. Stulz, a. a. O., S. 24; Levy, S. 148 ff., und Rühl, EV. und Abzahlungsgeschäft, S. 137).

[29]) Wilde, S. 192, und Dohrendorf, S. 45.

[30]) Reichstags-Drucksache, Nr. 1811 der 3. Wahlperiode.

Frage seiner Einführung beschäftigt [31]). Auch in Deutschland sind Ansätze einer Entwicklung zum Registerpfandrecht an Mobilien vorhanden. Denn außer dem in §§ 1259—1271 BGB. verankerten Schiffspfandrecht haben wir ein besitzloses, aber registriertes Mobiliarpfand in dem Reichsgesetz vom 4. Juli 1926 (RGBl. I S. 367) für im Bau befindliche Schiffe (Schiffsbauwerke), deren Kiel gelegt ist, und bei denen Name oder Nummer an einer bis nach dem Stapellauf sichtbar bleibenden Stelle deutlich und witterungsfest angebracht sind [32]), im Kabelpfandgesetz vom 31. März 1925 (RGBl. I S. 37) für nicht reichseigene, dem Verkehr mit dem Auslande unter behördlicher Genehmigung dienende Hochseekabel sowie in dem Gesetz, betreffend Ermöglichung der Kapitalkreditbeschaffung für landwirtschaftliche Pächter, vom 9. Juli 1926 (RGBl. I S. 399), das in Anlehnung an das belgische Recht dem Pächter eines landwirtschaftlichen Grundstückes die Bestellung eines Pfandrechts an dem ihm gehörenden Inventar für ein „zugelassenes Kreditinstitut“ ohne Besitzübertragung gestattet (§ 1), aber die Niederlegung des (schriftlichen) Verpfändungsvertrages bei dem Amtsgericht, in dessen Bezirk der Sitz des Betriebes liegt, vorsieht (§ 2).

Zum Antrag Keinath ließ der Reichsjustizminister dem Reichstag eine Denkschrift zugehen [33]), in der die Gründe für und gegen das Registerpfandrecht dargelegt wurden, und die den parlamentarischen Erörterungen ein Ende bereitete. Der Groß-

[31]) Riedelsberger, a. a. O., S. 43 und 54; vgl. auch RJM. S. 22 ff.; Stulz, a. a. O., S. 13—16, und Gesetzgebung und Rechtspraxis des Auslandes, 1928, S. 85.

[32]) Riedelsberger, a. a. O., S. 14.

[33]) I a 2651 K. Nr. 115 (18. Juni 1926).

handel, nach dessen Auffassung die Bearbeitung der Denkschrift eine „einseitige, dem Registerpfandrecht ungünstige" gewesen ist [34]), hat in einer zweiten Denkschrift (1927) zu den Ausführungen des Reichsjustizministers kritisch Stellung genommen, vermochte jedoch nicht mehr eine legislatorische Erörterung herbeizuführen.

Auf das pro und contra des Registerpfandes kann im Rahmen dieser Ausführungen nicht entsprechend seiner Bedeutung eingegangen werden [35]).

Daß die Einführung des Pfandregisters viele Vorteile mit sich bringen würde, ist unbedenklich zuzugeben. Insbesondere verdient das von Generalstaatsanwalt Dr. Wilde, dem Leiter der größten deutschen Staatsanwaltschaft, hervorgehobene Moment, daß vielen mittels der Sicherungsübereignung begangenen Kreditbetrügereien der Boden entzogen werden würde, besondere Beachtung. Darüber hinaus würden die Mobilisierung des Inventars ermöglicht und Schädigungen des Gläubigers durch unwirksame Sicherungsübereignungen vermieden werden. Selbstverständlich müßte zur Beseitigung des Zwiespalts von Besitz und Eigentum nicht nur die Sicherungsübereignung, sondern auch der Eigentumsvorbehalt beseitigt werden, wie es im Schweizerischen Zivilgesetzbuch für die Fälle der zulässigen Fahrnis-

---

[34]) Hiekmann, a. a. O., S. 81.

[35]) Näheres findet sich u. a. bei Koch, BA., 1926, S. 270 ff.; Sättler, JW., 1927, S. 2453; Salinger, Verhandlungen des 31. Deutschen Juristentages, Bd. 1 S. 409; Litten und Hoeniger, ebenda, Bd. 3 S. 188 ff.; Geiler und Melchior, Verhandlungen des 32. Deutschen Juristentages, Bd. 2 S. 185 ff., sowie in den vom RJM. (S. 7 Anm. 20) erwähnten Stellungnahmen Meyersteins (JW., 1926, S. 529) und der Handelskammer Hamburg („Mitteilungen", 7. Jahrg. S. 296).

Verschreibung (nur für Vieh!) geregelt ist (Art. 885, 715)[36]).

Die gegen das Pfandregister erhobenen Argumente[37]): Gefährdung des Immobiliarkredits, Belastung des Kreditverkehrs mit Förmlichkeiten, Gefahr der Verschuldung des kleinen Mannes[38]), Scheinpublizität, Bruch mit den Grundsätzen des bürgerlichen Rechts aus Rücksicht auf zeitbedingte Maßnahmen, insbesondere aber Hemmung statt Förderung der Kreditgewährung, werden jedoch von dem größten Teil der Wirtschaft, besonders der Industrie und den Banken, geteilt[39]).

Würden entsprechend den Vorschlägen des Großhandels die Vorschriften des bürgerlichen und des Handelsrechts über den gutgläubigen Erwerb unberührt bleiben, so wäre dem Register, das doch die Nachteile der Besitzlosigkeit des Sicherungsgläubigers beseitigen soll, ein großer Teil seiner Wirksamkeit genommen. Läßt man aber den registrierten Berechtigten dem gutgläubigen Erwerber vorgehen, so bedeutet dies einen erheblichen Eingriff in die tief eingewurzelten deutschen Rechtsgedanken des Erwerbs vom Nichtberechtigten, eines der Grundprinzipien unseres Zivilrechts, den man nur bei durchaus sicherem Erfolg und dem Vorliegen einer unumgänglichen Notwendigkeit vornehmen sollte. Ob diese Voraussetzungen gegeben sind, erscheint um so zweifelhafter, als gerade der Hinweis auf die Hem-

---

[36]) Vgl. Leemann in Gmürs Kommentar zum Schw. ZGB., 1923, Bd. 4 Abt. 2 Art. 885 Anm. I 1 (S. 1081), und Stulz, S. 14.

[37]) RJM., S. 9 ff.

[38]) Vgl. besonders Verhandlungen des 2. Deutschen Juristentages in der Tschechoslowakei, S. 36 ff.

[39]) RJM., S. 6—7.

mung des Kreditverkehrs ein äußerst beachtlicher Einwand ist. Auch das Pfandregister hindert nicht, daß sich ein Kaufmann vor der ersten Registrierung sehr viel Ware auf Kredit verschafft und diese dann übereignet. Abgesehen davon, daß erst die späteren Lieferanten gewarnt sind, erscheint es zweifelhaft, ob sie sich warnen lassen (ob sie überhaupt das Register einsehen, ist um so fragwürdiger, als von den vorhandenen Registern — Handels-, Güterrechts- und Offenbarungseidsregister — verhältnismäßig wenig Gebrauch gemacht wird). Gerade die Warenkredite, die heute oftmals im umgekehrten Verhältnis zur Größe des schuldnerischen Unternehmens stehen und nur aus dem Bestreben, Umsätze zu erzielen, verständlich sind, lassen das Gegenteil vermuten. Deshalb wäre das Pfandregister, wie Hoeniger[40]) betont, „nichts weiter als eine schwarze Liste mit unzulänglicher Wirkung". Es könnte aber, wie Bernstein[41]) hervorgehoben hat, wenn es einem unbeschränkten Personenkreis zugänglich gemacht würde, auch noch zu einer wirtschaftlich sehr unerwünschten Nebenwirkung führen: „zur Kreditlosigkeit des Kreditschwachen".

Aus all diesen Erwägungen ist das Registerpfandrecht ebenso wie das von den Vereinen „Kreditreform"[42]) erhobene Verlangen einer Registrierung der Sicherungsübereignung abzulehnen.

Neben dem Vorschlage auf Einführung eines Pfandregisters, der die Beachtung weitester Kreise gefunden hat, sollen noch kurz einige andere Reformvorschläge erwähnt werden:

---

[40]) BA., Bd. 26 S. 267, und JW., 1927, S. 629.

[41]) Jur. Ges., S. 93.

[42]) Verhandlungen des Deutschen Handelstags, 1926, Heft 1 S. 12 ff., 157, und RJM., S. 17 Anm. 27.

Der Bankausschuß des Deutschen Industrie- und Handelstags will die Sicherungsübereignung dadurch erkennbar machen, daß der Schuldner in ein besonderes Handelsbuch alle mit fiduziarischen (abstrakten) Rechtsgeschäften verbundenen Verträge bei Vermeidung einer Strafe einzutragen habe. Abgesehen davon, daß besonders Minderkaufleuten eine starke Belastung auferlegt werden würde [43]), hat der Warenlieferant bei dem durch die Überproduktion hervorgerufenen Übergewicht des Abnehmers nicht die Macht, die Vorlage des Handelsbuches zu erreichen [44]).

Es ist weiter von den Ältesten der Kaufmannschaft in Berlin [45]), denen sich u. a. die Laubaner Handelskammer[46]) und späterhin auch der 31. Deutsche Juristentag [47]) und der Deutsche Handelstag [48]) angeschlossen hatten, empfohlen worden, die Anfechtung innerhalb und außerhalb des Konkurses bei Sicherungsübereignungen zu erleichtern, indem dem Sicherungsnehmer der Beweis auferlegt werden sollte, daß er die Absicht des Schuldners, die übrigen Gläubiger zu benachteiligen, nicht gekannt habe. Hiermit würde wiederum letzten Endes alles auf den Eid der einen Partei („Wer schwört, gewinnt!") gestellt werden; diese Regelung stellt auch nur eine Erschwerung des redlichen Geschäftsverkehrs dar,

[43]) Riedelsberger, a. a. O., S 39.

[44]) 2. Denkschrift des ZDG., 1927, S. 13 ff., und RJM., S. 18.

[45]) Korrespondenz der Ältesten, 1910, S. 156, 249, und 1911, S. 52, 141, 292.

[46]) Verhandlungen des 31. Deutschen Juristentages, Bd. 1 S. 464.

[47]) Siehe Anm. 46.

[48]) RJM., S. 18, A. 34.

während Schiebungen nicht vermieden werden können. Wollte man aber den ungeschriebenen, aus der Praxis der Interventionsprozesse erwachsenen Satz: „Es gibt keine Intervention!“ im umgekehrten Sinne auf die Anfechtung ausdehnen, so käme dies einer Unterbindung der Sicherungsübereignung gleich, was die Autoren dieses Planes jedenfalls nicht gewollt haben.

Gleichzeitig mit der Forderung auf Ausdehnung der Anfechtungsmöglichkeit faßte der 31. Deutsche Juristentag entsprechend dem Antrage Littens den Beschluß [49]): „§ 805 der Zivilprozeßordnung und § 48 der Konkursordnung sind auf den Sicherungseigentümer auszudehnen.“ Diese Forderungen, die auch Geiler seinem Referat auf dem 32. Deutschen Juristentag [50]) zugrunde gelegt hatte, ohne daß dieser ihm gefolgt wäre, bestehen im wesentlichen darin, daß der Sicherungseigentümer ebenso wie der besitzlose Pfandgläubiger behandelt werden soll, also bei der Zwangsvollstreckung kein Interventionsrecht, sondern nur ein Recht auf vorzugsweise Befriedigung aus dem Versteigerungserlöse und im Konkurs kein Aussonderungs-, sondern nur ein Absonderungsrecht haben solle. Für den Konkurs ist das Postulat durch die Rechtsprechung erfüllt, nicht aber für die Einzelvollstreckung. Obwohl durch die Erfüllung der Forderungen des 31. Deutschen Juristentages auf dem Gebiete der Einzelvollstreckung nur eine Angleichung an die Verhältnisse im Konkurs herbeigeführt werden würde, ist der Vorteil für die übrigen Gläubiger mehr als problematisch. Denn erfahrungsgemäß bringen

---

[49]) Verhandlungen des 31. Deutschen Juristentages, Bd. 3 S. 188.

[50]) Verhandlungen des 32. Deutschen Juristentages, Bd. 2 S. 197; vgl. auch Meyerstein, Jur. Ges., 1927, S. 90.

Pfänder in der Versteigerung bei weitem nicht den Erlös, der ihrem Wert entspricht. Man würde also niemand nützen, aber dem Sicherungsnehmer schaden, der überdies gerade seine Schlechterstellung gegenüber dem durch EV. gesicherten Gläubiger als ungerecht empfinden würde, wenn man die heutige Praxis ändern wollte. Solange wenigstens die tatsächlichen Verhältnisse bei den Mobiliarversteigerungen nicht geändert sind, wird man ein Bedürfnis nach Ausdehnung des § 805 ZPO. auf die Sicherungsübereignung nicht anerkennen können.

Dem Vorschlag einer Kodifikation der Ergebnisse der Rechtsprechung zur Sicherungsübereignung [51]) dürfte nicht nur der mangelnde „Beruf unserer Zeit zur Gesetzgebung" mindestens auf einem so bedeutsamen Gebiet wie dem Zivilrecht entgegenstehen, sondern auch der Umstand, daß gegenüber einem so komplizierten Gebilde, wie es die Sicherungsübereignung ist, der Judikatur ihre Elastizität erhalten bleiben sollte [52]). Die Aufstellung der neuesten Rechtsprechung entsprechender Formulare durch die amtlichen Wirtschaftsvertretungen dürfte den Bedürfnissen des Verkehrs vollauf gerecht werden.

Im römischen Recht privilegierte Kaiser Leo das durch öffentliche Urkunde (pignus publicum) oder durch von drei unbescholtenen Zeugen unterschriebene Urkunde (pignus quasi publicum) bestellte Pfandrecht vor dem durch formlosen Privatvertrag begründeten Pfandrecht [53]). Ähnlich verlangt das englische Recht die Mitwirkung eines sollicitors und eines

---

[51]) Mitteilungen des Deutschen Handelstags, 51. Jahrg. Nr. 24 S. 3.

[52]) RJM., S. 20.

[53]) Sohm, a. a. O., S. 465; vgl. auch Bernstein, Jur. Ges., 1927, S. 91.

Zeugen bei der Sicherungsübereignung, und auch dem französischen und dem polnischen Recht ist die notarielle Form nicht fremd[54]). Wohl im Hinblick hierauf hat Meyerstein[55]) auch für unser Recht die Forderung nach notarieller Beurkundung der Sicherungsübereignung erhoben.

Hierzu wird ebenso wie zu dem von industrieller Seite ausgehenden Vorschlage, den Eigentumsvorbehalt so weitgehend in den Lieferungsbedingungen anzuwenden, daß er sich als Handelsgebrauch durchsetzt[56]), in dem Schlußwort Stellung genommen werden, dem nicht vorgegriffen werden soll.

Zur „Sanierung der Sicherungsübereignung" und namentlich, um die Übereignung unbezahlter Waren auszuschalten, schlägt Hoeniger[57]) eine Gesetzesänderung dahin vor, daß das Eigentum allgemein erst mit der Bezahlung des Kaufpreises auf den Käufer übergehen solle. Die Erfüllung dieser Forderung würde durch die Beseitigung der Trennung zwischen kausalem und abstraktem Rechtsgeschäft, wie Hiekmann[58]) dargelegt hat, „eine tiefe Umwälzung unseres gesamten Wirtschaftsverkehrs" mit sich bringen. Ob hierzu ein zwingender Anlaß besteht, ist zumindest zweifelhaft. Dieser Vorschlag betrachtet das Problem meines Erachtens auch zu sehr unter dem Gesichtspunkt der Sicherungsübereignung. Sieht man von dieser aber einmal ab, so bewirkte der generelle gesetzliche EV., daß in Konkursen der Lieferant von „Ladenhütern" seine Ware zurück-

---

[54]) Riedelsberger, a. a. O., S. 43, 47, 53.

[55]) Jur. Ges., a. a. O.

[56]) Wagener, Rechtsfragen der Praxis, 1929, Bd. 15 S. 45.

[57]) Bankarchiv, Bd. 26 S. 267, und JW., 1927, S. 629.

[58]) A. a. O., S. 80.

erhält, während der Hersteller marktgängiger Waren leer ausgeht[59]). Dieser Sanierungsversuch der Sicherungsübereignung birgt also auch erhebliche Gefahren in sich.

Die von Hoeniger de lege ferenda propagierte Wirkung des Kreditverkaufs suchte der Großhandel auf vertraglichem Wege zu erreichen, indem er in seine Bedingungen das Verbot der Verpfändung oder Sicherungsübereignung von Waren vor der Bezahlung aufnahm. (Uneigentlicher EV.[60]).)

Hierdurch sollte der Sicherungsnehmer, der in Kenntnis dieser Verpflichtung sich unbezahlte Waren übereignen ließ, wegen „vorsätzlicher sittenwidriger Schädigung" des Warengläubigers schadensersatzpflichtig werden[61]). Demgegenüber hat Bernstein[62]) darauf hingewiesen, daß dieser Vereinbarung gemäß § 137 BGB. eine dingliche Wirkung nicht zukomme, und daß mangels Vorliegens besonderer Umstände in der Annahme der unter „uneigentlichem" EV. verkauften Waren keine unerlaubte Handlung im Sinne des § 826 BGB. liege. Im Gegensatz zu Bernstein hat Schwickerath[63]) angenommen, daß es „dem kaufmännischen Ehrbegriff und kaufmännischer guter Sitte" widerspreche, „Waren vor der Bezahlung Dritten zu verpfänden oder zu übereignen", und hat hierin die vom Reichsgericht als Voraussetzung der Schadensersatz-

---

[59]) Vgl. dazu Schwartz, S. 36, und meine Ausführungen in der „Textilzeitung" vom 17. August 1930.

[60]) Vgl. Dohrendorf, S. 46, und JW., 1930, S. 1358 und 3540.

[61]) Hiekmann, a. a. O., S. 78.

[62]) Bankarchiv, Bd. 26 S. 62.

[63]) Bankarchiv, Bd. 26 S. 96.

pflicht gedachten „besonderen Umstände“ finden zu können geglaubt[64]).

Obwohl der Großhandel darin, daß der Zentralverband des Deutschen Bank- und Bankiergewerbes es abgelehnt hat, entsprechend dem Wunsche des Großhandels seinen Mitgliedern Kenntnis von der allgemeinen Anwendung der erwähnten Lieferungsbedingung zu geben, einen Beweis dafür sah, daß die Banken sich ihren guten Glauben nicht beeinträchtigen lassen wollten[65]), ging er doch, vermutlich unter dem Druck der vorgelagerten Industrien, bald zum Gebrauch des echten EV. über[66]), der, wie Schwartz dargestellt hat, in den verschiedensten Variationen vorkommt. Das ist der Zustand, wie er heute besteht. „Der EV. ist die legitime Waffe des Lieferanten im Kampf gegen die von seinem Käufer zu befürchtende Sicherungsübereignung“ — „Wer die Sicherungsübereignung duldet, darf den EV. nicht verwerfen“ —, so heißt das Losungswort der Industrie und des Großhandels[67]). „Die Sicherungsübereignung ist heute nicht nur als legitimes, sondern auch als notwendiges Sicherungsmittel neben der Verpfändung anerkannt“ —, so heißt es auf seiten der Banken[68]).

Der hier mit Rücksicht auf die wirtschaftlichen Folgen so heftig ausgetragene Kampf der Meinungen beruht auf einer sich auch auf anderen Rechtsgebieten auswirkenden Antithese: Eigentum — Vermögen.

---

[64]) Vgl. auch Bernsteins Entgegnung, a. a. O., S. 97, und Stulz, a. a. O., S. 42.

[65]) Hiekmann, a. a. O., S. 78, und Stulz, S. 43.

[66]) Dohrendorf, S. 47.

[67]) Schwartz, S. 18 ff., und Dohrendorf, S. 39 ff.

[68]) Schütz, S. 74 ff.

Man will Gegenstände, die aus wirtschaftlichen Gründen in das Vermögen eines anderen einverleibt sind, formal-juristisch mit einem Rechtssubjekt verbinden, das an dem Vermögen interessiert ist, und beläßt dem Interessenten deshalb das Eigentum. Dieses, sonst die umfassendste Sachherrschaft, erhält hierdurch eine Scheinexistenz.

Während „Eigentum" ein reiner Rechtsbegriff ist, leitet „Vermögen" wieder in das Gebiet der wirtschaftlichen Denkweise über. Die Inhalte der beiden Begriffe decken sich nicht, ihre unterschiedslose Anwendung muß deshalb der Rechtsfindung Schwierigkeiten bereiten. Das zeigte sich beispielsweise auf dem Gebiete des Strafrechts, wo ein (für Kaufleute wohl schwer verständlicher) Streit darüber entbrannte, ob der Begriff „Vermögen" in den §§ 253 (Erpressung) und 263 (Betrug) auch die nicht geldwerten Berechtigungen umfasse (also der Summe aller in einer Person vereinigten Berechtigungen ohne Rücksicht auf ihren Wert = Eigentum gleichzusetzen sei), oder ob er ökonomisch aufzufassen wäre. Der letzteren Auffassung hat sich zwar das Reichsgericht angeschlossen[69]), immerhin bedurfte es aber zur Erreichung dieses wirtschaftlich befriedigenden Ergebnisses einer Auseinandersetzung mit den überkommenen, durch den formal-juristischen Eigentumsbegriff beeinflußten Vorstellungen.

Mußte im Strafrecht der vom Gesetzgeber selbst gebrauchte Begriff „Vermögen" vor der Rückführung auf den Umfang des Eigentumsbegriffes bewahrt werden, so erwies sich umgekehrt auf dem Gebiete des Verfassungsrechts die Ausweitung des „Eigentums" zum „Vermögen" als notwendig. Artikel 153 der Reichsverfassung bestimmt: „Das Eigentum wird

[69]) Frank, StGB., 1925, § 263 Anm. V.

von der Verfassung gewährleistet." Würde man den Ausdruck „Eigentum" im Sinne der zivilrechtlichen Terminologie auffassen, so wäre eine Reihe von Eingriffen in das Vermögen, die den Bestand des abstrakten Eigentums als solchen unberührt lassen, zulässig. Damit würde aber der mit Artikel 153 RV. verfolgte Zweck, die Privatwirtschaft zu schützen [70]), deren einer Grundpfeiler das Privateigentum ist, nicht erreicht werden können. Wissenschaft und Praxis haben deshalb die „Eigentumsgarantie" zu einer „Eigentumswertgarantie" [71]) oder „Vermögensgarantie" [72]) ausgebaut.

Es gibt also Eigentumsrechte, die unter bestimmten rechtlichen Gesichtspunkten nicht dem Vermögensbegriff zu subsumieren sind, während umgekehrt das Vermögen auch andere als Eigentumsrechte umfaßt. Mit anderen Worten: Man kann Eigentümer einer Sache sein, ohne daß sie in den Fällen, wo eine besondere Betrachtungsweise geboten ist, zum Vermögen gerechnet werden kann, und eine Sache kann zum Vermögen gehören, ohne daß dem Inhaber dieses Vermögens das Eigentum an ihr zusteht.

Die Auswirkungen des Dualismus von Eigentum und Vermögen mußten sich besonders im Steuerrecht zeigen, wo durch § 4 der Reichsabgabenordnung eine wirtschaftliche Betrachtungsweise vorgeschrieben ist.

---

[70]) Anschütz, RV., 10. Aufl., Vorbem. vor Art. 151, S. 602.

[71]) Martin Wolff, Reichsverfassung und Eigentum, S. 13.

[72]) Anschütz, a. a. O., Art. 153 Anm. 8 S. 613, und RGZ., Bd. 111 S. 320.

Wie Scholz[73]) dargelegt hat, „stimmen Verkehrsanschauung wie Steuerrecht darin überein, daß es bei der Frage der Zugehörigkeit zum Betriebsvermögen nicht auf das juristische, sondern auf das wirtschaftliche Eigentum ankommt". Letzteres ergibt sich an Hand der Bilanz, und da das „nackte Eigentum" nicht bilanzfähig ist, kommt es auf das wirtschaftliche Eigentum an. Auf Grund dieser Betrachtungsweise sind denn auch die zur Sicherung übereigneten ebenso wie die unter EV. gelieferten Gegenstände dem Vermögen des Schuldners und nicht des Gläubigers (Eigentümers) zuzurechnen[74]); diesem gehört nur die Forderung[75]).

Umgekehrt wird für den Fall der echten „Treuhandschaft"[76]) der im Besitz und „formal-juristischen" Eigentum des Treuhänders stehende Gegenstand „materiell-wirtschaftlich" dem Vermögen des Treugebers zugerechnet[77]).

„Für den Begriff des steuerrechtlichen Eigentums wäre nichts verhängnisvoller, als wenn man ihn dahin bestimmen wollte, daß steuerrechtlich Eigentum anzunehmen sei, wenn die Rechtsstellung des Berechtigten der des Eigentümers ungefähr oder in der Hauptsache entspräche. Es kommt nicht auf die Rechtsstellung, sondern auf die tatsächliche Gestaltung, auf die Wirklichkeit an." (Becker, Steuer und Wirtschaft, 1926, Sp. 1324.)

---

[73]) S. 212.

[74]) Scholz, S. 215.

[75]) RFH., Bd. 19 S. 128.

[76]) Diese wird anders als in RGZ., Bd. 127 S. 344, als Übereignung nach § 929 BGB. aufgefaßt (vgl. Enneccerus, Bürgerliches Recht, 1923, Bd. 1 S. 370).

[77]) RFH., Bd. 19 S. 26.

Demgemäß behandelt der Reichsfinanzhof [78]) die Sicherungsübereignung sowohl gegenüber der Einzel- wie der Konkursvollstreckung wie eine Pfandbestellung, gibt also nur Anspruch auf vorzugsweise Befriedigung bei Absonderung; ob er den EV., wie Scholz [79]) annimmt, ebenso behandeln würde, kann mit Rücksicht auf die Erwägungen [80]) zweifelhaft sein, es sei als Verletzung von Treu und Glauben anzusehen, daß jemand ein gutgehendes Geschäft betreibe, seine Privatgläubiger, insbesondere seine Lieferanten, aber nicht befriedige, weil seine Einnahmen in erster Linie dem Sicherungsgläubiger zuflössen, und daß ein solcher Zustand gegenüber dem Reiche unleidlich sei. Bei konsequenter Durchführung der Rücksichtnahme auf das materiell-wirtschaftliche Eigentum müßte allerdings der EV. ebenso wie die Sicherungsübereignung behandelt werden, obwohl der Gesichtspunkt des Verstoßes gegen Treu und Glauben hierbei keinesfalls Bedeutung haben könnte.

Im Gegensatz zum Reichsfinanzhof gewährt das Reichsgericht [81]) dem Vorbehalts- ebenso wie dem Sicherungseigentümer bei der Einzelvollstreckung die Interventionsklage [82]). Es ist ein wenig erfreulicher

---

[78]) RFH., Bd. 19 S. 131.

[79]) Vgl. auch Levy, S. 153, und Rühl, a. a. O., S. 158.

[80]) RFH., Bd. 19 S. 131.

[81]) Bd. 134 S. 73.

[82]) Wenn das RG. aber seine Ansicht auf die Formulierung des § 80, I RAO. stützt, so wird es der Tatsache nicht gerecht, daß im Entwurf der AO. der Halbsatz stand: „auch sonst soll die Frage, ob jemand im Sinne der Steuergesetze als Eigentümer anzusehen ist, oder was als zu seinem Vermögen gehörig zu betrachten ist, nicht so sehr nach zivilrechtlichen als nach wirtschaftlichen Merkmalen beurteilt werden." Dieser Halbsatz wurde gestrichen, weil sich sein Gedankengang aus § 4 RAO. ergab. Vgl. Becker, Abgabenordnung, 1930, S. 57.

Zustand, daß ein und derselbe Gläubiger mit seiner Widerspruchsklage vor dem ordentlichen Gericht durchdringt, bei den Finanzgerichten aber unterliegen würde.

Es kann zweifelhaft erscheinen, ob wirklich der Unterschied in der Anwendung des § 771 ZPO. und § 301 RAO. gemacht werden muß. Es ließe sich sehr wohl der Standpunkt vertreten, daß Sicherungsgläubiger und Vorbehaltsverkäufer, die eine reguläre Veräußerung gestatten, nur bestimmte Arten (wie Verpfändung usw.) verbieten, sich damit ihres Interventionsrechts begeben haben[83]). Bezüglich des § 301 RAO. hat das OLG. Königsberg[84]) einen ähnlichen Standpunkt eingenommen, indem es ausführte: „Wirtschaftlich soll der Sicherungsnehmer Pfandgläubiger werden, wirtschaftlicher Eigentümer will der Sicherungsschuldner bleiben. Wirtschaftlich und tatsächlich liegt also, da der Sicherungsschuldner verfügungsberechtigt bleibt und nur eine Art Treuhandverhältnis zwischen ihm und dem Gläubiger besteht, nur eine Verpfändung vor. . . . Auf das wirtschaftliche, nicht auf das formale Eigentum kommt es an. Aus diesem Grunde gilt bei der Sicherungsübereignung der Schuldner als Eigentümer der übereigneten Sachen, und dies mit Recht, da diese wirtschaftlich seinem Betriebe dienen."

Diese Stellungnahme eines Zivilgerichts ist nicht so revolutionär, wie man mit Rücksicht auf die dargestellte Meinungsverschiedenheit zwischen Reichsfinanzhof und Reichsgericht annehmen könnte. Denn

---

[83]) In manchen ausländischen Rechten wird aus der Befugnis zur Weiterveräußerung die mangelnde Ernstlichkeit der Vereinbarung des EV. gefolgert, s. Stulz, S. 19.

[84]) DJZ., 1928, S. 448, s. a. Riedelsberger, a. a. O., S. 31, vgl. auch Hamelbeck, Die Sicherungsübereignung nach geltendem Recht, 1929, S. 48 ff.

für das Gebiet der General- (Konkurs-) vollstreckung gibt das Reichsgericht selbst dem Sicherungsnehmer anders als dem Vorbehaltsverkäufer keine Interventionsklage, sondern nur vorzugsweise Befriedigung [85]).

Umgekehrt wird demjenigen, der dem Gemeinschuldner (als Gläubiger) eine Sache zur Sicherung übereignet hat, ein Aussonderungsrecht gewährt, wenn er seine Schuld beglichen hat. Der Grund ist, daß die Sicherungsübereignung wirtschaftlich eine Pfandbestellung in anderer Form ist [86]).

Vielleicht hat hier die weitere Entwicklung anzuknüpfen. Die Rechtsprechung hat sich gerade für den Fall des Konkurses bemüht, Härten, die aus dem Zwiespalt zwischen formal-juristischem und materiell-wirtschaftlichem Eigentum (Vermögen) entstehen, zu beseitigen. Es wäre denkbar, daß diese Entwicklung auch auf den EV. ausgedehnt wird. Denn Vorbehaltsware gehört ebenso wie zur Sicherung übereignete Gegenstände zum Betriebsvermögen des Schuldners. Der Gläubiger vermag sie nicht bei seinem Vermögen zu erhalten, indem er sich ein formales Recht (Eigentum) einräumen läßt. Die letzte Konsequenz der wirtschaftlichen Auffassung des Eigentums wäre die Beseitigung aller Vorrechte an dem Vermögen des Gemeinschuldners, indem für das Gebiet der Konkursordnung (§§ 1, 43) der Begriff „gehört" als „wirtschaftlich zusteht" aufgefaßt wird. Ob dies allein auf dem Wege der Rechtsprechung möglich ist, oder ob es hierzu einer Gesetzesänderung bedürfte, kann um so mehr dahingestellt bleiben, als nur die Möglichkeit einer derartigen Entwicklung angedeutet werden sollte.

[85]) RGZ., Bd. 118 S. 209; vgl. auch Mentzel, Konkursordnung, 1928, S. 228.

[86]) Mentzel, a. a. O., S. 226.

Erfreulicher wäre es, wenn die Anwendung der unserem Rechtsempfinden fremden besitzlosen Eigentumsrechte durch Verständigung zwischen den beteiligten Wirtschaftskreisen eingeschränkt werden könnte. Die Banken sollten den Gedanken, daß sie als Verwalter fremder Gelder größere Vorsicht als andere Kreditgeber anwenden müssen, nicht überspannen, denn in unserer durch Krieg, Inflation und Deflation an ihrer Substanz geschwächten Wirtschaft ist schließlich auch jeder Warengläubiger bis zu einem gewissen Grade wieder Verwalter des Vermögens seiner Gläubiger, unter denen sich nicht zuletzt die Banken befinden. Industrie und Großhandel müssen deshalb in gleichem Maße wie die Banken Sicherheit für ihre Kreditgewährung beanspruchen. Werden aber allerseits Kreditsicherungen gefordert, so führt das nicht nur zu den in den vorhergehenden Aufsätzen behandelten Schwierigkeiten, sondern hemmt vor allem die Unternehmungslust, deren wir mehr denn je bedürfen. Notwendig ist also, wie Meyerstein[87]) in seiner Einleitung zu der Artikelserie dargetan hat, die Rückkehr zu dem (vorsichtig gewährten) Personalkredit, die auch jungen Unternehmern, wie in der Vorkriegszeit, den Aufstieg ermöglichen würde.

Wird man diesem wirtschaftlichen Bedürfnis nicht gerecht, so verstärkt man den unserer Zeit ohnehin innewohnenden Zug zum Kollektivismus, was zumindest nicht den Intentionen von Industrie, Handel und Bankwelt entsprechen dürfte.

---

[87]) S. 17.

Rechts- und wirtschaftspolitische Betrachtungen über den Eigentumsvorbehalt, insbesondere Eigentumsvorbehalt und Handelsgebrauch.

Von Rechtsanwalt Ed. Meyerstein,
Syndikus der Industrie- und Handelskammer zu Berlin.

Im Anschluß an die Ausführungen vom 25. Februar 1930 zur Frage der Sicherungsmaßnahmen im Kreditverkehr[1]) ist in einer Folge von Artikeln der Eigentumsvorbehalt vom Standpunkte der verschiedenen Rechtsgebiete erörtert worden. Hierbei wurden äußerst interessante Rechtsprobleme untersucht und gelegentlich auch rechts- und wirtschaftspolitische Gesichtspunkte hervorgehoben.

In einem Schlußwort sollen nunmehr strittige Rechtsfragen, die mit dem Eigentumsvorbehalt in unmittelbarem Zusammenhange stehen, nicht aufgeworfen, sondern nur aus den Aufsätzen einige rechts- und wirtschaftspolitische Folgerungen gezogen werden. Insbesondere wird dargelegt werden, daß die generelle Eigentumsvorbehaltsklausel in den Lieferungsbedingungen vieler Fachverbände trotz des Widerspruches, den diese Behauptung gelegentlich gefunden hat, grundsätzlich unerwünscht ist. Schon die Tatsache, daß der Eigentumsvorbehalt den Ausgangspunkt für mannigfache komplizierte Streitigkeiten bildet, gibt einem wirtschaftlich eingestellten Juristen zu Bedenken Anlaß. Mag man die aus dem Eigentumsvorbehalt sich ergebenden Streitfragen als Feinkost für den Juristen bezeichnen, für die Wirtschaft ist eine solche Feinkost eine schwer verdauliche Speise. Es kommt hinzu, daß die Ausübung des

---

[1]) S. 7 ff.

Vorbehaltsrechts namentlich in den Geschäftszweigen, die früher keine Sicherungsklausel kannten, häufig zu großen Enttäuschungen führt. Auf der mit Verkaufsspesen belasteten, inzwischen entwerteten Ware (Provision, Frachten) ruhen nun noch Gerichtskosten usw. sowie Rückfrachten. Unter Umständen geht überdies infolge der Rücknahme der Anspruch auf Restkaufpreis und Schadensersatzanspruch verloren (vgl. Liebstädter, S. 233). Die Überspannung des Eigentumsvorbehalts kann aber — und auch dies geht aus der Artikelreihe unzweifelhaft hervor — zu einer Einengung der heute mehr denn je gerade für den Mittelstand so wichtigen Kreditbasis führen.

Trotz der grundsätzlichen Einstellung gegen eine Verallgemeinerung der Klauseln, die den Eigentumsvorbehalt regeln, soll nun nicht etwa ein Einschreiten des Gesetzgebers gefordert werden. Der die Wirtschaft beherrschende Grundsatz der Vertragsfreiheit und die Entwicklung des Kreditsystems legen dem Gesetzgeber Schranken auf, die nicht ohne zwingenden Grund überschritten werden dürfen. Die Rechtsverhältnisse zwischen Verkäufer und Käufer, zwischen Gläubiger und Schuldner sind so vielgestaltiger und so individueller Natur, daß jeder Versuch einer Lösung durch gesetzgeberische Maßnahmen zurückgewiesen werden muß.

Die Vorliebe für die Vorbehaltsklausel wird man im übrigen, mag sich auch im Wandel der Zeiten seit Inkrafttreten des Bürgerlichen Gesetzbuches ihr Anwendungsgebiet erweitert haben, wesentlich als eine Konjunkturerscheinung zu betrachten haben. Was die Wirtschaftskrise erzeugt, wird ein Wirtschaftsaufstieg wieder beseitigen. Ein den Eigentumsvorbehalt hinderndes Gesetz würde sich deshalb mehr oder minder als nicht zu billigendes Gelegenheitsgesetz kennzeichnen und auch mit Rücksicht auf die internationale Verflechtung der Handelsbeziehungen zweckwidrig sein. Diesen Gründen gegenüber ist es nicht von ausschlaggebender Bedeutung, daß der Eigentumsvorbehalt bisweilen zur Anwendung gelangt, wenn er besser nicht vereinbart werden sollte, zumal seine formularmäßige Aufnahme in viele Lieferungsbedingungen wohl mehr auf eine Modekrankheit als auf ein wirkliches Bedürfnis zurückzuführen ist. Man würde es aber andererseits als einen nicht zu unterschätzenden Erfolg verbuchen dürfen, wenn das Aufzeigen der rechtlichen und wirtschaftlichen Folgen der Klausel in den vorerwähnten Aufsätzen auch ohne gesetzliche Eingriffe zu einer weisen Einschränkung in der Anwendung des Vorbehalts auf die wirklichen Notfälle beitragen würde. Denn was vielleicht im einzelnen Falle eine berechtigte Kreditsicherung bilden mag, führt in seiner Verallgemeinerung leicht zu Wirtschaftskämpfen, in denen letzten Endes wirtschaftliche Übermacht entscheidet. Klauseln, die lediglich dem Schutze der einen Seite dienen, der anderen Seite aber zum mindesten die Verfügung über den Kaufgegenstand erschweren und leicht als persönliches Mißtrauenszeichen aufgefaßt werden[2]), eignen sich jedenfalls nicht zur Aufnahme in vorbildliche Geschäftsbedingungen, wie sie von den amtlichen Handelsvertretungen, insbesondere der Industrie- und Handelskammer zu Berlin, nach Anhörung der beteiligten Kreise für die verschiedensten Geschäftszweige aufgestellt werden. Diese Geschäftsbedingungen, die sich meist an bereits nachweisbare Handelsgebräuche anlehnen, sollen einen billigen Ausgleich der widerstreitenden Interessen bilden und werden den Interessenten zur Anwendung empfohlen, um dann später, falls sie innerhalb geraumer Zeit

---

[2]) Vgl. Auerbach, S. 64.

keinen Widerspruch finden, in ihrer Gesamtheit als Handelsgebräuche verlautbart zu werden. Von Geschäftsbedingungen, die die generelle Eigentumsvorbehaltsklausel enthalten, wird man grundsätzlich nicht behaupten können, daß sie widerstreitende Interessen in billiger Weise ausgleichen und eine Entwicklung zu Handelsgebräuchen verdienen. Darüber hinaus fragt es sich aber, ob die Feststellung, daß in einem gewissen Geschäftszweig der Eigentumsvorbehalt auch mangels einer besonderen diesbezüglichen Erklärung oder Vereinbarung nach Handelsgebrauch Platz greift, überhaupt möglich ist. In tatsächlicher Beziehung würde diese Feststellung schon daran scheitern, daß die Übereinstimmung des überwiegenden Teiles der an dem Geschäftszweig beteiligten Verkehrskreise, mithin der gewerbsmäßigen Verkäufer und der gewerbsmäßigen Käufer, wohl kaum ermittelt werden kann. Aber auch aus rechtlichen Gründen dürfte die Feststellung des Handelsgebrauches nicht in Frage kommen. Die Eigentumsvorbehaltsklausel unterscheidet sich, gleichviel ob der Eigentumsvorbehalt nur einseitig erklärt oder vereinbart ist, von gewöhnlichen schuldrechtlichen Erklärungen oder Vereinbarungen. Er soll nicht nur die Rechtsbeziehungen zwischen Verkäufer und Käufer regeln, sondern auch dingliche Rechtsfolgen begründen, für die das bürgerliche Recht ganz andere Voraussetzungen aufstellt und im Interesse der Rechtssicherheit aufstellen muß. Sachenrechtliche Regelungen wie beispielsweise Fragen, ob ein Gegenstand zur Konkursmasse gehört, ob er gepfändet werden kann und dergleichen, enthalten öffentlich-rechtliche Elemente und schließen grundsätzlich die Bildung von Handelsgebräuchen aus.

Die dispositiven Normen des Gesetzes[3]) können nach den Bestimmungen des geltenden Rechts durch

[3]) Vgl. hierzu meine ausführlichen Darlegungen in der

den Willen der Parteien abgeändert werden, obwohl auch sie das wohlerwogene Ergebnis rechtspolitischer Gedankengänge sind. Dispositive Vorschriften spiegeln die Vereinbarungen wider, die für einen bestimmten Vertrag der jeweils vorliegenden Art vom Gesetzgeber als typisch angesehen werden. Gerade weil theoretisch die Möglichkeit besteht, daß Verkehrssitte und Handelsgebrauch vom positiven Recht abweichen, dürfen Handelskammern und Gerichte, wenn sie die Feststellung der Änderung dispositiver Normen treffen, nur mit vollem Bewußtsein der außerordentlichen Tragweite eines derartigen Schrittes hiervon Gebrauch machen. Nach dem Willen des Gesetzes sollen die Rechtsanschauungen, die sich neben dem Recht der Paragraphen in Handel und Verkehr herausbilden, im Interesse einer gerechten Judikatur berücksichtigt werden. Damit wachsen sie über das bloße Vertragsrecht hinaus und werden zu Normen, auf die das Gesetz Rücksicht nehmen will und muß. Ihre Verletzung widerspricht daher dem Sinne der Paragraphen, die ihnen den Zugang in das geschriebene Recht eröffnen wollen, und ihre unrichtige Anwendung würde im Prozeß als Verletzung des geschriebenen Rechts mit der Revision angreifbar sein. Die vorbehaltlose Übergabe des Kaufgegenstandes wird man deshalb auch schon mit Rücksicht auf die für den Kaufvertrag maßgeblichen gesetzlichen Bestimmungen und die Verpflichtung des Verkäufers, dem Käufer Eigentum an der Sache zu verschaffen, als vollgültige Übereignung anzusehen haben und verlangen müssen, daß ein etwaiger gegenteiliger Wille des Verkäufers nach außen kenntlich gemacht wird. Es kann schon in

---

Festnummer der „Mitteilungen der Industrie- und Handelskammer zu Berlin“ aus dem Jahre 1927 S. 31 ff.

schuldrechtlicher Beziehung nicht ausreichend sein, daß sich der Verkäufer für seinen gegenteiligen Willen auf einen nach Handelsgebrauch gültigen Eigentumsvorbehalt beruft. Es wird vielmehr gefordert werden müssen, daß in jedem Einzelfall eine besondere Vereinbarung im Sinne des § 455 BGB. getroffen wird. Für die schuldrechtlichen Beziehungen brauchte die Vereinbarung des Eigentumsvorbehalts allerdings unter Umständen, rein theoretisch betrachtet, nicht immer ausdrücklich getroffen zu sein. Es würde eventuell auch eine stillschweigende Vereinbarung ausreichen. Diese stillschweigende Vereinbarung ist aber kein Handelsgebrauch, da Handelsgebräuche auch ohne konkrete Willensübereinstimmung Anwendung finden und ihnen jeder Kaufmann unterworfen ist, gleichviel, ob er den Handelsgebrauch kennt oder nicht kennt.

Für die sachenrechtliche Regelung kann aber auch die stillschweigende Vereinbarung nicht genügen, vielmehr muß entweder eine dem Gegner zugegangene einseitige Erklärung abgegeben oder eine ausdrückliche Vereinbarung getroffen werden, schon um — abgesehen von theoretischen Erwägungen — in Interventionsprozessen dem Interventionskläger die Verfolgung seiner Rechte zu ermöglichen[4]), mag der Vorbehalt unter Berücksichtigung des konkreten Tatbestandes eigens formuliert oder durch Bezugnahme auf allgemeine Lieferungsbedingungen, wie sie Fachverbände oder auch große Firmen aufzustellen pflegen, zustande gekommen sein.

Deshalb muß die in kaufmännischen Kreisen häufig vertretene Auffassung, daß der Eigentumsvorbehalt in diesem oder jenem Geschäftszweig so regelmäßig erklärt oder vereinbart wird, daß er auch

[4]) Vgl. Orgler, S. 140.

mangels einer Erklärung oder Vereinbarung als Handelsgebrauch Platz zu greifen hat, abgelehnt und kann auch nicht etwa auf die Entscheidung des Reichsgerichts[5]) gestützt werden, die in der Artikelserie mehrfach erwähnt ist und darauf hinausläuft, daß beim Erwerbe von Gegenständen, die regelmäßig unter Eigentumsvorbehalt verkauft werden, der Dritterwerber unter Umständen nicht gutgläubig ist, wenn er eine sorgsame Prüfung des Tatbestandes unterläßt. Für den Fall einer einseitigen Erklärung des Verkäufers, daß er sich das Eigentum vorbehalte, würde die Anwendung der §§ 346 HGB. und 157, 242 BGB. ohne weiteres ausscheiden und höchstens § 133 BGB. heranzuziehen sein, wonach bei Auslegung einer Willenserklärung der wirkliche Wille zu erforschen ist; dieser Wille muß aber erklärt und zugegangen sein und kann nicht als erklärt und zugegangen fingiert werden, weil angeblich in dem Geschäftszweig derartige Vorbehaltserklärungen üblich sind.

Daß im übrigen — und das gilt auch für das Vertragsrecht — schon mit Rücksicht auf die dinglichen Rechtsfolgen besondere Vereinbarungen getroffen werden müssen, ist bereits dargelegt worden. Ist somit für die Entwicklung von Handelsgebräuchen bezüglich der Entstehung des Eigentumsvorbehalts kein Raum vorhanden, so ist es doch andererseits sehr wohl möglich, daß für die Fälle, in denen der Eigentumsvorbehalt in unzweideutiger Form erklärt oder vereinbart ist, auf Handelsgebräuche und Verkehrssitten zurückgegriffen werden muß. Bei Fragen, ob beispielsweise der erklärte Eigentumsvorbehalt vom Verkäufer rechtzeitig und in einer Form erklärt ist, die für derartige Er-

[5]) Vgl. Schalfejew, S. 106.

klärungen ausreicht, ob es z. B. genügt, die Erklärung auf einen Rechnungsauszug zu setzen, wird man Handelsgebräuche und Verkehrssitten heranziehen müssen[6]). Ebenso wird man bei Vereinbarungen des Eigentumsvorbehalts gerade unter Berücksichtigung des Umstandes, daß diese Abreden vielfach nicht immer glücklich formuliert werden, den Willen der Parteien nur unter Heranziehung von Handelsgebräuchen und Verkehrssitten ermitteln können. So wird man beispielsweise bei Verkauf einer Ware unter Eigentumsvorbehalt an einen Wiederverkäufer, auch wenn dies nicht besonders hervorgehoben wird, in der Regel als Parteiwillen nach Handelsgebrauch oder Verkehrsübung zu unterstellen haben, daß der Käufer die vorbehaltene Ware im regelmäßigen Geschäftsverkehr veräußern darf.

Auch das, was im Einzelfall als regelmäßiger Geschäftsverkehr anzusehen ist, ob beispielsweise unter den regelmäßigen Geschäftsverkehr ein Ausverkauf fällt und dergleichen, wird man nicht ohne Rücksicht auf die Gepflogenheiten des Geschäftszweiges beurteilen können.

All dies sind Fragen, bei denen sich somit für die Feststellung von Handelsgebräuchen und Verkehrssitten — namentlich für die amtlichen Vertretungen von Handel und Industrie — ein weites Tätigkeitsfeld eröffnet.

Da der Eigentumsvorbehalt in der Praxis noch auf eine verhältnismäßig junge Geschichte zurückblickt, lasse man der Verkehrsentwicklung freien Raum und die Klausel sich ohne gesetzliche Eingriffe entfalten. Diese Auffassung ist wohl auch überwiegend in den Artikeln, die zur Frage des Eigentumsvorbehalts in den „Mitteilungen" erschienen

[6]) Vgl. Liebstädter, S. 230.

sind, vertreten worden. Hin und wieder wird dort aber, wenn auch mehr beiläufig, erwogen, ob nicht eine gewisse Publizität des Eigentumsvorbehalts geboten sei. Es werden Gedankengänge gestreift, die schon bei der Einführung des Pfandregisters zur Diskussion standen.

Auch das Pfandregister, dessen Einführung namentlich der Reichsverband des Deutschen Groß- und Überseehandels wiederholt gefordert hat, wird von dem überwiegenden Teil der Wirtschaft aus wohlerwogenen wirtschaftlichen und rechtlichen Gründen abgelehnt[7]). Wenn auch der § 1006 BGB. die Vermutung aufstellt, daß der Besitzer einer beweglichen Sache ihr Eigentümer sei, so kann doch nicht jeder dieser Vermutung widersprechende Tatbestand für die Außenwelt registriert werden. Wollte man alle Kommissions- und Konsignationsgeschäfte, alle Treuhandverhältnisse, alle Eigentumsvorbehalte und alle Sicherungsübereignungen nach außen deklarieren, so würde man ein Register schaffen, dessen Umfang eine praktische Benutzbarkeit ausschlösse. Für die eine Art der Kreditsicherung oder des Fremdbesitzes Forderungen zu stellen, die man für andere Fälle des Fremdbesitzes ablehnt, kann aber kaum in Betracht kommen[8]).

Wenn die Zeiten sich ändern und wieder wie früher mehr ungedeckte Kredite gegeben werden, wird das Interesse an einem Pfandregister und an Sicherungsübereignungen sowie an Eigentumsvorbehalten in den Hintergrund treten. Mit dem Pfandregister will man erfolgte Sicherungsübereig-

---

[7]) Vgl. Michel, S. 250.

[8]) Vgl. Frentzel, Sicherungsübereignung und Registerpfandrecht (Sonderdruck aus der Dt. Wirtschaftszeitung Nr. 51/52 [1926] und Nr. 1 [1927]).

nungen feststellen, mit dem Eigentumsvorbehalt künftige Sicherungsübereignungen bekämpfen. Eine beschränkte Anwendung der Sicherungsübereignung führt zur Einschränkung des Rufes nach dem Pfandregister und auch zur Beschränkung des Bedürfnisses nach dem Eigentumsvorbehalt. Für Sicherungsübereignungen könnte man freilich, ohne die materielle Vertragsfreiheit zu berühren, einen gewissen Formzwang empfehlen, um ihr Anwendungsgebiet einzuengen.

Wie ich an anderer Stelle[9]) gelegentlich einer Erörterung über das Registerpfandrecht ausführte, würde sich sogar trotz der damit verbundenen Verteuerung die notarielle Form empfehlen. Für Formvorschriften sind zwei Gründe geltend zu machen: einmal die Sicherstellung des Datums der Sicherungsübereignung, das bei Interventionsprozessen und dergleichen häufig eine große Rolle spielt, zum anderen würde die notarielle Form im Gegensatz zu einfacheren Formvorschriften wohl eine gewisse prophylaktische Wirkung ausüben. Endlich sollten — und auch das spricht für notarielle Beurkundung — nur solche Sicherungsübereignungsverträge abgeschlossen werden, die das Reichsgericht nicht nachher als Knebelungsverträge wegen Verstoßes gegen die guten Sitten für nichtig erklärt.

Die Register sind, wie gelegentlich auch namentlich von Hoeniger und Bernstein[10]) ausgeführt wird, nichts anderes als schwarze Listen, die die Kreditlosigkeit der Schwachen herbeiführen und im übrigen auch den Gläubiger nicht schützen, der, im Ver-

[9]) Vgl. das Protokoll der Sitzung der Juristischen Gesellschaft vom 10. Dezember 1927, 96. Jahresbericht über die Wirksamkeit der Juristischen Gesellschaft im Jahre 1927 Seite 89.

[10]) Vgl. oben Anm. 9.

trauen auf die Reinheit des Registers, Kredite gewährt und dann durch einen bald darauf abgeschlossenen Kreditvertrag unangenehm enttäuscht wird. Auf die technischen und rechtlichen Schwierigkeiten, die mit solchen Registern verknüpft sind, braucht in diesem Zusammenhange nicht eingegangen zu werden. In dieser Hinsicht mag ein Hinweis auf die Ausführungen u. a. von Bernstein in der Juristischen Gesellschaft genügen.

Grundsätzlich liegt aber keine Veranlassung vor, die Entwicklung aller dieser nur zeitgeborenen Institute einer Behandlung durch den Gesetzgeber zu unterziehen. Aufklärung und Belehrung können und werden auch zu einer eingeschränkten Verwendung des Eigentumsvorbehalts führen.

Literaturverzeichnis.

Für die wissenschaftliche Bearbeitung der mi dem Eigentumsvorbehalt in Verbindung stehende Probleme wird nachstehend ein Literaturnachwei gegeben. Derselbe will, unter Verzicht auf Voll ständigkeit, allen, die sich mit diesem Spezialproblen befassen müssen, sofern die in diesem Buch an gegebene Literatur nicht ausreicht, eine Handhab für ihre Arbeiten bieten. Absichtlich sind Kommen tare, Lehrbücher und Aufsätze in Zeitschriften nich erwähnt, da die einschlägige Literatur an Hand de in nachstehendem Literaturnachweis aufgeführte Schriften ohne große Mühe gefunden werden kan. Außer Betracht geblieben sind auch diejenige Schriften, die — wie Abhandlungen über das Pfand register, die Sicherungsübereignung und den Möbe leihvertrag — den Eigentumsvorbehalt nur nebenhe behandeln.

Allihn, Der Eigentumsvorbehalt nach § 455 BGB Göttinger Diss. 1929.

Bade, Über Bedeutung und Wirksamkeit de sogenannten pactum reservati domini, Rostocker Diss. 1899.

Behlau, Der Übergang der Gefahr beim Verkaf mit Eigentumsvorbehalt, Erlanger Dis. 1913.

Behrend, Zwangsvollstreckung bei Eigentumsvo behalt, Erlanger Diss. 1929.

Behrens, Der Eigentumsvorbehalt nach § 455 BGB., Göttinger Diss. 1903.

Börger, Ist ein nachträglich vereinbarter Eigentumsvorbehalt Dritten gegenüber wirksam? Leipziger Diss. 1909.

Caspari, Der Eigentumsvorbehalt nach dem BGB. sowie bei der Zwangsvollstreckung im Konkurse, Erlanger Diss. 1914.

Frey, Das pactum reservati dominii, Leipziger Diss. 1906.

Fußköller, Der Eigentumsvorbehalt, Heidelberger Diss. 1914.

Götte, Die Bedeutung des Eigentumsvorbehalts für die Zwangsvollstreckung, Göttinger Diss. 1925.

Guye, Der Eigentumsvorbehalt nach dem BGB. 1910.

Hannes, Die Zwangsvollstreckung in Gegenstände, die dem Erwerber unter Eigentumsvorbehalt übergeben worden sind, Breslauer Diss. 1911.

Heyer, Der Gefahrenübergang beim Kauf mit Eigentumsvorbehalt, Berliner Diss. 1911.

Jaffé, Der Eigentumsvorbehalt beim Kauf, Leipziger Diss. 1910.

Kamm, Der Eigentumsvorbehalt in seiner rechtlichen Bedeutung unter besonderer Berücksichtigung seiner Wirksamkeit im Konkurse, Breslauer Diss. 1928.

Kemperdick, Besitz, Gefahr, Nutzungen und Lasten beim Kauf unter Eigentumsvorbehalt, Heidelberger Diss. 1910.

Krüsmann, Eigentumsvorbehalt und Zwangsvollstreckung, Heidelberger Diss. 1912.

Moebius, Zwangsvollstreckung in eine unter Eigentumsvorbehalt verkaufte Sache, Heidelberger Diss. 1909.

Pudor, Der Vorbehalt des Eigentums, Leipziger Diss. 1903.

Rieger, Die Pfändbarkeit beweglicher Sachen, die unter Eigentumsvorbehalt stehen, Breslauer Diss. 1927.

Ritter, Kreditsicherung durch Eigentumsvorbehalt, 1930.

Rühl, Eigentumsvorbehalt und Abzahlungsgeschäft, 1930.

Spiegel, Rechtsfragen beim Eigentumsvorbehalt, Kölner Diss. 1928.

Stern, Eigentumsvorbehalt bei Veräußerung beweglicher Sachen, Jenaer Diss. 1907.

Stulz, Der Eigentumsvorbehalt im in- und ausländischen Recht, 1930.

Thorsch, Das pactum reservati dominii, Straßburger Diss. 1875.

Wagener, Eigentumsvorbehalt 1929 (Rechtsfragen der Praxis Bd. 15).

Weiße, Der Eigentumsvorbehalt beim Abzahlungsgeschäft, Leipziger Diss. 1911.

FSC
www.fsc.org
MIX
Papier | Fördert
gute Waldnutzung
FSC® C083411

Kolibri 360 GmbH
Ferdinand-Jühlke-Straße 7
99095 Erfurt, Deutschland
produktsicherheit@kolibri360.de